职场翻译教材系列
Textbook Series of Professional Translation

总主编 岳 峰

职场翻译
数字人文新形态教程

岳 峰　林世宋 / 主　编
李广伟　曾水波 / 副主编

A Video-embedded Textbook of
Professional Translation Assisted by
COMPUTER & CORPUS

北京大学出版社
PEKING UNIVERSITY PRESS

图书在版编目 (CIP) 数据

职场翻译：数字人文新形态教程 / 岳峰，林世宋主编. —— 北京：北京大学出版社，2024.6

职场翻译教材系列
ISBN 978-7-301-34820-8

Ⅰ.①职… Ⅱ.①岳… ②林… Ⅲ.①翻译理论 – 教材 Ⅳ.① H059

中国国家版本馆 CIP 数据核字 (2024) 第 038823 号

书　　　名	职场翻译：数字人文新形态教程 ZHICHANG FANYI: SHUZI RENWEN XIN XINGTAI JIAOCHENG
著作责任者	岳　峰　林世宋　主编
责 任 编 辑	郝妮娜
标 准 书 号	ISBN 978-7-301-34820-8
出 版 发 行	北京大学出版社
地　　　址	北京市海淀区成府路 205 号　100871
网　　　址	http://www.pup.cn　　新浪微博：@ 北京大学出版社
电 子 邮 箱	编辑部 pupwaiwen@pup.cn　　总编室 zpup@pup.cn
电　　　话	邮购部 010-62752015　发行部 010-62750672　编辑部 010-62759634
印 刷 者	北京圣夫亚美印刷有限公司
经 销 者	新华书店
	720 毫米 ×1020 毫米　16 开本　16.25 印张　450 千字 2024 年 6 月第 1 版　2024 年 6 月第 1 次印刷
定　　　价	68.00 元

未经许可，不得以任何方式复制或抄袭本书之部分或全部内容。
版权所有，侵权必究
举报电话：010-62752024　电子邮箱：fd@pup.cn
图书如有印装质量问题，请与出版部联系，电话：010-62756370

总　序

随着翻译逐渐成为热门，翻译教材数量不断增加。传统学院教材不再居垄断地位，新教材后来居上，呈现出多样化、专业化、实用化、系列化等特点。基于语言学的传统框架逐渐被翻译人所遗忘，因为没有人会在翻译的时候想着把形容词转化成名词，或把名词转化成形容词。译者都知道，真正翻译的时候靠的是直觉，教学要意识到这点。真正实用的教学应该是以市场为导向的，一股职场翻译教程的暗流在翻译市场逐渐壮大，随着"一带一路"倡议紧锣密鼓地实施将成为主流。职场翻译教程有三个特点：

第一，职场翻译教程是以市场为导向的。翻译教材的教学内容从单一的文学翻译发展到商务笔译、旅游笔译、会展翻译、外宣翻译、应用文与公示语翻译等文宣与通稿类实践性翻译，这是一个进步。但据统计，在当今的翻译市场上文宣类翻译需求占据不到一成，而对外工程则超过三成，财经与法律占比接近三成。以经济、法律、金融、文宣、工程以及机械等各种领域为教学重点是职场翻译教程的一个重要方向。

第二，职场翻译教程开展翻译技术教学，培养学生的职业素养。在翻译职场，"十年磨一剑"也许已经不再是合时宜的话语，因为客户上门往往要求翻译几万字的内容，而且第二天就要译文。这样的翻译，单打独斗是无法完成的，需要一个团队，在一个计算机辅助翻译软件平台上，经由翻译项目管理才能如期完成。没有这方面能力的学生很难有机会进入高端机构任职。

以上两方面的内容，毋庸讳言，是高校翻译教师的薄弱之处。

实事求是地说，多数高校教师更擅长文学与文宣的翻译，支持但不熟悉翻译技术，因此职场翻译教程应该由高校教师与企业一线翻译合作编写，这也是本套教材编写的一个重要原则。

第三，职场翻译教程具有很强的实践性，因此必须注重案例在教学中的使用，通过大量模拟和实际项目来操作演练。

北京大学出版社应时代之需，推出"职场翻译教材系列"。这个系列中有全国领先的《翻译技术实践教程》，涵盖本地化翻译、译后编辑、技术传播与语料库词表，是迄今国内关于翻译技术内容较为全面的教程，由可代表国内较高水平的团队编写。也有深入浅出、文科生可以完全看懂的《翻译项目管理》。有依托新技术制作的新形态教程，通过扫描一系列的二维码通往一个职场翻译教学资源库与几百分钟的教学视频。还有科技领域的一线翻译与高校教师联合编写的《科技翻译教程》，阐述科技翻译的术语、规范与易错问题，涉及数、理、化、医、电、工程、机械、采矿、制造、管理与通用类等等。该系列还包括颇为细化的《文博翻译》与《工程翻译教程》以及依托医科大学的《医学翻译教程》，涵盖中西医。"职场翻译教材系列"由校企合作、市场引领，聚焦案例，兼顾技能与素养、兼具重点与放射性，展示新技术、新内容。

岳　峰
2022 年 1 月 1 日

前　言

　　本书属于新形态教程，读者通过扫描书中二维码，可以由手机或电脑链接到职场翻译教学视频与相关资料。读者可以通过视频与文字在碎片化的时间里，学习如何解决一个又一个翻译问题。本书教学定位为职场，为当今实际翻译行业量身定做，有别于学院式教学。数字人文是当今社会的热词，指通过计算机获得信息的领域，本书的计算机辅助翻译软件、翻译项目管理等翻译技术属于该领域。基于这三个缘由，本书定名为《职场翻译：数字人文新形态教程》。

　　本书分为上下两篇，上篇为翻译技巧，以非文学翻译为主。下篇是翻译学科发生技术转向时期，市场刚需的翻译技术。本书基于新技术，以市场为导向，为职场做准备。步入翻译职场的毕业生常希望在校期间能多学经济、法律与工程的翻译，因为其市场需求量远高于文宣翻译或文学翻译，而且随着"一带一路"倡议的施行，需求量会更大，因此这些领域的翻译成了本书的重点之一。如今翻译职场的客户已经不能容忍译者"一名之立，旬月踟蹰"，往往要求译者一晚翻译几万字，甚至更多。译者若不学习市场亟需的翻译技术，很难生存。计算机辅助翻译软件与翻译项目管理已经是职场译者必需掌握的课程，这也是本书的又一重点。读者经常抱怨看翻译技术的书籍时，不懂工学背景的指令码，但在阅读此书时不会出现这样的情况。

　　本书不仅适用于翻译专业，也适用于非翻译专业，整个中国社会，非外语专业的学生外语总体水平在提高，而且当今职场距离国际化越来越近,有的领域已经国际化了。一些顶级企业招收翻译时,招收理工科的译者越来越多。因此非外语专业的学生多接触翻译,尤其翻译技术这样的高校稀缺课程,会有裨益。本书的编写基本按照一个模式:课文+视频+链接,教材里每个主题供上课用,课后看视频与相关链接。第四、五两章的翻译技术,有条件的学校可以进行配套软件实操教学,也可让学生自学,毕竟现在各类资源十分丰富。

  本书的视频取材于本人负责的福建师范大学精品视频《翻译课》(2014)与福建师范大学慕课《职场口笔译》(2018年上爱课程网)《汉英笔译》,经福建师范大学允许使用,与本人负责的网课共用部分视频。本书的文字部分是本人历年主编出版的教材中部分内容的汇编,特此向福建师范大学与北京大学出版社、厦门大学出版社及福建科学技术出版社致谢。

岳　峰
2019年10月1日

目　　录

上篇

第一章　笔译举要 / 1

第一节　翻译中的变通 / 1
1. 变通要义 / 1
2. 变通的手法 / 2

第二节　语言基础 / 5
1. 特殊比较级的典型句型 / 6
2. 特殊否定的判定 / 7

第三节　文化基础 / 8

第二章　口译举要 / 10

第一节　译前准备 / 10
1. 熟悉口译主题 / 11
2. 讲稿准备 / 11
3. 术语准备 / 12
4. 了解服务对象 / 13
5. 装备准备 / 14

第二节　口译的记忆 / 15
1. 引言 / 16
2. 交替传译与同声传译之异同 / 16
3. 交替传译中的记忆类型及其作用 / 17

4. 交替传译中的记忆技巧 / 18

5. 交替传译中的记忆训练 / 19

6. 被动知识的积累 / 22

7. 记忆训练的原则 / 23

第三节　口译应变策略 / 24

1. "洋"为"中"用 / 26

2. 言内明示 / 26

3. 以"图"代"言" / 27

4. 删"繁"就"简" / 29

5. 化"虚"为"实" / 30

第三章　职场笔译 / 33

第一节　菜肴的翻译 / 33

1. 菜名翻译的要义 / 33

2. 中国菜名的设计特点 / 34

3. 中国菜名翻译策略 / 36

4. 知识拓展 / 41

第二节　通用应用文的翻译 / 44

1. 通知 / 44

2. 公示语 / 46

3. 邀请函/邀请卡 / 51

4. 对外宣传 / 54

第三节　旅游文本的翻译 / 64

1. 旅游宣传口号的翻译 / 65

2. 旅游景（区）点名称的英译 / 70

3. 旅游景点介绍文本的翻译 / 75

4. 旅游文本中文化负载词的翻译 / 78

第四节　影视剧英汉翻译 / 83

1. 配音翻译 / 84

2. 字幕翻译 / 90

3. 综合技巧及译例赏析 / 94

第五节　科技翻译 / 99
    1. 入门须知 / 99
    2. 行文注意点 / 101
    3. 常见难点 / 104

第六节　法律翻译 / 113
    1. 英译汉 / 114
    2. 汉译英 / 122

第七节　医务翻译 / 130
    1. 中医经穴针灸翻译 / 130
    2. 西医翻译 / 135

第八节　商务翻译 / 147
    1. 商务英语的语言特点 / 147
    2. 翻译难点及对策 / 150

小结 / 158

下篇

第四章　翻译项目管理 / 159

第一节　计算机辅助翻译软件 / 159
    1. 计算机辅助翻译的核心定义 / 159
    2. 基于SDL Trados的翻译技术介绍 / 161
    3. 创建翻译记忆库 / 166
    4. 创建术语库（TB）/ 170
    5. 计算机辅助翻译的其他相关软件 / 198

第二节　翻译流程 / 203
    1. 翻译过程 / 203
    2. 翻译流程 / 204
    3. 行业翻译流程现状 / 205
    4. 理想的翻译流程 / 208

第五章 语料库技术在翻译及翻译研究中的应用 / 210

第一节 语料库的定义及类别 / 210
1. 语料库的定义 / 210
2. 语料库的类别 / 210

第二节 语料库软件的基本操作 / 212
1. 语料库创建软件的基本操作 / 212
2. 语料库检索软件的基本操作 / 217

第三节 语料库技术在翻译及翻译研究中的应用 / 226
1. 翻译语言特征研究 / 226
2. 译者风格研究 / 227
3. 翻译教学研究 / 229
4. 机器翻译研究 / 230
5. 前景展望 / 231

参考文献 / 232

本书分工 / 245

第一章　笔译举要

第一节　翻译中的变通

1. 变通要义

从语言角度来看，汉语和英语之间有着极大的不同。从文化角度来看，两种语言背后的历史、地理、政治、宗教、风俗习惯，甚至根深蒂固的观念都有着明显的差异。由此可见，汉语和英语读者对彼此的语言形式和语义内涵的接受必然会遇到障碍。在必要的情况下，为了适应译入语的语言文化环境，译者不能机械地进行语言转换，而应对原文的意思进行适当的改动，这种改动手法即翻译的变通手法。如果译文要以译入语读者喜闻乐见的形式呈现，变通就是必不可少的，否则其语言的转化率就会非常低。汉、英语言各自具备独特的优势和文化特色，使得我们可以进行灵活变通。

根据语用学的翻译理论，译者在理解原文作者意图的前提下，可以从读者的接受能力和文化习惯出发，减少他们在阅读过程中可能遇到的理解困难。因此，译者可以选择关注译入语的文化特点，改变表达方式或直接传达原意。从语用学的观点来看，只要译文能够传达原作的意图，实现语言交流的目的，就是一种可行的翻译方法。基于这些指导思想，灵活变通是实现译出语功能目的的有效手段。译文即使在文字上与原文相符，无语法错误，但与译入语的语言习惯相悖，也会使译入语读者感到费解、别扭，甚至引发不良联想。国际译联于1994年7月9日修订的《翻译工作者章程》第一章第五条曾指出：忠实于原文并不意味着逐字逐句地直译。译文的忠实性并不排除对原作形式、氛围和深层意义进行适当调整，以另一种语言再现。这种思想与变通的操作方式相契合。（岳峰、王绍祥，2015：247-248）事实上，译者使用这种手法颇为频繁。变通的关键手法是删减、保留、补充和替换。

2. 变通的手法

变通的基本技巧包括删、存、补与换，"存"即保留原义，所有的翻译操作都围绕"存"进行，不再赘述，以下阐述其他三种技巧。

2.1 删

初学者可能把"提高英语水平"翻译成improve one's English level，但improve本身包括了level的内涵，所以level应该删掉；类似地，初学者会把"农业丰收"翻译成agricultural harvest，但是英文单词harvest本身就有agricultural的意思，所以agricultural应该删去。"氢和氧两种元素"这个表述中，氢和氧本身是元素，翻译成hydrogen and oxygen即可，"元素"不必翻译；"蒸发现象"可译为evaporation，"现象"不必译，evaporation本身是"现象"（phenomenon），所以应省略。再看以下例子：

例1.

每条河流都有上游、中游、下游。

上游、中游、下游分别对应upper reach, middle reach与lower reach，如果译文照单全收，那么reach出现三次，给人啰唆的感觉，所以只要出现一次即可：Every river has its upper, middle and lower reaches.

例2.

我们必须培养分析问题、解决问题的能力。

这里"问题"出现了两次，应删掉一次：We must cultivate our ability to analyze and solve problems.

例3.

你要觉得合适就干，不合适就别干。

机械地语言转换：Do it if the job suits you, and don't do it if the job does not suit. 这样语言欠缺灵动性，应该把重复的词省掉：Do it if the job suits you, and don't if not.

应该删的情况很多，有时是为了风格简洁。比如新闻中说"基层中学"，"基层"可以省去，中学本身是基层的，我们翻译新闻往往追求简洁，但有时论文中分级讨论不同层级的中学，则应保留"基层"。有没有什么文体不宜删掉句子成分？为表现法律文本的风格，翻译时反而有重复表述的倾向，比如"生效"翻译成come into force and effect，这比valid或come into effect有力度；"无效"翻译成null and void，比invalid更有法律文气。

2.2 补

英语是形合语言，汉语是意合语言，英语使用连词的频率远高于汉语，因此汉译英时常需要补入连词，比如：

例1.

留得青山在，不愁没柴烧。

As long as the green mountain is there, one is not to be afraid of the lack of firewood.

例2.

老鼠过街，人人喊打。

When a rat is seen to run across the street, everybody shouts, "Kill it."

以上两句都加上了连词，但是，如果句子是用分号连接的，则不需要加连词，使用了独立主格也不需要。比如：

例3.

李四钱包被偷了，他只好走路回家。

His wallet stolen, Li Si had to walk home.

如果不用独立主格，则需补上连词，请对比：Since his wallet was stolen, Li Si had to walk home.

有些具有地域特色的专门术语也需要补充些内容。比如，有关徐霞客的文献翻译。对于这个多数中国人知道的学者，外国人一般不知道，所以文本中首次出现的时候名字后可以加上同位语a scholar in ancient China；通过查询可以知道得更细一些，他是明代地理学家、旅行家和文学家，那么同位语细化为a geographer, traveler, and writer in the Ming Dynasty。翻译类似历史人物都可以这样操作。如果翻译朝代，可以补上时间。比如，宋代可以翻译成the Song Dynasty (960—1279)，这里加上了历史时间，有利于读者了解。有的语境下可以处理得简略些，比如新闻报道某地发现了"宋代古桥"，可以说 an ancient bridge about 1000 years old，在这个语境下，朝代对外国读者没有太大的意义，时间跨度更重要，同时新闻文体长度受限制，容不下这么多词，因此可以简单地说个大概。翻译汉英文化内涵差异很大的词，可以补上说明性文字。比如，关于某地盛产水仙花的新闻报道。水仙花在英语文化中有自恋的意思，有必要补充说明，避免误解：In Greek mythology, the narcissus reminds people of excessive self-admiration. But in Chinese culture, it is symbolic of blessing. 补的核心意图是通过补充信息与知识，便于读者理解，避免误解。

2.3 换

英汉语言相差很大，翻译修辞格时往往无法保全细节。为保全修辞格的翻译效果，往往采取替换修辞格或替换修辞格中某个甚至某些细节的变通手法。比如国外曾有一则新闻要表现某国空军在战争中在空中捕捉信息的绝对优势，新闻题目是"An Eye High in Sky"，这里用了英文中尾韵的手法，题目中Eye，High与Sky三个单词均有[ai]的读音在整个单词或者尾部，读起来朗朗上口。然而我们不大可能在汉语中找到以同样方式押尾韵的系列汉字来表示原文的意思，汉字本身是单音节。但我们可以更换为其他修辞格，比如用三字格，译为："九重天外千里眼"，读起来效果也很好，而且有中国文化的味道。修辞格替换的核心思想是使译文也具有高度的可读性。关于这方面的具体技巧，本书的"链接：修辞格翻译中的变通"有系统的阐述。

文学翻译中常用象征的手法，比如美国文学家肖邦（Kate Chopin）的小说曾用Cazeau来作为其小说中主角的名字，这个名字实际上暗指casa或chateau，是城堡的意思，发音相近，容易联想，象征着小说中妻子的生活如同囚禁在城堡中一般。如果把该名直接翻译成卡佐，在汉语中无法与城堡发生联想。文学翻译的效果比细节重要，为表达囚禁的意思，我们也可以替换音译名，比如将该名字翻译为"加索"，读起来就像"枷锁"，这样就能成功地表达原文的象征意义。

英汉语言习惯有诸多不同。就方向感而言，英文人士说话可能是面对未来。某国领导人演说时曾说他要打造一个最好的国家，他说"The best ××(指这个国家) is not behind us."意思是这样的国家以前未曾有过，behind一词说明他说话时背对过去，可以判断出他面向的是未来。那么，请看这个句子："我讲到故事的后头去了。"这句话的意思是说话人以说话时间为基准跳跃到故事更靠近结尾的情节去了，即相对于说话时间的"未来"，因此应该翻译成"I am getting ahead of the story"。再如交通公示语"为您指路"，有些地方用了汉语拼音翻译，对外国人根本没有引导作用，如果翻译成"Show instruction for you"也是中式英语，应该用英语中对应的公示语：You are here。在很多国家的车站都有这种标识,旁边附上地图。

英汉文化差异很大。比如汉语中常用柳树表示思念,依依不舍的感觉,"柳"通"留",表示"留下来,不要走"的情感。而英文中"She is in her willows."却是表示丧偶的哀悼,类似于中国文化的"披麻戴孝"。应用翻译中,更换的手法是频繁的,比如中医术语"土喜温燥"中的土,不是土壤,而是脾胃。"金寒水冷"中,金是肺,水是肾。"水土不服"中水土是说总体居住环境。这些在翻译时均应该更换,否则读者不容易理解。有人把"金寒水冷"翻译成:The gold is cold while the water is cool. 这种译法完全没有沟通的作用。

以上变通的手法只是列举,给学习者一种印象,实际上需要变通的情况远不止这些。读者在逐渐熟悉英文、中文的语言文化后会逐步具备判断是否需要变通的能力,逐渐能够直觉性地进行变通操作。

作业

1. 英汉互译:

(1) 朱门酒肉臭,路有冻死骨。

(2) 飞鸽(商标)

(3) 飞燕(商标)

(3) No pain, no gain.

2. 思考并讨论:

(1) 小说《红楼梦》的人物"卜世人"应该怎样翻译?

(2) 中医术语的译法:土喜温燥、金寒水冷、水土不服。

(3) 涉外活动仪式中用柳树来表示道别,是否合适?

视频:0111 外宣翻译中的变通(一)
      0112 外宣翻译中的变通(二)
      0113 外宣翻译中的变通(三)

第二节 语言基础

语言之于翻译就像粮草之于战争,其重要性不言而喻。在英语中,一些特殊比较级的用法和特殊否定常使英语学习者感到困惑。本节重点介绍特殊比较级的典型句型及利用逻辑判断特殊的否定形式。

1. 特殊比较级的典型句型

1.1 句型：more ...than...

译法：与其说……不如说……

例子：He is more kind than wise. (与其说他智慧，不如说他善良。)

对比：more than...

如果与表示情绪的词相连，译为"非常"。比如：

He is more than pleased. (他非常高兴。)

如果与其他词连用，常译为"不只是"。比如：

He is more than a friend. (他不只是个朋友。)

1.2 句型：less...than...

译法：与其说……不如说…… (与more ...than...相反方向)

例子：He is less wise than kind. (与其说他智慧，不如说他善良。)

对比：less than...

如果与表示情绪的词相连，有否定的意思。比如：

He is less than pleased. (他不开心。)

如果与其他词连用，有否定的意味。比如：

He is less than a friend. (他算不上朋友。)

1.3 句型：no more... than...

译法：根据需要译为"正像……不……一样，……也不……"，或"两者都不怎样"。

例1：A whale is no more a fish than a horse is. (就像马不是鱼一样，鲸鱼也不是鱼。)

例2：Peter is no more young than Jack is. (彼得与杰克都不年轻了。/杰克年纪不小了，彼得也不年轻了。)

对比：no more than... (不过是……而已，含鄙夷否定的意思)

例子：The restaurant was no more than a glorified fast-food cafe. (这地方美其名曰餐馆，其实只不过是个快餐店而已。)

1.4 句型：no less... than...

译法：相当于as much as

例子：Our village is no less beautiful than a picture. (我们的村庄美如画。)

对比：not less...than... (相当于数学上大于等于号。)

例子：Our village is not less beautiful than a picture. (我们村庄之美胜似画。)

再对比与数字连用的情况：

no less than 50 students (多达50个学生)

not less than 50 students (至少50个学生) （相当于at least）

2. 特殊否定的判定

一些特殊否定需借用句子逻辑性进行判定。可以通过逻辑性判断确定一个句子是一般否定句还是特殊否定句，比如：

例子：He is absent today because he is ill. (他没来因为他生病了。)

性质：一般否定句，否定谓语。

例子：We don't read philosophy for fun. (我们读哲学不是为了娱乐。)

性质：特殊否定句，否定在状语。不可能翻译成"我们不读哲学是为了娱乐"，那不合逻辑。

此外，rather than, other than, instead of 都是否定句型。比如 transmission by means of other than light (非光传输)。而not nearly, not half也都相当于否定口气强烈的far from。比如 Her English writing is far from perfect. (她的英文写作远远没有达到完美的境界。)。

以上表达法，从不懂到懂，到会翻译，最好能背诵模仿，你的英文复杂度就高了许多。

作业

1. 汉译英：

（1）我们美丽的村庄胜似画。（对比：我们的村庄美如画。）

（2）傻子不知道自己傻，就像人不可能看到自己耳朵一样。

（3）我们不可能想象有哪件事情会无缘无故发生，就像我们不可能设想有哪根绳子只有一端一样。

2. 英译汉：

（1）The nature of life, of my life, was other than I'd thought, other than whatever had defeated me.

（2）It was over-dramatizing the tragedy to think that Peter's death was other than a hit and run accident.

（3）Her last four books are not nearly so good as the earlier ones.

视频：0121 特殊句型的翻译

0122 翻译的逻辑性与句法的特殊性

0123 标点

第三节　文化基础

文化是个大问题，生活中所有人文社科领域都有文化属性，任何一个领域的研究都是鸿篇巨制。本节我们想用极短的篇幅说说文化与翻译关联的关键问题，即实战技巧。如果一个句子，或一个表达法，每个单词你都听懂了，却不解其意，这里可能有文化性。比如有个文化典故，你听到人家说"You can wear anything except your birthday suit in the public."为什么我们在公共场所什么都能穿，但就不能穿生日礼服？有生日礼服这样的专用衣服吗？碰到奇怪的你就要去查，一查便知"birthday suit"指的是"裸体"，因为人从娘胎出来的时候是没有穿衣服的，于是这个句子翻译为"在公共场所，你什么都能穿，就是不可以裸体"。

遇到比喻或其他修辞格，记住经常可以用文化译法，就是用译入语既有的表达法替代源语，这样易于理解。比如英文有"No pain, no gain."中文用"宝剑锋从磨砺出，梅花香自苦寒来"，或"不经一番寒彻骨，怎得梅花扑鼻香"。对于文化性特别浓重的表达，可以用解释性的翻译。比如"你这是司马昭之心"。外国人一般不懂司马昭，我们注重把意思翻译出来"Your intent is as clear as day light."，"司马昭"译还是不译，看翻译目的，想保住文化性则留，仅仅是沟通则不留。我们与英语民族拥有一个共同的物理世界，两种语言多数的东西是彼此相通的，比如中文用"水火"来表示不兼容，英文用"油与醋不兼容"，如果直译，彼此都能听得懂。

语言是文化的一部分，语言具有很强的文化性，一种语言中存在的现象可能是另一种语言所没有的。比如英文没有万的概念，要通过十个千来表示。国际上数字三位一个逗号,但在职场上却有许多例外,比如俄罗斯与德国有时用点来替代逗号,对于不知情的译者是十分危险的。关于叹词与拟声词,多数学生没有经过相对充分的训练,于是讲英语时,要么不知道该怎么讲,要么把母语的元素带进去。凡此种种,请看视频。

作业

英译汉:

1. The boss thinks highly of Peter as he has a long head.
2. The public don't like him because he has a big mouth.
3. The new cop is wet behind the ears. His partners are worried about him.
4. The expert saw the writing on the wall for the car industry years ago.
5. Taking a rain check frequently will make people disappointed.

视频:0131 文化典故
　　　0132 隐喻
　　　0133 委婉语翻译

作业

请翻译:

1. 12.351 containers
2. 老天爷!你怎么又回来了?
3. 啊,随她吧!
4. 呸!可耻!可恶!
5. 拨拉!拨拉!长江的水怒吼着。

视频:0141 名词翻译细节
　　　0142 汉英叹词的比较与翻译
　　　0143 拟声词的翻译
　　　0144 方位词的翻译

第二章 口译举要

第一节 译前准备[①]

会议口译是一种高强度、高难度的跨语言、跨文化交际活动,其成败与否在很大程度上取决于口译译员的译前准备程度。译前准备有利于译员消除紧张情绪、缓解压力、激活相关知识图式,从而帮助译员从容、镇静、出色地完成口译任务。我们认为,译前准备至少应该包括以下5个方面:熟悉口译主题、讲稿准备、术语准备、了解服务对象、装备准备。

虽然会议口译作为一种职业在中国只有短短几十年的历史,但是,随着中国改革开放程度的日益加深,社会各界对会议口译这种及时、高效的语言服务需求与日俱增,媒体对有口译译员参与的活动也表现出了深厚的兴趣,而公众对口译译员的关注也达到了前所未有的程度。但是,人们在对口译译员的精彩表现大加赞赏的同时,往往忘了口译作为一种高强度、高难度的跨文化、跨语言脑力活动,其成败与否在很大程度上取决于口译译员的译前准备程度。译前准备充分的译员往往表现出色,而译前准备不充分或者根本没有准备的译员可能表现不佳,或者根本无法完成口译任务。因为口译译员始终都是一个"一心多用"的人,他不仅要认真倾听发言人的发言,而且要对发言内容进行分析,同时还要做笔记,并在发言人结束发言之际,用目的语将发言内容迅速地译出,而同传译员更是要同时兼顾听和说。译前准备的过程不仅可以"有效消除译员在译前和译中产生的紧张情绪,缓解其口译时承受的心理压力",激活相关知识图式,而且可以帮助

[①] 王绍祥:《会议口译译前准备工作略论》,载《河北北方学院学报》(社会科学版)2009年第3期。

译员从容、镇静、出色地完成口译任务。因此，译前准备既是口译的一个"重要环节"，又是译员必备的基本功。

1. 熟悉口译主题

在中国，从事单一领域会议口译工作的译员寥寥无几。译员所要面对的口译领域可以说五花八门、无所不包：科技、商贸、经济、政务、司法、艺术、音乐等。仅以科技领域为例，它又涵盖了诸多口译主题。在科学技术日新月异的今天，新事物、新发明、新现象、新术语更是层出不穷，这一切都向会议口译工作者提出了严峻的挑战。试想，一个对IT技术完全陌生的译员，能胜任电脑芯片设计研讨会的翻译吗？一个对光疗法（phototherapy）一无所知的译员，能胜任牛皮癣光疗法最新进展报告的口译吗？

因此，在接到口译任务之后，译员应该尽早熟悉口译主题。译员可以向主办方索取相关资料，如公司简介、产品说明、生产流程、日程安排等。同时，译员还可以自己上网搜索补充资料，以增进对口译主题的深入了解。例如，我们在参加一次校企合作谈判时，事先了解到对方是世界首屈一指的汽车企业，谈判的主题是探讨校企合作的途径，尤其是该校如何从专业设置上迎合企业需求，开设订单班，并定期向企业输送专门技术人才。所以，在译前准备阶段，我们就对汽车生产流程和相关工艺做了充分了解，当该著名汽车企业总裁在谈到钣金加工（sheet metal processing）、车载电脑（vehicle mount computer）、喷漆（painting）前多达10道工序的清洁流程时，我们都能应对自如。这不仅赢得了与会双方的赞誉，而且也最终促成了该次合作。再如，在一次创意产业创业论坛上，因为事先了解到其中一位嘉宾将就"创业不同阶段如何选择匹配的融资方式及途径"这一话题进行发言，我们查找了许多融资方面的资料。因此，当该嘉宾谈到天使投资（Angel Investment）、风险投资（VC，Venture Capital）、私募股权（PE，Private Equity）和首次公开募股（IPO，initial public offering），我们都能做到轻松应对。

2. 讲稿准备

一般说来，讲稿有宽泛和专业之分。前者如礼仪祝辞等，由于其中有很多套话、固定表达法，如"现在，我宣布……国际学术会议隆重开幕""祝各位专家、学者万事如意、事业有成！"等，通常经验丰富的译员都能驾轻就熟，所以即使没有讲稿也能应对。而专业类讲稿如主题发言、分会场报告等，往往是对某个主题的深入探讨，所以，译员应想方设法向口译活动的组织者、发言人索要相关讲稿，包括发言稿、论文集、光盘等。在无法获得上述资料时，译员至少也应该要求主办方提供发言提纲（notes）或幻灯片（PowerPoint）。一家省级翻译协会甚至明确规定，如果主办方无法提供相关资料，译员可以拒绝承担口译任务。所幸的是，由于会展业的不断发展和完善，会展口译的准备工作也更加规范化了。译员有时不仅可以获得完整的日程安排、会议指南，甚至还可以事先得到装订精美的论文集。

但是，值得注意的是，获得了讲稿并不意味着万事大吉，还可能出现以下三种情况：其一，发言人有讲稿，但实际发言时心血来潮，在讲稿的基础上做即席发言。出现这种情况时，译员如果事先已经对讲稿十分熟悉，大可不必拘泥于讲稿，完全可以大胆脱稿，认真听译。其二，发言人临时更换讲稿。会议致辞一般要数易其稿，有时直到会议开始前几分钟才最后定稿。所以，即使译员拿到了讲稿，也很可能不是最新版的讲稿；官方代表也很可能临时决定不使用"代拟稿"。在这种情况下，译员应该处变不惊，根据前期准备的讲稿，沉着应变。其三，口译任务临时调整。比如，笔者曾参加过一次化纤大会的口译活动，该大会又分设了发展论坛、涤纶论坛、高新论坛、粘胶论坛、中国经济论坛、锦纶论坛、腈纶论坛等七个论坛。由于部分发言人因故无法出席，所以，会议日程临时做了调整，有的发言人提前发言，同时还增加了部分发言人。由于负责这些发言人口译工作的是其他译员，所以，我们事先并没有获得相关讲稿，而此时该译员正忙于另一个论坛的口译工作。我们只好在发言的间隙抓紧时间匆匆浏览了发言稿和相关的PowerPoint资料。虽然只有15分钟左右的时间，却对我们的正式口译帮助很大。所以，译员不仅应该了解自己的工作内容，在时间允许的情况下，也应该对同一会议中的其他发言人的资料做个粗略了解，以备不时之需。

3. 术语准备

国际性会议是相关领域最新发展趋势的风向标。在这些会议中，新词新语往往层出不穷，而参加会议口译的译员又不是该领域的专家，因此，这也对译员们提出了新的挑战，术语的译前准备也就显得格外重要。在我们参加过的国际性化纤大会中，一个发言人一上台就说出了一长串的术语：碳纤维（carbon fiber）、PAN基碳纤维（PAN-based carbon fibers）、聚丙烯腈（polyacrylonitrile）、沥青基碳纤维（pitch-based carbon fibers）、母体（precursors）、聚合和纺丝过程（polymerization and spinning processes）、氧化箱（oxidizing oven）、"大丝束型"碳纤维（large-tow type）、每单位密度的强度和模数（the strength and modulus per unit density）。试想，如果没有一定的术语准备，译员一上台就可能出现卡壳的现象，更遑论成功地完成口译任务了。译员不必要也不可能具备和专家一样的专业知识，但是，必须掌握足以理解和传达报告内容的术语和词汇。在信息日益发达的今天，译员不仅可以查找专业书籍、辞典、往届会议资料，而且可以通过互联网收集、整理相关术语及对应译文。译员甚至还可以建立起自己的"术语数据库"，在每次口译任务结束之后，对数据库内容进行更新。此后，在接到相关口译任务时，译员就可以在平时积累的基础之上，在有限的时间内进行强化记忆了。

有些术语是以缩略语的形式出现的，这也是译前准备的一项重要内容。国际会议报告人的时间短则20分钟，长则30分钟，因此报告人尤其注重"KISS"（Keep It Simple and Stupid，即简明易懂）原则，而简单易用的缩略语无形中就成了报告人得心应手的工具。比如，在一次汽车行业论坛中，报告人就使用了大量的缩略语，如ABS（Anti-Lock Brake System，防锁死刹车系统）、ADS（Adaptive Damping System，可调式避震系统）、ALS（Automatic Leveling System，自动车身水平系统）、ASPS（Anti-Submarining Protection System，防潜保护系统）、ASR（Acceleration Skid control system，加速防滑控制系统）、ASS（Adaptive Seat System，全功能座椅系统）等。

还有一些通用类的缩略语，看似与会议主题并没有密切的关系，但是随时随地都可能用得着。这类术语译员也应该熟记在心，临场才能迅速做出反应。如ICBC（Industrial and Commercial Bank of China，中国工商银行）、BOC（Bank of China，中国银行）、CPPCC（Chinese People's Political Consultative Conference，中国人民政治协商会议）、CCPIT（China Council for the Promotion of International Trade，中国贸促会）、CIFIT（China International Fair for Investment and Trade，中国国际贸易洽谈会）、UNESCO（the United Nations Educational, Scientific and Cultural Organization，联合国教科文组织）等。

4. 了解服务对象

口译服务对象通常包括发言人、嘉宾、听众等。大型国际会议的听众往往是业内人士，会议也是他们把握业界新动态的窗口，因此，译员在口译时应注重专业术语的准确程度。而对于发言人和嘉宾，译员应该尽可能获得他们的姓名、性别、职务、头衔、服务机构、国籍等信息。如果有可能的话，译员应该在会议开始前向他们索取名片或上网查找他们的履历、服务机构等，以减轻现场口译的压力，尤其是防止忙中出错的尴尬。英语译员尤其应该注意那些与英语发音规则不一致的人名、地名，如荒金兆典（Yoshinori Aragane）、佐野荣纪（Sano Sigetoshi）、沙姆沙伊赫（Sharm el Sheikh）等。外交部翻译戴庆利就曾经被"沙姆沙伊赫"这个地名难倒过。无论她怎么努力用英语发音规则拼读这个地名，她就是无法让对方理解"沙姆沙伊赫协议"。

在不同国家有不同含义的头衔，译员也应该小心谨慎。比如，前任美国国务卿赖斯曾经担任过斯坦福大学教务长（Provost），而在爱尔兰，Provost常用作"大学校长"之意，如圣三一大学（Trinity College）校长在英语里就称为"Provost"。同样的，在翻译圣三一大学校长时，我们也不宜使用通用的大学校长译名"President"。

另外，译员还应及早熟悉发言人的口音。参加国际会议的代表一般来自五湖四海，比如，我们就曾经为来自阿拉伯国家、安哥拉、巴布亚新几内亚、比利时、奥地利、德国等国的专家、学者担任过口译，其中有一名学者甚至中过风，他们千奇百怪的口音确实给口译工作带来了很大的难度。但是，只要在会议开始之前，译员能够找到发言人所在国的语音资料做热身，而且能够积极参与会前的接待工作的话，相信还是可以顺利完成口译任务的。

5. 装备准备

或许有人会说，口译就是口译，何来装备？其实不然。和许多工作一样，口译也需要特定的装备，只不过这些装备其实非常简单，无非就是笔记本、笔（特别是按压式的圆珠笔）、通行证等。然而，有些译员恰恰是因为疏忽了这些而造成了不必要的麻烦。比如，有一位译员在大会开始之际拿了两张打印好的译稿到讲台上口译，没想到演讲人临时更换了稿件，译员只好在写满字的稿件上做笔记。虽然过程"有惊无险"，但是足见口译装备的重要性。20世纪80年代曾担任过邓小平英文翻译的高志凯先生说："我通常会在西装的内口袋里装5支圆珠笔，三个笔记本，以备万一。""我必备两样东西：清凉油和风油精。会见前风油精涂太阳穴，清凉油涂鼻下，保持绝对清醒。"风油精不一定人人必备，但是笔记本和圆珠笔确实是必不可少的。临场找不到笔和笔记本，不仅徒增尴尬，而且也会影响口译发挥。为了方便来回翻页，英国外交部首席翻译林超伦先生甚至专门为口译工作定制了"带有活页圈的笔记本"。同样，在某些重大口译场合，通行证或口译证也是必不可缺的。如果因为一时疏忽而被拒入场，那就可能会对整场口译产生恶劣的影响。

总而言之，译前准备是会议口译的必备环节，译员不仅需要"平时勤烧香"，而且还应该"临时抱佛脚"，只有这样才能真正"有备无患"，从容应对复杂多变的口译情况。

作业
1. 水族馆请你去做现场口译，事先该做哪些功课？
2. 怎样在口译前熟悉演讲人的语音与讲话内容？

视频：0211 公共演讲与口译（一）
　　　0212 公共演讲与口译（二）
　　　0213 公共演讲与口译（三）

说明：公共演讲能力的培养是口译的岗前准备。在口译中，尤其是在礼仪场合，主办方通常会邀请译员走上台去，站在讲话者身旁口译。此时，译员所扮演的角色其实和公共演讲者一样，其译语产出方式也必须遵循公共演讲规则，如吐字清晰、声音洪亮、语速适中，译员仪表大方、镇定从容、亲切自信，还应时时与观众保持目光交流，并因时而动，根据现场反应对发音、语速、措辞适时进行调整，以营造良好的交流氛围，达到良好的口译效果。把握一切可能的机会练习公共演讲或经常对着镜子练习都是提升演讲与口译技能的极佳方式。

第二节　口译的记忆[①]

在交替传译过程中，讲话与翻译交替进行，记忆会直接影响到译员的表现。为此，需要通过有策略的训练，教会译员练习交替传译中的记忆技巧。复述训

---

① 张筠艇：《交替传译教学中的记忆训练》，载《外国语言文学》2006年第4期。

练、信息视觉化和现实化训练、逻辑分层记忆训练、数字记忆训练等都是有效的训练方法。

1. 引言

口译是一种特殊的语言处理活动，具有突出的即时性和即席性特点。在口译过程中，译员没有机会反复理解源语信息，而是要一次性地听取源语信息，借助笔记（在交替传译中），执行源语信息听辨、信息意义的表征和理解、信息暂时储存、译语组织与计划、译语信息表达与监控等一系列彼此影响、相互制约，甚至往往重叠进行的加工任务。因此，译员必须具备良好的信息保持与处理能力，以确保初始信息的准确理解、前后信息的衔接与连贯、译语表达与源语信息的统一。也就是说，口译活动对口译译员的语言记忆能力造成了很大的压力，而口译译员出色的语言记忆能力也成为成功口译活动不可缺少的基本条件之一。

2. 交替传译与同声传译之异同

口译主要包括交替传译（CI）与同声传译（SI）。两者在操作方式上存在较大差异。交传，是译员在讲话人讲完一句、一个意群、一段甚至整篇后译出目标语言的翻译方式。同传，顾名思义，即基本同步地实现对讲话者发言的口译。两者的区别亦可以从 Gile 对两种口译方式的归纳中体现出来。Gile 认为交传包括两个阶段：

第一阶段：

CI（Consecutive Interpreting）=L (Listening)+M (Short-term Memory) +N (Note-taking)

第二阶段：

CI (Consecutive Interpreting) = Rem (Retrieve messages from short-term memory and reconstruct the speech) + Read (Read the notes) + P (Produce the target language speech)

而同传的模式为：

SI (Simultaneous Interpreting) = L(Listening and Analysis)+M (Short-term Memory) +P (Production)

从Gile的模式可以看出，首先，同传是在没有任何外界辅助手段（即笔记 Note-taking）的条件下进行，所以对记忆的压力更大，大量专门的训练不可或缺。其次，记忆在两种传译方式中所起到的作用也不尽相同。与同传相比，交传中的记忆期限更长，有时译员会有长达15分钟（取决于发言篇幅）的时间进行输入与储存信息，之后在第二阶段提取信息并进行解码。而在同传中，输入与解码几乎在同时发生，用于储存信息的时间相当有限，因此训练中更强调精力的分配，影子练习（shadowing exercise）就是同传记忆训练中常用的方法。尽管同传与交传在短时记忆方面存在共同之处，但在本科教学中进行的通常是交替传译的训练，而且交传中的记忆训练也是同传记忆训练的基础，所以本节将着重阐述交传教学中的记忆训练。

3. 交替传译中的记忆类型及其作用

从交替传译过程的形式上看，口译要将信息的来源语形式转换为目标语形式，即由"源语"转码为"译语"；从交替传译过程的内容上看，口译从信息的感知开始，经过加工处理，再将信息表达出来。因此，在交替传译的基本过程中，信息从输入、解译、输出的这三个阶段可具体分解为信息的接受、解码、记录、编码和表达这五个环节。由于口译的内容稍纵即逝，当以某一种语码形式出现的信息被感知后，在转换成另一种语码前，必须暂时储存下来。为使感知的信息尽可能完整地保存下来，经过转码处理后再完整地传送出去，记录成为关键环节。记录不善往往导致来源语的信息部分丢失，影响交替传译的准确性。

根据心理学原理，人类记忆是大脑对经历过的事物的反映，一般分为瞬时记忆、短时记忆和长时记忆等几种类型。研究表明，瞬时记忆只能使语言信息保持0.25至2秒，之后记忆的信息就会消失，它是大脑最短的记忆。短时记忆阶段储存瞬时记忆输入的信息。虽然信息保持的时间短，却是译员进行高强度脑力活动的关键时刻，译员可利用这一时段将收到的信息迅速进行各种关联并进一步完成由源语到目的语的转化。但短时记忆的特点是容量小和持续时间短。最后，经加工的语言信息进入长时记忆阶段。长时记忆系统的信息容量要大得多，信息保持可从短时到终身，是大脑长期保持信息的主要手段，在口译的记忆过程中它配合短时记忆共同完成大脑的记忆工作。

鲍刚认为：在口译实践中，瞬间记忆与源语听辨有关，长时记忆与译员的"译前准备"有关，而短时记忆则与译员对源语的内容、关键词等信息的储存有关，并在口译过程中起关键作用。

短时记忆（short-term memory）亦称操作记忆、工作记忆或电话号码式记忆，指信息一次呈现后，保持在一分钟以内的记忆。短时记忆中信息保持的时间一般在0.5至18秒，不超过1分钟。一般人的短时记忆的广度平均值为7±2个。研究表明，记忆广度和记忆材料的性质有关。如果呈现的材料是无关联的数字、字母、单词或无意义音节，短时记忆广度为7±2个，超过这一范围记忆就会发生错误。如果呈现的材料是有意义、有联系的并为人所熟悉的材料，记忆广度则可增加。可通过对信息的编码、再编码，以及适当扩大"块"（chunk）的信息来增加记忆的广度。

4. 交替传译中的记忆技巧

由于在现场口译中，译员要把讲话人所讲的内容准确详尽地用目的语表达出来，而受时间与精力分配的制约，译员笔记的内容只能是一些关键词，至于怎样把整个讲话连贯地串起来，则完全要靠译员的大脑记而不是笔记。因此作为一名译员，必须有出众的短时记忆能力。而实践表明，人的记忆力是可以通过科学的训练来提高的。20世纪60年代创立了"思维导图"（mind map）的英国教育学家托尼·博赞（Tony Buzan）认为："想象和联想是记忆的两个最重要的要素。"

译员之所以能把几分钟的讲话忠实地用另一种语言表达出来，是因为思想或口译中的交际意义都可以用某种载体（符号）存储在译员的记忆之中。这种载体包括语言符号（中英文字词）、数学符号、画面、形象、数字等。它们可以记在纸上，也可以记在译员的脑子里。它们作为提示符号，存储在译员的短时记忆中，随时帮助译员回忆起长时记忆中存储的讲话意义，并按照目标语的规则把理解的意义表达出来。

辅助记忆的一个重要手段是跟踪讲话人的思路，交替传译中的记忆技巧也集中体现在对讲话人思路的把握。口译所能遇到的话语主要有五种类型：

（1）叙述语体。其思维线路可以沿事物发生时间线索叙述，也可以沿观察事物一般顺序描述（即先讲引人注目之处，忽略或夸张某些细节，同时叙述人物动作），有时还会采取某些有意破坏一般规律的叙述方式。

（2）论证语体。其思维线路主要有：沿认知客观世界的一般顺序论述（即先易后难，由表及里等）；有稿发言常按论证文体一般结构论述（即先论点后论据，有引言有结论等）；无稿论证语体中常见的，从语汇、概念或某一画面引发而去的自由联想思维方式——循着词与词、概念与概念、画面与画面之间的相似、相依或相反性而联想起另一词、概念或画面，再予以发挥，它不一定等于通常所说的"形象思维",而更是一种潜意识思维,可以"形象",也可以"抽象",发言人往往沿类似线索返回发言"主题"。

(3)介绍语体。其思维线路主要是循观察与认识事物的一般规律介绍,如参观游览介绍或产品介绍等。违反这一规律的做法很少见。

(4)礼仪性演说体。其思维线路主要是沿相对固定的套式表述内涵,如祝酒词。

(5)鼓动演说体、对话语体(包括会谈)等。其思维线路主要是联想式与综合式。

无论讲话人单独或混合使用何种类型,都有一定的思维线路可循。译员熟悉了这些思维线路,可以对讲话人的思维逻辑进行归纳,对其叙述或介绍顺序加以排列,或追寻其联想线索,或循固定套式把握其思路。除此以外,译员还可以通过抓重点词与主干词帮助追踪讲话人的思路。这些技巧对记忆都有重要的帮助。

5. 交替传译中的记忆训练

口译是一种技能,而不是一种知识或理论。作为一种技能,只有通过大量训练和实践才能充分掌握。译员必须通过反复练习、大量操练,才能逐步学会熟练运用各种口译技巧。记忆能力亦是如此,口译译员所依赖的短时记忆能力完全可以通过强迫性的训练而获得。

因此,训练记忆力的关键在于设计出一套符合客观规律、循序渐进、高效实用的训练方法。Tony Buzan认为:"只要掌握科学正确的方法,每个人都可以成为记忆天才。"对于一个具备足够语言和背景知识的人来说,正确的记忆方法是确保其口译活动成功不可或缺的因素。根据不同类型的记忆特点,考虑到记忆的效果与记忆材料的类型、讲话人的思维线路、待识记语料是否形象等诸多因素都有关系,在进行相关记忆训练时可从不同的方面、采用不同的方法展开。

复述训练

教员可以朗读或播放一段文字的录音,之后要求受训者进行复述。在这一过程中,开始应鼓励受训者尽可能采用与原文一致的表达方式。经过一段时间的训练,可以使用分类、总结、比较、描绘等几种技巧。在复述时可采用录音的方式记录复述情况,以便事后校对与分析。在初始阶段可用源语复述,再过渡到用译语复述。

在训练初期,篇幅不宜太长,可控制在1.5至3分左右,在不借助任何工具的情况下进行记忆,然后复述。选择内容时应考虑其语言难度,一是为了便于操作,二是减轻心理负担,防止因为难度过大出现心理障碍。可选用内容相对简单的段落,从比较熟悉的话题开始,选择口语化的材料或将书面材料进行改写使其更贴近口语,而不建议一开始就选择如政治、经济等偏难的篇章,这样有利于逐步建立起练习的信心。对于记忆的要求也应先侧重于段落整体框架的把握,尤其是句子的承接关系。在听到每段文字时应培养出马上建立起一个大的框架结构的能力。

随着训练进度的推进,篇幅可以慢慢加长至5分钟、7分钟、10分钟,最后可控制在15分钟左右。篇章的内容难度也可有适当的调整,覆盖面可增加,内容可涉及不同领域,语言相对困难的"正规""官方"的讲话也应逐渐成为口译的内容,以适应未来翻译的需要;从逻辑性强的发言过渡到甚至是语无伦次的讲话。此时对记忆的要求就应该上升到一个更高阶段,在保证大框架的前提下更侧重细节的回忆,在保证段落的主干、句子承接的前提下尽可能多的回忆细节。最后可有意在所提供的材料中加入干扰的背景杂音进行训练,以防止短时记忆中的信息丢失,这有利于学生培养注意力的集中,以延长其短时记忆的时间。

信息视觉化和现实化训练

语音、语义、语篇意义的产生有赖于认知知识,而认知知识并非完全以语言为载体存在于大脑中,还有其他的储存方式。为了避免过于关注字词或找对应词的倾向,训练时可以采用视觉化方法,边听边将听到的内容视觉化,用视觉跟踪事态的发展,借助形象来记忆听到的内容。

信息视觉化和现实化训练就是针对大脑对意象语料的敏感性而设计的,旨在训练译员通过将信息内容现实化、视觉化而记忆信息的能力。形象化练习非常重要,因为将听到的内容形象化,才可能丢掉语言形式,将信息意义提炼出来。例如:

Getting food to Ethiopia is a lot easier than actually delivering it to the people in need. The main port at Assab and the main airfield at Addis Ababa are badly jammed; the roads leading to the interior are clogged and there's also a shortage of petrol. Sometimes it's a question of having too much with too little coordination. The response that we have had for Ethiopia has been magnificent but now in Ethiopia there is an example of 54 aeroplanes waiting to be unloaded at an airport which can normally only deal with 3 or 4 planes a day.

听完这段话后，译员可以在脑海中浮现出在埃塞俄比亚石油短缺，机场公路都十分拥挤，以致于飞机车辆排成长龙，这样原文的意思就很清楚了：接受食品不成问题，问题是如何将食品运到需要的地方。之后，译员就可以较轻松地将串联形象用目标语加以表述。又如：

Many people are too weak to be able to eat and that means that they have had to install a system called "wet feeding" with grains and it's mixed with water and it gurgles down easier.

在将信息视觉化后，我们的眼前会浮现出这样的情景：孩子们坐在那里，骨瘦如柴，目光呆滞，非常虚弱，进而可以推断他们吃东西困难，只能吃流质。但如果只将注意力集中在语言上的话，第一句就可能误译为"孩子们忘了如何吃饭"，而且还会被"wet feeding"一词所羁绊，花费太多时间寻找对应词而耽误听下文。

叙述语体的讲话可以形象化、视觉化。企业与产品介绍、任务描写等都可以让人借用视觉将听到的描述现实化，因此可以充分利用描述语体的讲话训练视觉化与现实化。

逻辑分层记忆训练

由于人们识记逻辑层次清晰、结构紧凑的篇章效果好，从一些条理清晰的篇章入手，锻炼译员的逻辑思维和整理记忆的能力就成为记忆训练的一个好方法。在逻辑分析和记忆能力都有所提高之后再逐渐降低待识记信息的条理性和逻辑性，可以提高译员对普通对话的适应能力，并最终能将逻辑思维能力作为一种"半自动化"的技能加以掌握——即在听到一段讲话后能够"本能"地对其进行逻辑层次的分析并加以记忆。

例如以下这段关于儿童死亡率的讲话：

Approximately 33% of the deaths in the pre-school age can be attributed to poor environmental sanitation. Less than 15% of rural population live within a walking distance of 10 kilometers of a health facility of any kind. A Bengladesh doctor has said: "In the Philippines and certainly more so in other Asian countries, including Bengladesh, about 70% of the people die without seeing a doctor. According to 1978 data, the life expectancy at birth is 58 in Asia and 71 in Europe as against the world average of 60 years."

在这段话中，第二、三句是第一句的具体体现，但第四句涉及了新话题：比较亚洲人与欧洲人的寿命。这一分析在听的过程中不容易做出。在训练过程中，必须对信息细节分别做出分析，直至提炼出三个主要观点：第一，由于医疗基础设施太差，儿童死亡率很高；第二，正因如此，70%的人从未看过医生，尤其在菲律宾和孟加拉；第三，亚洲人的寿命明显比欧洲人短。

可以看出，每一个信息都是由主干和辅助内容构成，存在一定的因果关系，要在训练中学会区分思想的主次关系和内在关系，并有条理地加以记忆。

数字记忆训练

数字因其承载信息量大、单位时间内变化迅速与多样性、难以预测性、前后相关性差、双语表达存在差异等，因此数字的翻译是口译过程中的最大难题之一。没有进行过训练的人往往会出错。英汉两种语言对于四位数以上的数字表达，有着不同的段位概念与分段方法。英语数字的表达以每三位数为一段位，汉语则是每四位数为一段位。这种不同的分段方法使同一组阿拉伯数字有不同的读法规则。

在口译过程中数字的记忆具有一定的特殊性。数字所携带的信息量要比一般的语义信息所携带的信息量大出约20倍，而且数字是意义固定的"死"信息，内容不具有可伸缩性，因此数字记忆不包括其他信息记忆过程中的分析、整理过程，而是单纯的强行记忆。因此，数字记忆的训练就要有其独特的方式。

数字短时记忆的训练可通过"数字广度"——顺背训练与倒背训练进行。顺背训练是将数字按照9位一组的形式分成若干组，让译员一组一组或两组两组地听辨数字，然后口头用译语复述出来。可以从一组3位数字开始，练到两组9位数字。练习时不能记笔记。倒背训练方法基本相同，但要求译员听到数字后用译语倒背出来，目的是帮助译员强化自己的"数字视觉"能力。在听辨和复述的过程中尽量摆脱数字的源语或译语的载体，将数字以阿拉伯数字的形式保存在短时记忆里并将其投影在译员头脑的屏幕上，从而提高译员对数字的感知和记忆的敏锐程度。

除此之外，在数字口译中还有必要进行针对性的转换训练，熟练掌握汉英基本数字的读法，摸清两种数字表达的规律，才能够进一步降低数字口译的难度，实现交流双方的顺利沟通。

6. 被动知识的积累

除了进行短时记忆的训练之外，长时记忆对口译过程也起到了重要的辅助作用。其信息都是经验性的，人们听过、看过、经历过的事都可以留在长时记忆中，随时可提取出来与正在听到的信息相结合，从而帮助人们更透彻地理解信息。对口译译员来说，大脑储存的知识越多，经验知识就越丰富，就越能在口译时发挥出最佳的水平。

而认知知识通常以潜在形式存储在长时记忆中，只需一个词或一句话便可激活被动记忆。为了让听到的信息在记忆中留下更清晰的痕迹，译员必须不断积累新知识，必须让自己对任何话题都产生兴趣，否则就会影响信息的理解和记忆。因为译前若对即将接触的话题有一定的知识储备，在口译时就能将语言知识同认知知识相结合，从而摆脱言语的表层含义，真正抓住信息的意义。在训练时可以选择平素译员不太关心的问题开展讨论，学习培养兴趣，尽可能地积累背景知识，以便在翻译时激发长时记忆，启动被动知识，增加记忆广度。

7. 记忆训练的原则

循序渐进及训练量

在记忆训练中，不论训练的是哪一方面的内容、采用哪一种方法，也不论是同练习伙伴进行训练、还是自己单独训练，在时间长短、记忆要求等方面都应遵循渐进提高原则，不可急于求成。

任何一项技能都需要进行艰苦的训练才能获得，交替传译中的记忆训练也不例外。记忆训练的入门基础训练是相当枯燥、相当辛苦的，进步也不是一朝一夕便能显示出来的。因此在记忆训练过程中，整个阶段都应保证一定的训练量，应保证每天至少4小时的训练量，用不少于1个月的时间进行训练。

记忆训练应在笔记训练之前

记忆训练必须在笔记练习之前进行。这是现在本科口译教学中经常忽略的因素。一旦学员先习惯于笔记，容易过分依赖笔记而放弃心记，从而造成口译笔记过于详细，无法只靠"听入"进行有效的逻辑整理，进而影响目的语地道、完整的表达，使听众听到的是残缺不全的信息，导致口译质量的低劣甚至口译失败。因此，整个训练过程中不允许使用笔记，而是调动笔记以外的一切因素进行强记训练。

总之，口译记忆训练不是机械的语言重复，而是要求学员把几十秒乃至十几分钟的对话梳理成一段主题明确、语义连贯、逻辑性强的发言。记忆训练是口译训练中的基石，特别是在交替传译中，记忆会直接影响译员的表现。因此应该引起足够的重视，在初始阶段就打牢基础。但是，对于记忆的训练又不仅仅在最初阶段进行，应该贯穿始终，通过不断的练习进行强化、提高，这样才能为后期交替传译能力进一步的提高创造条件。

作业
请同伴读以下数字，你来口译：
1. 456789762
2. 962753598.58

视频：0221 口译的记忆（一）
0222 口译的记忆（二）
0223 口译的记忆（三）

Scan for more
扫码了解更多

说明：在口译中，人们常说"七分靠记忆，三分靠笔记"，足见记忆在口译中起着举足轻重的作用，但是并非人人都有"过耳不忘"的本领，因此掌握一定的记忆技巧对于提升口译的完整性、准确性均有帮助。由于口译的目的并不在于"字字传输"，而在于"信息传递"，因此译员在牢牢把握"信息为先"这一标准之后，再恰当运用常见的记忆方式，如1. 把握关键词；2. 逻辑分析；3. 提纲挈领；4. 归纳总结；5. 形象记忆；6. 视觉化等，就有望顺利完成口译任务，成功将说话者的信息传递给听众。

第三节　口译应变策略[①]

口译是指用口头表达方式将源语信息转换为译语信息的一种即席翻译活动。译者的主要任务是以语言为工具，在不同的语言交流者之间充当媒介作用，用明白晓畅的语言将说话者的意图表达出来，帮助交际双方克服语言障碍，从而使交际双方达到自由、顺畅交流的目的。口译主要是以口语为媒介的，而语言又是转瞬即逝的，这就决定了口译活动具有如下三个特征：现场性、即时性和时限性。口译的这三大特征决定了口译者不可能像笔译者那样，有足够的时间揣摩玩味原文，更无法为了"一名之立，旬月踟蹰"。口译者往往在很短时间内就必须正确

---

① 王绍祥，《口译应变策略》，载《中国科技翻译》2004年第1期。

地理解说话人的意图,并迅速地进行解码和编码,最后"出口成章"。为了做到这一点,口译者不仅应该具备很强的理解能力、外语思维能力、母语表达能力、广阔的知识面、丰富的实践经验,还必须具备良好的应变能力。

所谓应变能力,指口译者能够在不影响源语主要信息,不影响说话者主要意图的基础上,适当地对源语进行调整,适当地处理好源语中的难点,使其更符合当时的情形和场合,并使交际顺利进行的能力。

李越然(1987:6-10)曾经指出,影响口译活动的因素有两种,即制约因素和自由因素,这两种因素相互作用,并在瞬息间彼此相对转化。译者在处理不同语言的转换过程中,一方面是必须再现源语,另一方面是如何再现源语。前者是制约因素,译者处于从属地位;后者是自由因素,译者处于相对的自主地位。在接受外部语言信息的时候,制约因素是权威,是主人,译者被动。但语言转换一开始,自由因素是相对权威,从属在一定程度上转化为自主,被动中有相当多的主动(杨自俭,1994:240)。而口译应变能力就是这种主动性的外在表现,应变策略则是用于指导这一能力的策略。

我们知道,口译种类繁多,包括法庭口译、商务口译、外交口译、科技口译等。因此,从理论上说,为了应对不同的口译场合与不同的口译任务,译者必须是一个"活的百科全书"(Walking Encyclopedia),不仅要精通口译活动中所涉及的两种语言,而且应该对这两种语言所涉及的文化有深刻的理解,同时,译者也应该具备丰富的经济、政治、商务、历史、地理、哲学等知识。但是,要真正地做到这一点是非常困难的。实际上,现代科学分类极为细致,正如一句俗语说的那样"隔行如隔山"。因此,要想成为真正的"活的百科全书"是非常困难的。因为,译者在口译的过程中,难免会碰到这样或那样的问题,甚至会碰到一些一时间根本无法解决的问题。而囿于口译工作的环境,口译工作的时间,口译工作的方式,译者没有时间,也不可能请教他人,此时,译者就必须借助应变策略加以变通,以取得最佳的口译效果,使口译真正地成为一种基于释义的活动(meaning-based translation)。

由于口译种类繁多,因此,要想找到一种"放之四海而皆准"的策略简直是不可能。所以,本节仅就一般涉外口译中可能涉及的五种应变策略做一番论述,即:"洋"为"中"用;言内明示;以"图"代"言";删"繁"就"简";化"虚"为"实"。

1. "洋"为"中"用

即借用译语中现成的、受众（addressee）耳熟能详的表达法来替代源语信息。

有一位译者在陪同美国客商游玩时，恰逢清明节。看到路上来来往往的扫墓者，美国客商非常纳闷。于是，他问译者，"Is this a special day for the Chinese? What's that for?"。或许是一时情急，或许是一时疏忽，译者一时之间想不起贴切的译文，于是他灵机一动，说：

"It's a traditional Chinese 'Memorial Day' for worshiping at ancestral graves."

美国客商听了之后，恍然大悟，连声说："I see. I see."。从严格的意义上来说，这并不是一个忠实的翻译，因为，Memorial Day是指美国阵亡将士纪念日（原定为5月30日，现为5月份最后一个星期一，大多数州作为法定假日）（陆谷孙，1994：1116），而中国的清明节则是祭祀祖先（包括民族英雄、烈士等）的传统节日。两者的不同之处显而易见，但是，在苦于找不到一个合适的字眼的时候，这也许称得上是一种"救急"的应变策略。

同样，据说有一位译者在翻译"梁山伯与祝英台"时，使用了"Romeo and Juliet"；在翻译"诸葛亮"时，使用了"Chinese Solomon"。这种译法不仅可取，而且一时还传为佳译。

当然，这种作法也有一定的局限性。假如交际双方谈论的重心是这种语言的文化涵义，即谈论的重心是"清明节"的来龙去脉或"梁山伯与祝英台"和"诸葛亮"的故事或由此改编而成的剧本时，那么，我们最好还是采用传统的译法，以免造成不必要的混乱。再者，译者也不宜使用一些容易产生误解，甚至歪曲源语的译法，如翻译杜甫、韩愈等著名诗人的姓名时，就不宜根据他们的字，如杜子美和韩昌黎将其音译为"Jimmy Du"和"Charlie Han"。这显然是不合适的。

2. 言内明示

言内明示即在口译的过程中，将源语的内涵和外延，以及源语所包含的文化信息用明明白白的语言表达出来。

比如，在介绍美国电子商务的发展态势时，一位IT业人士谈道：

"The current e-commerce landscape features a number of important guideposts that can help direct the innovative garage dreamer down a feasible path to success."

（下画线为笔者所加。）

在这句话中，颇令人费解的是何为garage dreamer？对于一个不熟悉电子商务发展历程的译者而言，这显然是一个无法逾越的鸿沟。我们知道，电子商务亿万富翁在创业之初，往往由于手头拮据，资金不足，而与宽敞的写字楼无缘，所以只能在旧车库里创业，但他们对未来都充满了憧憬和幻想，也正因为如此，他们中许多人才脱颖而出，取得了非凡的成就。

有了这一层文化语境（cultural situation）的知识，问题自然就迎刃而解了。因此，译者在译完这句话时，不妨加上一句，"所谓garage dreamer（车库幻想家）指的就是那些'从车库里发家的电子商务巨头'"。

所以，这句话不妨译为：

目前的电子商务发展态势有几个重要的特征：它们将为颇具创新精神的"车库幻想家"指明一条成功之路。

电脑技术日新月异，不仅改变了我们的生活，而且也丰富了我们的词汇。请看下面这个例子：

"While other universities and colleges offer accredited online courses, Jones International University is currently the only accredited university that exists completely online without accompanying traditional <u>brick and mortar</u> classrooms."

从上下文语境中，我们不难发现，其实所谓的"bricks and mortar" classrooms 指的是具有物理形态的传统教室，因为它不同于网络学校所开设的"虚拟教室"(virtual classrooms)，故称为"bricks and mortar" classrooms（"砖瓦水泥型"教室）。此外，还有"bricks and mortar schools"（指传统学校）的说法。有了这一层理解后，我们不妨直接将"'bricks and mortar'classrooms"翻译成"传统教室"。使用了这种应变策略后，交际中的障碍就被扫除了。整句话大致可以译为：

"虽然其他大学也提供经认证的在线课程，但是Jones 国际大学则是目前完全存在于网上、完全没有传统（"砖瓦型"）教室的唯一一所获得认证的大学。"

3. 以"图"代"言"

以"图"代"言"即在口译活动中使用符号、方程式、图表、图纸、视听手段或PowerPoint等工具使受众加深印象，或将难以用言语表达清楚的概念或程序用符号、图表、图纸等表示清楚的一种应变策略。

这一应变策略尤其适用于科技口译。我们知道科技英语语言本身的难度并不大，难就难在概念的解释和专业术语的运用。译者为了处理好科技口译，不仅要注意积累相关术语和新词汇，而且要懂得利用辅助手段。事实证明，在从事科技口译的过程中，事先有准备和没准备是有天壤之别的，它将直接影响口译的质量。我们知道，一幅图表、一个公式有时可能比千言万语、反复讲解更为直观，更具说服力，因为在交际过程中，形象思维的作用往往要大于抽象思维，往往更有助于理解错综复杂的概念。这就是为什么美国著名文学家马克·吐温在演讲之前，往往会在手心或一张小纸片上画一幅简笔图的原因。其目的倒不在于怯场时，临时掏出来看一看，而是在手心画了一张草图，或在兜里搁了一个草图之后，不仅自信心增强了，而且演讲内容也清晰可辨了。而今科技已相当发达，很多会场都设在多媒体会议室，译者完全可以利用它为我所用，将说话者提及的难点、重点用图表或公式直观地表示出来。即使不具备这些设施的地方，译者也可要求说话者将某一段费解的话用简约的公式加以表示。

在一次风险资金筹集会中，译者就利用事先准备好的PowerPoint将网站的运营模式描绘得一清二楚。此外，再辅以口译，整个运营模式自然就清晰可辨了。所以，当会议正式开始后，即使对B-to-B-to-C（即商家对商家对客户的电子商务）一无所知的受众，也能大致猜出这一术语的意思。

再如，在一次国际食用菌培植培训班上，译者在解释食用菌培植中的预湿（pre-watering）和发酵（fermentation）过程中，就使用了图示，将预湿和发酵的全过程都用一目了然的示意图表现了出来。结果不仅使整个讲座生动精彩，而且加深了与会者的印象，取得了极好的学习效果。另外，译者一碰到化学元素，就用符号加以表示，这不仅是一种与会者喜闻乐见的方式，而且避免了生硬的字字对译。

再如，一位美国管理学专家在一次国际会议上大谈核心竞争力，该专家旁征博引，例证充分，赢得了与会者的阵阵掌声。这其中也不乏译者所做出的努力。比如，他在谈及"真实竞争环境"时，译者就根据自己的总结，使用PowerPoint画了一个草图。有了这张草图，与会者对产业竞争者（Industry Competitors）：潜在的市场进入者(Potential Entrants)、供货商（Suppliers）、买主（Buyers）、替代品（Substitutes）之间的关系就一目了然了。

4. 删"繁"就"简"

即在保持源语主旨不变的前提下,删除部分冗余信息,使译语凝练、紧凑,更好地再现源语风采。

众所周知,中国人和英美人士无论在文化传统,还是在思维方式和审美习惯上都有很大的不同。汉民族习惯于托物寄情,藉景抒情,因此,中国人在遣词造句时,大都讲求工整匀称,讲求"音美""意美""形美"。而英美人士则侧重于抽象思维,强调客观,突出个性。后者的这一思维习惯反映到语言形式上就是重形合、重写实、重理性的特点,形成了句式结构严谨、表达缜密、注重逻辑、用词简洁的风格。由此还产生了"Brevity is the soul of wit."或所谓的"KISS"标准。(即Keep It Simple and Stupid.——"stupid"指简明易懂,无须费神——引者注)。

具体到景物描写,英语比较直观外露,客观具体;而汉语则加入了更多的个人情感、强调洒脱的表现风格。因此,当这一思维外化为语言时,常常以意合为连贯的手段,偶尔也难免会出现堆砌华丽词藻的现象。因此,这类句子一旦译成英语之后,大多显得十分臃肿,令人无法卒读。

比如:在谈到福建的风土人情、文化传统时,我们往往会这样说:

……福建素有"海滨邹鲁"的美誉。历史上英才辈出,宋代著名理学家朱熹集闽学之大成的滔滔宏论,如黄钟大吕,际地极天,其讲学之地武夷山有"道南理窟"之誉。悠久的历史,发达的文化造就了叱咤风云,人共仰戴的英雄人物,李纲、蔡襄、李贽、郑成功、林则徐等硕儒名臣,如日中天,光耀千古。

福建对外通商早,旅外华侨多,是海外800多万闽籍华人魂牵梦萦的故里门庭。月是故乡明,人是故乡亲。天涯羁旅,一朝还乡,缠绕梦中的故乡阡陌,将蜿蜒于您的足下……

诚然,在一位中国人听来,这是一段辞章华美,寓情于景,借景抒怀的好文章。但是,一旦我们逐字逐句的将其译为英语,恐怕非但不能收到良好的交际效果,还会给外国人留下一个极其不良的印象,那就是,"中国人总是喜欢夸大其辞"。为了避免造成这种不良的印象,原译者是这样处理的:

Fujian has been famed as "The Land of Civilization" which has given birth to a highly developed culture and many men of letters with great fame in its long history. To name a few, they are Zhu Xi, Cai Xiang, Li Zhi, Zheng Cheng-gong, Lin Ze-Xu… Among them, Zhu Xi is especially worthy of mention as he is one of the four most influential Chinese philosophers who made a great contribution to this cause.

Fujian is the famous hometown haunted by about 8 million overseas Chinese all over the world. In their eyes, the moon in the hometown is brighter and the folks there are dearer and closer.

译语省略了源语中较为累赘和抒情的部分，更注重客观，而又不伤及源语主旨，因而译语也更为清晰可读。

再如：

热烈欢迎外国朋友来我校参观指导！

Warmly welcome foreign friends come to our school for inspection!

这句话是典型的Chinglish。因为，对于一个经验丰富的译者看来，这句话完全可以依照英文习惯简化为：

Welcome to our school!

5. 化"虚"为"实"

在口译中，译者可以适当地将那些纯粹出于对称、行文或修辞需要，而并无实际意义的措辞省去不译，力求结构更为精干地道。

众所周知，汉民族特别好用修饰语。且不论鸿篇巨制，单是常用语就令人"叹为观止"了。如"热烈欢呼""胜利召开""隆重开幕"等，不胜枚举。适当地使用一些修饰语固然无可厚非，倘若用得过多，非但收不到预期效果，反而适得其反，让人觉得空洞无物。

E. Gowers曾对英语滥用修饰语做过如下评价："It has been wisely said that the adjective is the enemy of the noun. If we made a habit of saying 'the true facts are these', we shall come under suspicion when we profess to tell merely 'the fact'. If a 'crisis' is always 'acute' and an 'emergency' always 'grave', what is left for those words to do by themselves?"（"修饰词乃名词大敌"，此话实在英明。倘若我们养成了"The true facts are these"这样讲的习惯，那么，当我们只说"the facts"人们就会怀疑这一"事实"是否属实。同样，如"crisis"老是与"acute"连用，"emergency"老是与"grave"连用，那这些词本身还有何用？）（贾文

波，2000：89）。

既然冗余的修饰语仅仅是起了堆砌词藻的作用，非但于事无补，反倒可能破坏译语结构，那么，为了确保译语准确、流畅，我们不妨适当地加以省略，甚至加以改译，以求得译文的忠实与流畅。

如，"矗立在苏州新区的依莎中心目前正在<u>如火如荼</u>地兴建。"

在本句中，"如火如荼"完全就是一种修饰语，在口译时，我们可以将其淡化，只译主要内容，不必拘泥于源语结构。

Situated at the gate of Suzhou New District, the Ever Success Center is <u>well</u> under construction.

再如，"在改革开放政策引导下的中国，<u>气象万千，充满活力，不断进步</u>，这些我们都已经强烈地感受到了。"

根据化"虚"为"实"的策略，我们完全可以把这句话译为：

We have acquired a keen sense of the diversity, dynamism and progress of China under the policies of reform and opening to the outside world.

译语使用了3个名词代替了源语修饰词，使译语更简炼。

此外，各国人士无论是中国人还是外国人，说话时插科打诨是常有的事，然而翻译成英语就很难收到相同的效果了。比如，有一句话是这样说的："别人都说青岛是远看一朵花，近看豆腐渣，而在我看来……"源语风趣幽默，但是在口译时，我们就很难保持其修辞手法与源语意象，因此我们也不妨选择化"虚"为"实"的策略，将其译为："Many people say that Qingdao looks beautiful from afar but far from beautiful once you are in it. But I believe…"尽管口译者在语言结构上颇费了一番功夫，但是，源语的幽默仍然丧失殆尽了。不过，不管怎么说，译语还是基本忠实地传递了源语的主要意思。

以上讨论了口译活动中的部分应变策略。当然，这些应变策略并不是一成不变的。事实上，在某些场合，一些策略是行之有效的；而在另一些场合，可能另一些策略更受人们的青睐。鉴于此，我们可以说，应变策略产生于实践，而检验一种应变策略是否行之有效的也是实践。

作业

在一次外事口译中，我方商务代表讲了一个夹杂方言的笑话，说完自己放声大笑，女译员无法翻译。于是她对服务对象说："Just a moment ago, he shared an incredibly funny story. Regrettably, due to the language barrier, I am unable to translate it into English. Could you please do me a favor and burst into laughter, so that he can feel pleased?" 这群英国客人立刻一起笑得前仰后合。对此你怎么看？

视频：0231 四字格的翻译（上）
0232 四字格的翻译（下）
0233 头衔的翻译
0234 宴席陪同口译场合中的跨文化意识

说明：口译中，有许多细节要注意。比如，四字格怎么处理？本节视频首先回顾四字格在中华文字和文化中的重要地位、追溯四字格的定义来源、演变及涵义并概括四字格的话语特征及其与中国人审美需求的吻合度；其次，在借鉴相关科研成果的基础上，根据四字格的词间停顿对四字格做新的分类，并根据最新分类探讨口译语境下四字格的英译策略，归纳为简化、等化和具体化三种。最后针对三种翻译策略中的"简化"策略展开讨论和分析。视频提出"等化"和"具体化"两种策略对四字格英译展开讨论。此外，视频还从语篇角度审视四字格的英译策略，总结四字格英译的规律，即，在词语层面的翻译策略依词间停顿、语法建构方式的不同进行策略调整，而在语篇层面，四字格英译不仅应考虑其词间停顿、语法建构的特征，还要依不同语体语篇的特点，根据上下文的具体需求进行翻译策略的微调。基本上做口译就要涉及官衔，本节视频也涉及头衔问题，提出了基于文化差异性的译法，用英语中既有的官衔用词翻译中国行政体系"部厅局处科"。本节视频也讲授宴席陪同口译场合中的跨文化意识，涉及宴席翻译的重点翻译内容、口译员作为跨文化交际的协调员如何发挥作用等，突出实用性和应用性，达到普及跨文化交际意识的目的。

第三章　职场笔译

第一节　菜肴的翻译

本节讨论中式菜肴的翻译问题（岳峰，2015：56-64），包括菜肴的命名特点、翻译要点与原则及策略。

1. 菜名翻译的要义

中国菜肴技术精湛，流派众多，源远流长，集色、香、味、形、意、养于一身。作为东方饮食文化圈的轴心，中国菜肴以其独特的魅力赢得四海宾朋的广泛赞誉，成为璀璨华夏文明浓墨重彩的一笔。除了奇正互变的烹调技艺、美妙绝伦的口感为世人称道，耐人寻味的菜名也为世人津津乐道。调羹弄膳之间，无不渗透着生活智慧与美学价值。然而对于外国受众而言，要准确理解中式菜肴的命名绝非易事。因此要使他们真正了解中国菜肴的内涵，菜名的翻译就必须忠实准确，形神兼备。

菜肴的翻译属于实用文体翻译，其目的就是要让目标语读者准确、无障碍地掌握源语信息。在菜名翻译过程中，如果仅仅只是字字对译，极有可能引起贻误甚至是文化冲突。例如，"红烧狮子头""夫妻肺片"如按字面硬译为"Lion Head Braised with Brown Sauce"和"Husband and Wife's Lung Slice"，就容易令外国读者产生不适感，因为译文没有传递两道菜肴的真实信息，只是简单地望文生义，这样就大大削弱了宣传效果。因此，理解仍是菜肴翻译的第一要旨。这里的理解不仅需要译者理解和掌握源语信息（如菜肴的制作工艺、食材等），也要求译者了解目的语所涉及的文化、传统等。（岳峰，2015：56）后者尤为重要，让菜肴翻译实现跨语言、跨文化的目的。

菜肴的翻译，以传递信息为主要功能，唤起受众消费为主要目的。一则成功的菜肴翻译,既要忠实于菜肴信息,又不可拘泥于文字本身。为了让目标语读者更好地了解菜名,掌握相应的翻译策略就显得尤为重要。

2. 中国菜名的设计特点

一道美食,辅以一个雅致的名称,便能锦上添花,令食客食指大动。中式菜名既有突出菜肴信息的"写实型菜名",如"青椒炒肉丝""砂锅鲫鱼煲"等,又有体现审美情趣的"写意型菜名",如"时来运转""龙凤呈祥"等。

2.1 写实型菜名

顾名思义,"写实型菜名"就是要体现菜肴的关键信息,如实反映菜肴的食材、口感、器皿、火候、烹饪方式、创始人、发源地等,使食客一目了然,第一时间获取菜肴的实质性元素。写实型菜名的命名方式有以下几种:

以主料为主、配料为辅的命名方式。如:

米粉排骨:Steamed Spare Ribs with Rice

冬笋炒肉丝:Sautéed Shredded Pork with Bamboo Shoots

蛋黄凉瓜:Bitter Melon with Egg Yolk

以烹制方式为主、原料为辅的命名方式。如:

酱烧排骨:Braised Spare Ribs in Brown Sauce

葱爆肥牛:Sautéed Beef with Scallion

清蒸桂鱼:Steamed Mandarin Fish

以形状、口感为主,原料为辅的命名方式。如:

金蟾鲍片:Braised Frog-Shaped Abalone

香辣蟹:Sautéed Crab in Hot and Spicy Sauce

甜酸鸡腿肉:Sweet and Sour Chicken Leg Meat

以器皿+原料的命名方式。如:

干锅鸡:Sautéed Chicken with Pepper in Iron Wok

砂锅三菌:Assorted Mushrooms in Casserole

铁板酱爆带子:Grilled Scallops with Chili and Vegetables Served on a Sizzling Iron Plate

2.2 写意型菜名

写意型菜名注重体现菜肴的美学价值,借用修辞、典故等方式,含蓄地再现菜肴信息。珍馐佳肴配上耐人寻味的菜名，令菜肴增色不少，也极大提高了菜肴的文化品位。菜名所蕴含的文化内涵，已远远超出"吃"本身的含义。尝其味，品其名，相得益彰，回味无穷。这也符合中国人对真善美的追求。常见的写意型菜肴命名方法有以下几种：

采用文化经典和民俗传说的命名方式。这类命名方式多与中国传说、典故、历史人物及事件有关。每个菜名背后都隐藏着一个精彩纷呈的故事。例如：

宫保鸡丁：Kung Pao Diced Chicken

护国菜：Wild Vegetable Soup

宋嫂鱼羹：Lady Song's Fish Soup

东坡肘子：Dongpo Pig Knuckle

霸王别姬：Steamed Turtle and Chicken

这些菜名满足了食客的猎奇心理，在品尝美味之余，也能领略到一个个典故的传奇色彩。例如，关于潮州名菜"护国菜"，相传南宋末年，宋朝最后一个皇帝赵昺逃到潮州，寄宿在一座深山古庙里。庙中的僧人采摘了新鲜的番薯叶子，去掉黄叶后制成汤菜给皇帝吃。皇帝吃后大加赞赏，并封此菜为"护国菜"。一道看似简单的羹汤，却蕴含着一份民族大义，这也正是这道菜的精髓所在。

采用修辞手法的命名方式。此类命名方式采用比喻、引用、借代、仿拟、夸张等修辞手段，讲究音韵与平仄，另立新意，达到引人入胜的目的。例如：

芙蓉鸡片：Sautéed Sliced Chicken in Egg White（比喻，"芙蓉"实为蛋清）

百年好合：Sweat Soup of Lily and Lotus Root（谐音，"年"与"莲"声韵相近）

天下第一菜：Fresh Shrimps with Rice Crusts（夸张，苏菜代表，主料为虾仁锅巴）

标新立异的修辞命名，意形结合，触动读者的味蕾，给读者营造一个优雅的意境。

表达吉祥祝福的命名方法。在中华民族传统观念中，代表喜庆吉祥的意象始终为人们所青睐。体现在日常生活中，即为追求幸福平安、事业有成、官运亨通、富裕高贵、健康长寿、家庭幸福等等。（岳峰，2015：59）一个充满喜庆的菜名，令食客赏心悦目，食欲大增，反映出人们一种趋吉心理。例如：

全家福：Braised Assorted Meats and Seafood

一帆风顺：Assorted Fruits in Hami Melon

老少平安：Steamed Beancurd and Minced Fish

此外，一些象征祥瑞的动植物也常被用来给菜肴命名。在美化食材的同时，也寄托了人们对美好祥和的期许。例如：

龙虎斗：Stewed Snake and Cat

凤凰八宝鼎：Chicken Soup with Lotus Seeds and Abalone

乳燕入竹林：Braised Swallow's Nest with Bamboo Mushroom and Asparagus

双仙采灵芝：Sautéed Mushrooms with Broccoli

3. 中国菜名翻译策略

3.1 刀法技艺的英译

正所谓"食不厌精，脍不厌细"，中国菜在国际上长盛不衰，久负盛名，每一个细节都起着决定性作用。刀工作为中式烹饪的核心技艺，直接关乎食材色形的提升。"三分勺功，七分刀工"这句行话，恰如其分地体现出刀工对于成就一道佳肴的重要性。常见刀法技艺的英译如下：

刀法技艺	英译	例子
片	slice	百花酿鲍片：Steamed <u>Sliced</u> Abalone with Egg White 蒜香鳗片：Sautéed <u>Sliced</u> Eel with Garlic
丝	shred	豉椒鳗鱼丝：Sautéed <u>Shredded</u> Eel with Peppers in Black Bean Sauce 银芽肉丝：Sautéed <u>Shredded</u> Pork with Bean Sprouts
丁	dice	腰果牛肉丁：Sautéed <u>Diced</u> Beef with Cashew Nuts 宫保鸡丁：Kung Pao <u>Diced</u> Chicken
柳	fillet	鲜椒牛柳：Sautéed Beef <u>Fillet</u> with Bell Peppers 香溜鳕鱼柳：Sautéed Codfish <u>Fillets</u>
块	cube	百叶结烧肉块：Stewed Pork <u>Cubes</u> and Tofu Skin in Brown Sauce 咖喱鸡块：Curry Chicken <u>Cube</u>
条	strip	辣黄瓜条：Cucumber <u>Strips</u> with Chili Sauce 水晶萝卜条：Turnip <u>Strips</u> with Sauce
卷	roll	脆皮春卷：Crispy Spring <u>Roll</u> 老北京肉卷：Meat <u>Rolls</u>, Beijing Style

（续表）

刀法技艺	英译	例子
段	section	椒香鳝段：Sautéed Eel Sections with Peppers 洋葱烧鱼段：Steamed Fish Sections with Onion
泥，蓉	mash	太极芋泥：Taiji Taro Mash 椰蓉蛋糕：Cake Coated with Coconut Mash
末，松	mince	肉末烧饼：Sesame Cake with Minced Pork 生炒乳鸽松：Sautéed Minced Pigeon on Lettuce Leaf

3.2 烹饪方式的英译

中国菜肴的烹饪方式多种多样，自成特色。不同的烹饪方法，使食材呈现出不同的口感和风味。中国菜讲求色香味俱全，这就对烹饪手艺提出了很高的要求。常见的烹饪方式及其英译如下：

烹饪方式	英译	例子
煮	boil	青瓜肉松煮鱼肚：Boiled Fish Maw with Minced Pork 辣酒煮花蟹：Boiled Crab with Chili in Liquor
炒	stir-fry	时蔬炒鱼片：Stir-fried Sliced Fish with Seasonal Vegetable 海皇炒饭：Stir-fried Rice with Seafood
炖、煨	simmer	药膳炖生中虾：Simmered Prawns with Medicinal Herbs 枸杞煨文蛤：Clam Soup Simmered with Chinese Wolfberry
烧、烩	braise	酱烧茄子：Braised Eggplant with Soybean Paste 什锦烩虾：Braised Shrimps with Mixed Vegetables
炸	deep-fry	姜葱酥炸生蚝：Deep-fried Oyster with Ginger and Scallion 炸南瓜饼：Deep-fried Pumpkin Cake
煎	pan-fry	香煎黄金糕：Pan-fried Sponge Cake 生煎馒头：Pan-fried Mantou
蒸	steam	清蒸火腿鸡片：Steamed Sliced Chicken with Ham 豉油蒸排骨：Steamed Spare Ribs in Black Bean Sauce
烤	roast	烤鸡肉串：Roast Chicken Kebabs 全聚德烤鸭：Quanjude Roast Duck
爆	quick-fry	XO酱爆北极裙：Quick-fried Fringe Shell with XO Sauce 虾爆鳝面：Noodles with Quick-fried Shrimps and Eels

（续表）

烹饪方式	英译	例子
熏	smoke	五香熏干：<u>Spiced</u> Smoked Dried Tofu 蜜汁烟熏鸭肉卷：<u>Smoked</u> Duck Rolls with Honey Sauce
白灼	scald	白灼花枝片：<u>Scalded</u> Sliced Cuttlefish 白灼时蔬：<u>Scalded</u> Seasonal Vegetable
腌	marinate	腌三文鱼：<u>Marinated</u> Salmon 生腌百合南瓜：<u>Marinated</u> Lily Bulbs and Pumpkin
煲、焖	stew	荷塘焖时菌：<u>Stewed</u> Assorted Mushrooms with Lotus Root 咸菜大鳝煲：<u>Stewed</u> Eel with Preserved Vegetables in Casserole

3.3 中文菜名的翻译方法与技巧

中文菜名的翻译不仅是餐饮行业语言交流的工具，也是推动中华饮食文化对外传播的重要媒介。根据"写实型菜名"和"写意型菜名"两种不同的菜名设计特点，所采用的翻译策略也有其不同的特点。具体如下：

（1）直译法（literal translation）

在菜名翻译中，直译法直截了当翻译出菜肴的真实信息，包括主料、辅料、烹调法、刀工、器具、外形、口感、菜肴创始人/发源地等元素，简洁明了，通俗易懂，让目标语读者对菜品形成一个大致了解。

a. 主料+with+配料，例如：

香椿豆腐：Tofu with Chinese Toon

燕窝鸽蛋：Bird's Nest with Pigeon Eggs

b. 主料+with/in+配汁，例如：

酱鸡：Chicken in Brown Sauce

三杯汁烧鳗鱼：Eel with Three Cups Sauce

c. 烹调法+主料，例如：

清蒸石斑鱼：Steamed Sea Bass

水煮牛肉：Boiled Beef

d. 烹调法+主料+配料，例如：

咸鱼蒸肉饼：Steamed Minced Pork and Salted Fish Cutlet

地瓜烧肉：Stewed Diced Pork and Sweet Potatoes

e. 烹调法+主料+with/in+配汁，例如：

蟹汤红焖狮子头：Steamed Pork Balls with Crab Soup

九转大肠：Braised Intestines in Brown Sauce

f. 烹调法+主料+with+配料，例如：

芫爆肚丝：Sautéed Sliced Pork Tripe with Coriander

青椒牛肉：Sautéed Beef with Green Pepper

g. 菜肴形状/口感+主料，例如：

荷叶饼：Lotus-Leaf-Shaped Pancake

海鲜酸辣汤：Hot and Sour Seafood Soup

h. 菜肴创始人或发源地+主料，例如：

麻婆豆腐：Mapo Tofu (Sautéed Tofu in Hot and Spicy Sauce)

广式月饼：Cantonese Mooncake

i. 烹调法+主料+地点+Style，例如：

上海油爆虾：Sautéed Shrimps, Shanghai Style

川式南瓜饼：Deep-fried Pumpkin Pancake, Sichuan Style

j. 烹调法+主料+in/on+器具，例如：

干锅鸡胗：Sautéed Chicken Gizzards in Iron Wok

铁板牛肉：Beef Steak Served on a Sizzling Iron Plate

（2）意译法（free translation）

相对于直截了当再现菜肴信息的"写实型菜名"，"写意型菜名"则是借助寓意或情景描述，通过富有想象力的命名方式来传递菜肴信息。或引经据典，或诗词歌赋，或表达祝愿，无论哪种命名方式，都令菜名形象生动，赋予美学价值。这些文采盎然、意蕴深远的菜名，让食客在视觉、听觉和味觉上都得到极大的满足。这类"写意型菜名"给予食客以优雅的意境，带来与众不同的"舌尖上的享受"。然而，目标语读者对于此类菜名，往往存在"理解真空"，遑论领会菜名的深意。因此翻译这类"写意型菜名"，必须了解菜肴的实质性信息再进行翻译，切不可望文生义或逐字对译。使用"意译法"翻译"写意型菜名"，虽然隐去了艺术情趣的成分，却能让目标语读者清晰明确地把握菜肴信息。

例如，"全家福"这个充满喜庆的菜名，寓意着阖家幸福，美满团圆。这道菜是多种食材烩制而成，"百味聚一锅"。在翻译时，可根据菜肴的特征译为"Stewed Assorted Delicacies"。"金蟾拜月"是满汉全席中的一道大菜，主料是极品鲍鱼，配以香菇、火腿、发菜等食材烹制而成。外形犹如仰望月空的蟾蜍，栩栩如生，故而得名。其译名"Braised Frog-Shaped Abalone"体现出该菜品的主要元素：烹调方式、外形、主料，令外国受众一目了然。"翡翠金银玉带"是由扇贝和时蔬一同烹制而成的菜肴，色泽艳丽，配上如此雅致的名字，更能令食客垂涎三尺。其译名"Sautéed Scallops and Vegetables"隐去了原文中的喻体，直接体现主配料及烹饪方式，简洁易懂。另外，"干贝银丝羹""蟹黄珍珠羹""芙蓉三鲜"中的"银丝""珍珠""芙蓉"实为"豆腐面""蟹肉丸子"和"蛋清"，翻译时直接译做"Tofu noodle"，"Crab Meat Ball"，"Egg White"即可，以实对虚，平直明了。在"写意型菜名"中，不少菜名都含有隐喻，因此必须弄清隐喻所承载的喻意，才能准确译出菜品的实质性信息。

（3）释义法（paraphrase）

释义法即解释性翻译，将需要解释的内容融合到译文中。意形结合，既保留了菜名所包含的文化内涵，又传递了菜肴的实际信息，弥补直译所造成的文化缺失现象。（岳峰，2015：62）。例如：

佛跳墙：Fotiaoqiang (Steamed Abalone with Shark's Fin and Fish Maw in Broth) A name after a story telling even Buddha could not stand the strong temptation of the delicious dish so as to jump over the wall of the monastery to savor it.

大救驾：Dajiujia (A Kernel Pastry of Shouxian County, which once came to a rescue of an Emperor)

毛家红烧肉：Braised Pork, Mao's Family Style (One of Chairman Mao's Favorite Dishes)

（4）音译法（transliteration）

中国特色饮食，尤其是中国风味小吃，在国际上享有极高的知名度。不少外国受众，即使不会中文，也能准确地说出这些食物的名称。对于此类食品可直接采用音译法。该翻译法旨在保留菜肴原有的发音，便于外国读者记忆，使沟通更加便捷，从而增强文化渗透力。通常会增加英文注释，加深目标语读者的理解。例如：

包子：Baozi（Steamed Stuffed Bun）

烧麦：Shaomai (Steamed Pork Dumplings)

锅贴：Guotie (Pan-fried Meat Dumplings)

艾窝窝：Aiwowo (Steamed Rice Cakes with Sweet Stuffing)

驴打滚：Lǘdagunr（Glutinous Rice Rolls Stuffed with Red Bean Paste）

汤圆：Tangyuan (Glutinous Rice Balls)

油条：Youtiao（Deep-fried Dough Sticks）

（5）替代法（substitution）

为了让国外受众更加直观地了解菜品特征，在菜名翻译中有时会借用西方人士耳熟能详的文化元素来克服理解障碍，产生亲切感。由于某些食物在制作工艺和外形上有相似之处，用国外受众熟悉的食品名称加以替代，"移花接木"，帮助目标语读者建立联想，易使译文产生理解共鸣，在宣传效果上能起到事半功倍的作用。例如：

盖浇面：Chinese-style Spaghetti

火烧：Baked Wheat Cake

豆腐脑儿：Tofu Pudding

炸圈饼：Doughnut

肉夹馍：Chinese-style Baked Sandwich

4. 知识拓展

中国八大菜系（The Eight Traditional Chinese Cuisines）代表菜肴：

川菜（Sichuan Cuisine）

麻婆豆腐：Mapo Tofu (Sautéed Tofu in Hot and Spicy Sauce)

鱼香肉丝：Yu-Shiang Shredded Pork (Sautéed with Spicy Garlic Sauce)

蚂蚁上树：Sautéed Vermicelli with Spicy Minced Pork

夫妻肺片：Couple's Sliced Beef in Chili Sauce

宫保鸡丁：Kung Pao Diced Chicken

回锅肉：Twice-cooked Pork

东坡肘子：Dongpo Pig Knuckle

怪味鸡：Special Flavored Chicken

干烧桂鱼：Dry-Braised Mandarin Fish

鲁菜（Shandong Cuisine）

四喜丸子：Braised Pork Balls in Gravy Sauce

九转大肠：Braised Intestines in Brown Sauce

葱烧海参：Braised Sea Cucumber with Scallion

一品豆腐：Steamed Tofu Stuffed with Vegetables

德州扒鸡：Braised Chicken, Dezhou Style
糖醋鲤鱼：Sweet and Sour Carp
鸳鸯珍珠汤：Fish and Egg White Soup
拔丝金枣：Dates in Hot Toffee

粤菜（Guangdong Cuisine）
脆皮乳猪：Roasted Crispy Suckling Pig
豉油蒸排骨：Steamed Spare Ribs in Black Bean Sauce
蜜汁叉烧：BBQ Pork
白切鸡：Sliced Boiled Chicken (Served with Soy Sauce, Ginger Sauce or Ginger and Scallion Sauce)
广州文昌鸡：Sliced Chicken with Chicken Livers and Ham
潮州烧雁鹅：Roast Goose, Chaozhou Style
梅菜扣肉：Steamed Pork with Preserved Vegetable
干炒牛河：Stir-fried Rice Noodles with Beef

苏菜（Jiangsu Cuisine）
红烧狮子头：Stewed Pork Ball in Brown Sauce
南京盐水鸭：Salted Duck, Nanjing Style
天下第一菜：Fresh Shrimps with Rice Crusts
霸王别姬：Steamed Turtle and Chicken
无锡排骨：Fried Spare Ribs, Wuxi Style
松鼠桂鱼：Sweet and Sour Mandarin Fish
蜜汁火方：Steamed Ham in Honey Sauce
水晶肴肉：Crystal Trotter
花生太湖银鱼：Taihu Silver Fish with Peanuts

闽菜（Fujian Cuisine）
佛跳墙：Fotiaoqiang (Steamed Abalone with Shark's Fin and Fish Maw in Broth)
太极芋泥：Taiji Taro Mash
银杏白玉：Fried Shrimps with Gingko
鸡汤氽海蚌：Braised Sea Clam in Chicken Soup
淡糟香螺片：Sliced Whelk with Weak Wine Sauce
开水白菜：Braised Cabbage with Chicken Soup

福州肉燕：Fuzhou Meat Wrapper

沙茶面：Satay Noodles

荔枝肉：Litchi-Shaped Sweet and Sour Pork

浙菜（Zhejiang Cuisine）

干炸响铃：Stir-fried Beancurd Rolls Stuffed with Minced Tenderloin

宋嫂鱼羹：Lady Song's Fish Soup

西湖醋鱼：Steamed Grass Carp in Vinegar Gravy

叫花鸡：Beggar's Chicken (Baked Chicken)

清汤越鸡：Stewed Chicken in Clear Soup

油焖春笋：Stewed Spring Bamboo Shoots

西湖莼菜羹：West Lake Water Shield Soup

湘菜（Hu'nan Cuisine）

毛家红烧肉：Braised Pork, Mao's Family Style (One of Chairman Mao's Favorite Dishes)

剁椒鱼头：Steamed Fish Head with Diced Hot Red Peppers

冰糖湘莲：Lotus Seeds with Rock Sugar

腊味合蒸：Steamed Multiple Preserved Hams

东安子鸡：Spring Chicken in Dong'an Style

干锅牛肚：Griddle Cooked Beef Tripe

口味虾：Flavored Crayfish

长沙腊肉：Dried Bacon with Changsha Flavor

徽菜（Anhui Cuisine）

火腿烧甲鱼：Stewed Turtle with Ham

符离集烧鸡：Red-Cooked Chicken, Fuliji Style

八公山豆腐：Bagongshan Tofu

腌鲜鳜鱼：Marinated Mandarin Fish

翡翠虾仁：Sautéed Shrimp with Broccoli

石耳炖鸡：Stewed Chicken with Stone Fungus

注：本节部分菜肴的译法参考北京市人民政府外事办公室和北京市商务局联合编制的《中文菜单英文译法》

作业

请翻译：

在中国这些年，我喜欢的中国菜是佛跳墙、菠萝鸡片、青椒肉丝、红烧全鱼、笋炒鸡丝、炸春卷、油焖笋、烤乳猪、酿豆腐。

视频：0311 菜肴的翻译

第二节 通用应用文的翻译①

1. 通知

1.1 会议通知

通知一般包含时间、地点、活动内容。通知包括正式通知和非正式通知。英语与汉语的正式通知语言都相对固定，如汉语的通知所使用的语言有：兹定于……请……，届时……等；英语通知常以物称当主语或用被动句式，或者以第二人称为开始的句式。有时为了引起注意，有的通知将事宜、时间和地点分行排列。在时间和地点的安排上，英语与汉语都有其特有的格式，汉语时间安排一般是年、月、日，然后是星期；而英语先是星期，然后才是日、月（或月、日）。试看下面两则会议通知：

The deadline① for submitting an abstract for **the Sunshine State** ②TESOL conference in Orlando, April 28-30, is next Friday, the 25th. If you plan to submit an abstract and if you are interested in receiving assistance to write a proposal, please let us know soon!

请参加4月28日至30日在奥尔兰多举行的"佛罗里达州②TESOL会议"的人员①，务必于下周五，即4月25日前递交论文摘要。如有意提交摘要并在开题报告书写方面需要提供帮助的人，请尽快与我们联系。

分析：①在英文表达中用物称"deadline"当主语，而在汉语表达中习惯用"人"当主语，即汉译中的"人员"。②美国"佛罗里达州"又被称为"Sunshine State"（阳光之州），如果按原文直译成"阳光之州TESOL会议"，

---

① 董秀萍、载岳峰、黄飞《职场笔译进阶》，福建科学技术出版社，2012年，第173-187页。

国人未必理解其意，因此在汉译中直接用其州名。

原文中的第一句是英语中常见的长句，即，由一大串的修饰成分（目的状语、地点状语、时间状语）修饰主语，然后是谓语"is next Friday,"而在汉译时则根据汉语的习惯尽可能地做断句处理，即，汉语句重心在句尾，先交代环境与附带标志（参加……的人员，于……），最后是信息中心（递交论文摘要）。

Please note that a group will be meeting at West Lake Hotel for the Applied Linguistics. Join us Saturday, June 7th 10 a.m. at Hubin Road.

Drink coffee, eat stuff, meet new people that you have things in common with RSVP please.

兹定于6月7日，星期六，上午10点在位于湖滨路上的西湖宾馆召开应用语言学大会。请大家参加，届时我们将提供咖啡等茶歇。来自不同地方志同道合的朋友将相聚一堂，机会难得。请尽快答复。

分析：上面这则通知体现了英汉两种语言在时间表达上的不同。此外，英文通知体现了它的随意性，特别是最后一句的表达，在翻译成汉语时也应该遵循原文的语气。在语言处理上，体现了英汉两种语言在语序上的不同。在第一段中，英文突出主谓结构，其他修饰成分靠后，即"a group will be meeting at..."，而汉语则把时间、地点等状语摆在句首，后面才是主题——召开大会，即，"于……（时间），在……（地点）……（干什么）"。最后一句的翻译不采用一一对应法，而是根据中国人说话的习惯稍微做了调整，但是译文和源语意思对等。

1.2 电子邮件的通知

通过电子邮件发出的信息语言比较随意，通常使用非正式文体。信息可以传递给个人，也可以给群体。请看下面的电子邮件信息：

Gena has asked me to let you know that her tea party this Sunday **is cancelled.** ① Unfortunately, Gena was involved in an accident today when she was hit by a car while walking. She's in hospital at Regional Medical Center. She hopes to **be out**② soon and will reschedule her event as soon as possible. If you'd like to visit her, I'm sure she'd appreciate it, but I would recommend calling first. I'll update you as soon as I hear more.

吉娜让我告诉大家，原定于这周日的茶话会取消了。吉娜今天在路上被车撞了，现在区医院。她很希望能尽早出院以便重新安排这次的活动。如果你们想去探望她，最好事先打个电话。如有新消息，我会及时告知大家。

分析：从整体上看，两种语言语序大体一致，以口语化的形式传达信息。①中的被动语态在汉译时用主动表示，这符合英语喜用被动而汉语喜用主动的特点。②be out 为副词，翻译成汉语时转换成动词，即"出院"。

At the last meeting ①we discussed the possibility of a "get together" of graduate students involved in educational research. ②To organize this, we need to gather some information. Could you send your responses to the following questions to John.

上次①我们讨论了关于②召集研究生参与教育研究的问题②。现在①我们需要收集更多的信息，请把你们对问题的反馈意见发给约翰。

分析：①原文中并未出现"now"，但在翻译时添加了"现在"这一时间状语，与"上次"形成了逻辑上的对称。②"关于……的问题"翻译时添加了范畴词。

2. 公示语

2.1 修缮告示

告示/注意事项可以是正式的，也可以是非正式的（包括创意性的），视场合、对象而变。不管是汉语还是英语，告示需用简练的语言传递尽可能多的信息，但是英汉语的表达在语言上的处理还是有区别的，请对比下列汉英译文：

Despite the **renovations**① that are taking place in our lobby and reception area, please know that Academic Services is **open and assisting**② students and faculty alike. Please note that our main telephone line is not currently **operational**③, and you will need to dial our staff at their direct extension in order to reach them. Direct Extensions are as follows: 123; 234.

休息室和接待区正在修缮①中，但"学术服务"照常为师生开放②。总机目前还未能正常使用③，如有需要请直接拨工作人员分机，分机号是：123; 234.

分析：① 英文中的 "renovations" 为名词，但是汉语中则用动词"修缮"表示，即把英语中的名词转化为汉语的动词，做了词性转换的处理。当然，在翻译 "renovations" 时也可以不改变其词性，译成"修缮工作"，即"休息室和接待区的修缮工作正在进行中"，但这时候需要增添必要的范畴词"……工作……正在进行中"。

此外，汉语在句型处理上也做了一些调整。即把英文中做状语的 "in our

lobby and reception area"调整为汉语中的主语"休息室和接待区",虽然"修缮"的动作执行者不是"休息室"和"接待区"而是"人"。如果在英语中也套用汉语中的主谓语就犯了逻辑上的错误。英语是以"形"为主的语言,即讲求完整的句子结构,主谓间要有严密的逻辑关系。在上句中"休息室"和"接待区"在英语句子中只能当状语。如果"休息室"和"接待区"作为主语,在英语表达上应该用被动语态,即"The lobby and reception area is being renovated."或者如原文中的表达"The renovations are taking place in our lobby and reception area"。

② "开放"一词已经包含了"**open and assisting**"的含义,不需要再翻译成"……开放及提供服务"。

③ **operational**:表示 "可使用的,正常运作状态",做形容词用,但在汉译时把原来的形容词转换成动词使用。

2.2 规章制度、警示语

公共场所的规章制度依各个地方、各部门而定,没有固定的格式,一般以祈使句的形式来颁布,英文表达中更常用以"物"做主语的句型,或者用被动句。如以下的警示语:

Children (14 years of age and under) are permitted in the place only when under the direct supervision of a responsible adult.

14岁以下(含14岁)小孩需由大人陪同。

分析:这是某一场所的警示语,英文用被动句表示,而根据汉语表达习惯,不能把原文译成"只有在大人陪同下14岁以下小孩才被允许带入"。一是,警示语需用简练而不累赘的语言;二是,"被"字句型用于此比较拗口,改成"由大人陪同"同时省去了"入内",简单明了,又不失其内涵。

The theater is not responsible for loss or theft of personal property.

个人物品失窃本剧院概不负责。

分析:英文表达在逻辑上按主谓宾的结构排列,而汉语则用倒序法,即状语排前,主谓在后,这也符合英文重头、汉语重尾的习惯。

a. Rooms cannot be reserved in advance.

不接受提前预约。

b. Club is not available for individual use.

本俱乐部不对个人开放。

分析：a和b两句的英文表达都以物做主语，中文表达则以语言是否通顺而定。a句中的译文隐含的主语是"room"的主人；而b句则用英语的"俱乐部"做主语。

c. Seating Reserved for Consumption of Mcdonald's Food Only.

请勿在本餐厅进食非麦当劳食物或饮料。

d. Your photo will be ready for viewing in 1 hour at Town Square Photo.

请在一小时后前往小镇冲印店观看您的照片。

分析：c和d句的英汉译文的主语刚好相反，英文用"物"做主语，即"seating"和"photo"，而汉语则用"人"做主语，即"顾客"和"游客"。另外，在翻译时都不按字面的意思来翻译原文，而是根据本国语言特点翻译。c句的原文为肯定句，翻译时进行正说反译，用否定形式翻译。

由此可见，在警示语语言的表达上，英语喜用被动或以"物"做主语的句型，而汉语则习惯用主动或用以"人"做主语的句型，在翻译时应该注意这种用法。我们再看下面的"规章制度"中英汉语表达的不同。

Dear Students:

We hope you will enjoy your newly reorganized library. Please help us keep the books in good condition and follow these regulations. Thank you.

HOURS

Monday-Friday
9:40-12:00 a.m.

Tuesday & Thursday
2:00-4:30 p.m.

Books are checked out for two weeks. You may have the books for another two weeks after that by bringing the books to the library to be renewed. A new return date will be recorded.

PENALTIES

The penalty or fine for an over-due book is five (5) Jiao each day after the book is due until it is returned.

NO WRITING IN THE BOOKS

If you write in the book, you must pay a penalty of RMB50. For a book lost or damaged, again the penalty is RMB50.

NO FOOD OR DRINKS ALLOWED IN THE LIBRARY

Books are due two weeks before the end of the semester.

PLEASE, NO TALKING IN THE LIBRARY

(except to the librarian)

图书馆规章制度

亲爱的同学们：

　　本图书馆刚重新装修，希望大家共同遵守本馆规章制度，以维护良好的环境。谢谢合作。

- 开放时间：周一至周五，上午9:40-12:00；周二和周四，下午2:00-4:30。
- 图书借期为两周，办完续借手续方可再延长两周。
- 到期日未还者，每延期一天每本书罚5角，以此类推。
- 请勿在图书上做记号，否则按一本书50元人民币赔偿。
- 书本丢失或损坏者，按一本50元人民币赔偿。
- 请勿携带零食或饮料入馆。
- 学期结束前两周需归还所借图书。
- 请勿在馆内喧哗/请保持安静（向图书管理员咨询者除外）。

　　分析：这是一则"图书馆规章制度"，我们对照英汉两种"制度"，可以看出，英汉语的"规定"风格不一样。汉语的"规章制度"一般是以点来论述，句子中不出现人称代词，以祈使句的方式出现，因为这则规章制度的对象已经是约定的读者了。英文的规章制度有的以点的形式描述，有的则以段落形式制定，像上篇的英文制度就以段落开始，然后是各注意事项的标题，每一个标题下是对该标题的进一步说明。

　　文字表达上都以简练为主。汉语中表示否定的常用"请不要……""勿……""不允许……""不得"或"未"等字眼，在英语中用"no +名词或动名词"表示。如"请勿在图书上做记号"对"no writing in the books"；"不允许携带零食或饮料/请勿携带零食或饮料入馆"对"no food or drinks allowed in the library"（注意：在警示语中，英文表达通常不用常规的语法结构句，这句中

"allowed"前面就省略了系动词);"请勿喧哗"对"no talking"。

英文中一个名词,汉语中需用增添法把它改成动词词组。如"hours",这里指的是"开馆时间";"penalties",指的是"赔偿制度";"no food"中的"food"指的是"携带食物"。

The followings are prohibited in the area:
- Using cell phones.
- Smoking or using tobacco products.
- Food or chewing gum.
- Beverages which are not in covered, spill-proof containers.
- Placing materials on the window sills.
- Covering door windows.
- Using printers.
- Furniture taken from other locations.
- Taping, gluing or attaching items to the walls or windows.

本场所内
- 不得使用手机
- 不得吸烟或吸同类产品
- 不得饮食或嚼口香糖
- 不得携带无盖、易溢出的饮料
- 不得在窗台上放置物品
- 不得覆盖窗户
- 不得使用打印机
- 不得随意把其他地方的家具搬到此处
- 不得在窗户或墙上随意张贴

分析:英文的肯定,如上文的"...are prohibited",在汉语中可以用否定来表达,即"不得",同时还可以用肯定语气的汉语"禁止"来表示,同样具有效力,如"不得使用手机"可以改成"禁止使用手机"。此类例子很多,如:no smoking——禁止吸烟,no swimming——禁止游泳,no climbing——禁止攀爬等。

3. 邀请函/邀请卡

邀请可以是单位、团体发出的，也可以是以私人名义发出的。邀请函包含称谓、邀请的事由、活动的细节安排以及时间和地点，最后是邀请方的信息。当然，邀请函也有固有的语言表达方式，如汉语习惯用：值此……之际；敬请光临。下面让我们看看汉英邀请函在语言措辞、风格上有何不同。

Dear friends,

On Christmas Day you are invited to a pot luck at my home. Please feel welcome to celebrate the holiday among old friends and new people. Bring a friend or family member as well! We would love to see some of the "old timers"!

Hostess: ××××
Address: ××××
Phone: ××××
Email: ××××

Arrival time: 6:00
Dinner: 7:30
Wrap-up: 11:00
Bring: something to eat or drink
Provided: ice, utensils, cups, paper goods

Looking forward to seeing you!
××××

亲爱的朋友们，

值此圣诞节来临之际，我诚挚地邀请各位参加在本府举办的自助式晚宴。这是一个重见老朋友，结识新朋友的机会。届时，各位可以带上您的家人、朋友共度圣诞之夜。

主办者：××××

活动地点：××××
　　联系电话：××××
　　电子邮箱：××××

① 出席时间：6:00
　　开席时间：7:30
　　结束时间：11:00
　　请随带：食物或饮料
　　现场提供：冰块、餐具、茶杯、餐巾纸等用品

② 注：请于6点到达，晚宴于7:30开始，11点结束，希望各位带上一些吃的或喝的。冰块、餐具、茶杯、餐巾纸等用品已备好。

　　敬请光临。
　　　　××××

　　分析：本邀请函是典型的美式聚餐邀请函，带有浓厚的美国文化特色，因此要翻译好该邀请函，需对美国文化有一定的了解。西方国家的时间观念非常强，从上面邀请函中可以看出从开始到结束的时间都安排得很妥当。中国的邀请函一般只出现宴会开始的时间（除了一些会议的邀请函会注明开始与结束的时间）。当然，这跟各国文化有关。中国人的好客之道是由客人决定离开的时间，主人一般不赶客人。

　　pot luck：是指每位客人都带一份食品（食物或饮料）到主人家参加聚会的一种社交活动。因此，原文中才会出现客人需带什么，主人已备什么的提醒。

　　Wrap-up：意为"结束"，而不是常用的"打包，包裹"之意。

　　语言处理上：在汉语表达中极少用被动语态。因此，即使原文中用到"you are invited to a pot luck at my home"，在汉译时也应该把它转化为主动语态，即，"（我）诚挚地邀请……"。当然这里翻译中添加了"诚挚地"这一客套话以烘托主人的热情。把"Looking forward to seeing you!"译成"敬请光临"也是体现中国邀请函函尾的客套话，虽然把它译成"盼望着见到你"也符合原意，但生硬，少了中国味。

　　格式上：上面的①②译本都可以，①是根据原文的编排翻译，②更符合中国人发函的习惯，即，在主要事项说清楚之后再附加说明，起到提醒作用。

下面我们再比较两张请柬：

The City of Tallahassee

In recognition of

International Education Week

Cordially invites you and your family

To attend the

4th Annual

International Students Reception

Saturday, the eighteenth of November

Two thousand twenty-three from

Six o'clock-Eight o'clock at

The Mary Brogan Museum

350 South Duval Street

Refreshment Door Prizes

Musical Entertainment

Displays by City Departments, Local

Businesses and Student Organizations

Please contact your

School's International Center

With any questions

Directions are enclosed

谨订于公历二零二三年十一月十八日（农历十月初六）星期六//为庆国际教育周举办国际学生招待会//届时敬备茶歇、奖项//恭请光临//市政携区商业部、学生社团敬邀。

招待地址：都卫南路350号玛丽布罗根展览馆

招待时间：6:00-8:00

联系方：各校国际中心

分析：与上一篇的邀请函对比，本篇邀请函是以书信的形式发出，因而在措辞和格式上都较为正式，它不是以段落形式出现，而是以请柬的模式。可以看出,英文版的请柬用分行式写,在某些内容上省去句法中所需的虚词,仅保留实词,同时也省去了所有的标点符号。如,"To attend the 4th Annual International Students Reception Saturday, the eighteenth of November,"这里"Saturday"前面省去逗号或者介词"on"。再如,"Refreshment Door Prizes Musical Entertainment"这句不是完整的句子,原句应该是"There will be refreshment, door prizes, and musical entertainment"。另外,英文请柬中每一行的首字母大写,不管这个词是否属于上一行的内容,日期、时间不用阿拉伯数字表示,而用英文单词代替。而中国传统的请柬也有固定的格式,一般从右往左竖式用繁体字写,上面的汉译内容中"//"代表一竖。从中不难看出语言的正式性,如"谨订……公历……农历……敬备……恭请……敬邀……",日期、时间也是用汉字表示。由于汉英语言表达的不同,两个译本的内容在顺序上做了调整。如,汉译中先指明日期,然后是事由,接着是邀请方,最后才补充说明时间、地点及联系方式。而英文的邀请函中,先说明邀请方、被邀请方、邀请事由,接着是日期、时间、地点,最后才是附加说明。在时间说明上,英文先说星期,而汉语则把星期放在日期后。当然,英文请柬中也有更正式的表达方式,如"Mr. and Mrs Brown Request the Pleasure of your company at a Tea Party Tuesday..."。这句相当于中文的"敬请光临",只是英文的这句表达出现在请柬行首,而汉语的请柬则把这句放在末尾。因此,在翻译此类请柬时要根据不同的语言风格翻译,而不能仅行对行的对译。

4. 对外宣传

随着对外交流的日益广泛,很多宣传材料都以双语形式呈现,如学校招生宣传与课程设置、服务场所的优惠措施等。宣传资料大部分是以段落的形式出现。汉语的宣传材料往往习惯用夸张的描述性语言,而英文的宣传材料则重实际内容。所以,翻译时我们需要考虑英汉语的语篇特点,做必要的增减。陈小慰在《新编实用翻译教程》中举了个例子来比较汉英宣传材料在语言组织上的特点:

公司拥有雄厚的技术力量,大、中专毕业以上的技术、管理人才占员工总数的30%以上。

The company boasts tremendous technological strength with a well-qualified management and staff.

在译文中省略了"大、中专毕业"这些字眼,如果直译成"...The company

owns a technical and managerial staff with either specialized secondary education or higher education which accounts for 30%...", 则译文预期的功能将不能实现。因此，译者在英译时进行了概括性翻译。

4.1 学校宣传

Western Business College specializes its curriculum to meet the needs of students who are job and career **oriented. The men and women** who attend Western Business College are interested in job relevant training that will prepare them for professional business careers and advancement opportunities.

General business training along with specialization is one of the best ways to assure students of a quality education and to assure employers that Western Business College graduates know their business. **Therefore the curriculum is structured to specific employment opportunities in the business world.**

To give our students an excellent education for the purpose of starting them on their business careers, we offer a five story **school building,** especially designed for our purposes and furnished with up-to-date **equipmen**t. The college is **in the heart of the business community.**

西部商学院位于商业中心，男女兼收。学院课程设置以学生就业为导向，学生将得益于学院专为他们度身定制的相关工作培训，这将为学生的职业生涯和发展创造机遇。

为了能在商业领域中赢得就业机会，学院特设了常规的商务培训课程和职业培训课程，这些是保证学生得到素质教育的最好方式之一，同时毕业生对专业的熟知程度也会令用人单位倍感满意。

为了给学生营造一个良好的学习环境，以帮助他们开始为职业生涯规划，我们特设计了一栋5层楼的教学楼，并配以先进的教学设备。

分析：从段落结构上看，汉译文中某些语句的顺序做了调整，如，"the men and women"指的是学院的学生，但又隐含着这所学校为男女兼收的学校，如果按原文顺序译成"学院的男生和女生"显得语句表达有点牵强。如果把该意思提前概括（如译文中）再做断句处理，语句通顺多了。另外，原文的"The college is in the heart of the business community"放在最后，但汉语中在介绍某一场所时如果涉及场所的位置，习惯上把它放于开头，然后再说明其他特点。

"Therefore the curriculum is structured to specific employment opportunities in the business world." 原文中这句是对上文的总结，放在段末，而汉译时把它提到段首翻译，以目的句的方式起头，然后铺垫开来阐述。

原文中"oriented"在不同场合有不同的译法。比如，"student-oriented"一般可以译成"以学生为中心"，而这里根据目前高校推出的培养目标中所提到的"……为导向"作为我们翻译的依据，做到翻译的与时俱进；"school building"和"equipment"在翻译时根据实际情况用了增词，将其分别译成"教学楼"和"教学设备"。

专业根据社会需求，培养具有商务知识和计算机操作技能的人才①。本专业主要提供跟职业相关的实训使毕业生能够尽快就业。我们的毕业生广泛②就业于商务领域、教育部门。

The department was created to meet the needs of the society. It aims at developing business knowledge and computer skills. The department's objective is to provide job-relevant career training to make **individuals**③ employable in as short a time as possible. **Graduates** ③from our department will work in business world and education area.

分析：①原文中"根据社会需求"作状语，意为"为满足社会需要"，因此不宜译成"according to the needs of the society"，而是根据英文句法特点用动词"meet"来表示，对应地翻译成"to meet the needs of the society"。"人才"在句子中是起着添加的作用，使得句子更完整，而英文翻译则不需要"talents"，直接用"developing...skills"。

②"广泛"一词是作为"就业于"的程度副词，起着修饰、加强语气、夸张等作用，而英文表达中常因其累赘而省略了这些程度副词，去繁就简，突出实质信息。例如，"大力鼓励"只译成"encourage"，而省略了"大力"一词的翻译。

③译文中的"individuals"和"graduates"都指代原文中的"毕业生"，英文表达中尽量避免重复使用同一个词，常用替代词代表。

华南女子学院虽小，但是她是一所富有个性化，富有挑战性的学校。学院给学生一种无与伦比的归属感，以学生为中心的教学模式让课堂充满生机。

Huanan Women's College is small, personal, and challenging. It offers an unparalleled sense of belonging. The college focuses on Student-Centered teaching and the faculty brings real-life experience to the classroom.

分析：汉语中出现两个并列重复的词"富有"，这种在汉语语境中生动自然、强调语气的语句，在英译中却不适合，显得啰嗦，达不到预期的效果。另外，汉语用"虽然……但是……"来连接两个句子，英译中则把这些归为一句话，简洁明了。

4.2 公司宣传

Since 1947, our House has **carefully selected**① the finest and rarest ingredients to create the highest quality fragrances. Our traditionally crafted fragrances benefit from all of our **know-how and expertise**②.

自1947年起，我公司就精挑细选最精致最稀有的产品成分研制成最上等的香水。我们传统的香水制作得益于我们的专业知识。

分析：① 根据汉语喜用四字格的习惯，把"carefully selected"译成"精挑细选"。

② 原文中的"know-how and expertise"指的都是"知识、技能，专门知识"，译文中合二为一，直接将其归纳为"专业知识"。

4.3 促销宣传

英文的宣传在用词上常采用名词、名词词组或介词词组，汉语的促销宣传常选用动词并省略人称代词。试比较福州香格里拉大酒店的英汉双语宣传单：

Golf Package①

Benefits include:

- Single/double occupancy in a deluxe room with a **complimentary**② round of 18-hole golf for one, including green, caddie and insurance fees
- Limousine round trip transfer between hotel and golf club
- International buffet breakfast at eZ cafe
- **Free access**③ to Shangri-La gym, swimming pool and sauna
- Late check-out until 5:00 pm

Terms and conditions:

- Joining partner (golfer) sharing same room **at additional charge**④ of RMB600
- Joining partner (non-golfer) sharing same room **at no additional charge**④
- Prior reservation is required, minimum 2 days in advance

- The rate is quoted on a package basis, **non-consumption**④ of package components are **non-refundable**④
- Subject to 15% service charge

高尔夫特惠礼包

礼遇包括：
- 单人/双人入住豪华客房一晚，单人免费享受高尔夫18洞，含高尔夫球场果岭费，球童费以及保险费
- 酒店至球场豪华轿车往返接送
- 翌日eZ咖啡厅国际自助早餐
- 免费享用酒店的健身房、游泳池及桑拿设施
- 延长退房时间至下午五时

条款与细则：
- 入住同一间客房的第二位宾客如需打高尔夫球仅需另外支付人民币600元
- 入住同一间客房的第二位宾客如不需打高尔夫球，不必支付其他费用
- 请至少提前两天预定
- 以上价格为包价，包价中未消费项目不能退还现金
- 需加收15%服务费

分析：在上面译文中分别用"入住，享用，延长，加收"等动词来表示原文中的名词性词组。

① 标题译文中增加了"特惠"，凸显商家宣传效果。而英文"package"本身就有"一揽子得益的东西"的意思，因此不需要添加"优惠"之类的词。

② "complimentary"为"赠送的"的意思。即译成汉语"免费享受"。

③ "free access"意为"免费进入"，但不如"免费享用"来得语言优美而通顺。

④ "at additional charge"及"at no additional charge"这两个介词词组在译文中改成动词词组"需支付"及"不必支付"，"non-consumption"和"non-refundable"同样进行词性转换，改成动词词组"未消费"和"不能退还现金"，使得句子更为连贯。

4.4 产品说明书

产品说明书由标题与内容构成，根据产品类型及说明特点，产品说明书内容可包含产品的特征、功能和主要成分、结构特征、安装、使用、操作、使用方法、注意事项、主要性能指标及规格等。产品说明书的语言简洁、精确、客观，但词语较正式、专业。产品说明书多使用现在时态的简单句、祈使句和动词的不同形式等。

产品说明书的翻译要兼顾准确性和技术性，既要忠实原文，又要通俗易懂，适当的时候可以运用文学语言，以突出产品特性，但要注意不要过分夸大。

产品说明书常用的翻译方法有：意译法、音译法、意音合译法等。翻译时要注意英汉语常用的说明书句型。下面就不同类型产品说明书的翻译进行归纳总结：

食品说明书

食品说明应包括产品的构成成分、食用方法、保健作用、保质期、存放方法等。

3 IN 1 INSTANT COFFEE MIX

Mr. Cafe is specially prepared from the finest of coffee beans. The best instant coffee with rich aroma. No sourish after taste. Convenient for use in homes, offices and outdoors. Simply add 200ml of hot water and you can enjoy the best of Mr. Cafe in just a few seconds.

Store in cool & dry place

三合一即溶咖啡

"咖啡先生"精选各种优质咖啡豆而制，香味浓郁，且饮后不带酸味。携带方便，适合于家庭、办公室、野餐旅行。开水冲泡，一杯约200毫升的香浓咖啡只需数秒钟。

储存方法：阴凉干燥处储存

分析：这是"咖啡先生"牌速溶咖啡的产品说明，英文说明书中除第一句外其他句子均省略主语或谓语，用名词词组、形容词词组替代。在汉语翻译中，则把这些词组相应地改成动词词组。比如,"No sourish after taste"译成"饮后不带酸味";"Convenient for use in homes, offices and outdoors"译成"携带方便,适合于家庭、办公室、野餐旅行"。

化妆品说明书

汉语化妆品说明常运用夸张的手法宣传产品的效果,而英文的化妆品说明则体现实质性内容。因此,英文化妆品说明书汉译时,可以在不影响整体宣传内容的情况下适当添加形容词,以增强渲染效果。

Regular use of the cream results in the increase of skin cell vitality and improvement of metabolism to restore youthful fairness of the skin.

经常搽用本品,可增强皮肤细胞活力,促进新陈代谢,保持皮肤洁白、红润,延缓衰老。

分析:根据产品"增强皮肤细胞活力,促进新陈代谢"的特点,上句中的翻译添加了"保持皮肤洁白、红润",增强了宣传效果同时又不会造成虚假的感觉。

Our intensive conditioning hand cream leaves hands feeling softer with each use. Formulated with macadamia nut oil, shea butter and seaweed extracts to moisturize and soothe hands, and myrrh to help condition cuticles and nails. (hand therapy)

每一次使用该款密集调理护手霜都会让您的双手倍感柔软嫩滑,独特的澳洲坚果油,加上牛油和海藻的配方让您的双手更加滋润,舒缓您的肌肤压力,没药(一种植物)可以有效去除角质,修护手部干燥的肌肤,呵护您的指甲。

分析:上句的"嫩滑"是对"柔软"的补充,"独特,有效"增强了产品的效力。"修护手部干燥的肌肤"是对"去除角质"的效果的补充说明,恰到好处。

原句中的"condition"为动词,意为"使……健康",同时修饰"cuticles and nails",但是在翻译成汉语时根据词的搭配应该相应地译成"去除"和"呵护"。

医药产品说明书

药品的使用关系到人的生命与健康,所以翻译药品说明书时需要格外小心。一般来说,药品说明书的主要内容包括产品作用、使用方法、注意事项等。说明书上的专业和技术词汇要严格按原文翻译,句法上应该以祈使句为主。

Refresh① makes your dry eyes feel better with the drops. Lubricant Eye Drops② instantly moisturizes and relieves dry, irritated eyes with a **fast-acting, long-lasting** formula that has many of the same healthy qualities as your own natural tears. **Refresh tears**③ comes in a convenient multi-does bottle and is safe to use as often as needed, so your eyes can **feel good—anytime, anywhere.**④

Uses:
- For the temporary relief of burning, irritation, and discomfort due to dryness of the eye or exposure to wind or sun.
- May be used as a protectant against further irritation.

Directions:
- Instill 1 or 2 drops in the affected eye(s) as needed.

Warnings:
- **For external use only**⑤.
- To avoid contamination, do not touch tip of container to any surface. Replace cap after using.
- If solution changes color or becomes cloudy, do not use.
- Stop use and ask a doctor if you experience eye pain, changes in vision, continued redness or irritation of the eye, or if the condition worsens or persists for more than 72 hours.
- Keep out of reach of children. If swallowed, get medical help or contact a Poison Control Center right away.
- Use only if imprinted tape seals on top and bottom flaps are intact.
- Use before expiration date marked on container.
- Retain this carton for future reference.

清新牌眼滴液①让您干燥的双眼倍感舒适。本款②润滑油眼滴瞬间湿润、舒缓您干燥和不适的双眼。快速、持久的配方眼滴如您泪液一般清新自然。本瓶装产品③安全可靠，剂量可供多次使用，您的双眼在任何时间、任何地点都有不一般的感觉。④

适应症：
- 用于缓解由于眼睛干燥或受风，阳光影响所致的各种灼痛、发涩等不适
- 亦可用于眼睛免受更多的刺激

用法与用量：1~2滴/次

注意事项：

● 本品为外用滴眼液，禁止内服

● 滴眼时瓶口切勿接触眼睛或其他表面，使用后应将瓶盖拧紧，以免污染药液

● 本品性状发生改变时，如变色、浑浊，禁止使用

● 用药后有灼痛感、眼睛潮红、眼睛有刺激感，视力下降，或症状没有明显好转并持续72小时应停用该产品，并到医院就诊

● 请将本品放在儿童不宜接触的地方，如不慎误食，请即刻就医，或联系中毒控制中心

● 如上下封口处的胶带密封破损，请勿使用

● 请在保质期内使用

● 保留包装，日后参照

分析：① "Refresh" 作为商标在翻译成汉语时相应地加上 "……牌" 及商品名称 "滴眼液" 使商品更为明确。

②③ "本款" 及 "本瓶装产品" 的添加起着重复说明产品名称的作用。

④ 产品说明兼有广告的作用，因此可以用一些修辞手法以增强宣传效果。"anytime, anywhere" 及相应的译文 "任何时间、任何地点" 就是运用了重复、排比的修辞法。用 "不一般" 来翻译 "good"，让使用者自己体会其中的舒适感。

⑤ 原文中仅为 "只适合外用"，译文添加了 "禁止内服" 字样，起着进一步提醒的作用。

小家电说明书

小家电说明书的主要功能在于帮助使用者掌握该产品的操作方法，其内容包括用途、产品规格、操作须知、维护及保养等。在说明使用方法时，英文常用被动语态，而汉语则常用主动语态。

Lighting Earpick

Instructions:

● Rotate the outer case of the Earpick to make the two arrows point to each other

first, the spoon part illuminates to facilitate inspecting the inside of an ear.
- Two types of earpicks, i.e. thick and thin, are available for different ear hole sizes of adults and children.
- **The tweezers is equipped**① to catch big earwax.
- After dismounting **the transparent spoon part, tweezers or other accessories**②, **it can be used**③ as a torch.
- **If the accessories are not used**④ for a long period, store them in the tube at the end of the earpick, **which should be covered with a lid.**⑤
- **Light on the earpick should be turned off** ⑥after using. **If it is not used for a long period,**⑦ take out the battery in case battery leakage damaging the product.

Cautions:
- Sterilizing the spoon and tweezers with alcohol before and after using the earpick, avoiding infection.
- Clean earwax gently and slowly and do not insert the earpick too deep inside of the ear.
- **Do not use the earpick if there are children playing around or people walling nearby**⑧ **in case**⑨any danger happens.
- After using, put the product at a place where children cannot touch it.

照明掏耳器
使用方法：
- 旋转产品外壳至两个箭头相对，耳勺部分点亮以便检查耳朵内部
- 两种粗细的耳挑适用于大小不同的成人和小孩耳洞
- 配备的镊子用来夹大的耳垢
- 拆卸配件后，可当做照明工具
- 配件若长时间不用，请储存在掏耳器尾部的管中，并盖紧
- 每次使用后，需关上照明。如果长时间不用请取出电池以防遗漏有毒物质

注意事项：
- 使用前后用酒精消毒以防感染
- 轻柔清理耳垢，勿将耳器插入耳洞过深

● 如果有小孩在旁玩耍或周围有人走动，请勿使用该产品，以防发生意外
● 使用后请将产品置于小孩不能触及地方

分析：①原文"The tweezers is equipped"用了被动句，但为了符合汉语的表达习惯，译文把被动句改成主动句，即"配备的镊子"。同样的译法出现在③至⑦句中。

②汉语语言以简练为主，应用于说明书更突显其特征。如译文中的"配件"涵盖了原文中的"the transparent spoon part, tweezers or other accessories"，言简意赅，且意义明确。

⑧原文的状语位于主句之后，但是汉语的表达习惯把状语提前，主题句放后，如译文中"如果……，请勿……"。

⑨"in case"在原文中为介词状语，译文中把它转化为动词使用，即"以防"。

作业

请翻译：

1. 我方专门经营去骨去皮或带皮冷冻鸡胸肉/鸡腿肉/整鸡的出口。产品用纸箱包装，每箱10袋，每袋1kg，或每箱5袋，每袋2kg；也可按买方要求进行包装。针对贵方的询盘，我们很高兴地报盘如下：
   去骨带皮鸡胸肉拉各斯到岸价：每吨1100美元；
   去骨去皮鸡胸肉拉各斯到岸价：每吨1190美元；

2. 我们很高兴收到贵方订购冻鸡系列产品的第289号订单。我方接受此订单并将尽快安排装运。随函我们寄上第456号销售确认书，一式两份。请会签后返寄一份供我方备案。相信贵方会尽早开立信用证。我们有信心贵方收到我方产品后会十分满意，并期待贵方下更多的订单。

视频：0321 公示语的翻译

Scan for more
扫码了解更多

第三节 旅游文本的翻译

本节讨论旅游翻译一些应该注意的问题。旅游翻译旨在为旅游活动和旅游业提供语言服务，其涵盖范围广泛，包含了专业翻译、普通翻译以及文学翻译等多

个领域。因此，旅游文本展现出多样化的文体风格、丰富的知识内容以及明确的目的性。在进行旅游翻译时，我们应借鉴方梦之教授所倡导的"达旨·循规·喻人"的三项翻译原则，以翻译的目标、目标语言的规范和信息的内涵传递为指引，针对不同的文本内容选择恰当的翻译方法。本节将针对旅游文本翻译实践中普遍遇到的问题和挑战进行分析与探讨。

1. 旅游宣传口号的翻译

根据文本的功能分类，旅游广告可以被归类为纽马克所提出的"呼唤型文本"，其核心目标是推广旅游目的地和体验，以此吸引游客前往参观。旅游宣传口号，亦称为广告标语（Advertising Slogan），其表达更为紧凑，浓缩展示了旅游目的地的整体风貌。在进行翻译工作时，译者应重视这些文本的特性，提升译文的吸引力，满足目标受众的审美需求，从而有效地达到旅游广告的推广效果。

1.1 中英文旅游宣传口号的差异与翻译原则

英文旅游宣传口号的普遍特点是易于理解。在词汇选择上，这些口号往往简明扼要、清晰易懂、生动形象，并且具有较强的感染力。在句子结构上，它们展现了口语化、对话性和互动性，频繁使用疑问句和祈使句等形式。在修辞手法上，这些口号巧妙地运用了双关语和音韵修辞，创造了易于记忆和传播的效果。在内容上，它们凸显了旅游目的地的地域特色、独特优势和丰富的历史文化底蕴。例如：

Antigua and Barbuda—The Beach is Just the Beginning

Austria—Arrive and Revive

Faroe Islands (Denmark)—Unspoiled, Unexplored, Unbelievable

Tajikistan—Feel the Friendship

Morocco—Much More

然而，中文旅游宣传口号若过于口语化，往往难以引起游客的关注，通常更注重韵律和文学性。在词汇运用上，倾向于辞藻华丽、高雅，频繁使用四字成语以及由并列和排比构成的四字短语，具有强烈的艺术表现力。在句式结构上，倾向于使用陈述句和省略句，注重文章的对仗和工整，采用四言、五言、六言、七言等短句，以增强节奏感。在修辞手法上，经常运用比喻、双关等技巧，使得表达生动且形象。在内容上，这些口号展现了不同地域的文化底蕴和民俗风情。例如：

贵州：山地公园省，多彩贵州风。

福建：全福游、有全福。

山西：晋善晋美。

重庆：行千里，致广大。

河北：京畿福地，乐享河北。

显而易见，中英文旅游宣传口号在文体上有着显著的差异。为了确保翻译能够唤起潜在游客的兴趣，必须遵循以下两个关键原则。首先，关注目标读者。目标受众更倾向于接受那些符合他们认知框架的内容和表达方式。在翻译旅游广告时，译者需要深入了解目标语言读者的文化习俗和消费心态，确保翻译作品能够顺应目标语言的风格和文化理念。其次，译者应发挥其创造性。对于召唤性文本的翻译，过度追求对原文的"忠诚"往往不利于实现旅游广告的宣传目标，因此译者需有重新构思和创作的空间。通常情况下，译者可以根据中英文文体的不同以及广告的特定目的，对原文进行适当的调整和改编。

1.2 美国各州旅游宣传口号翻译

为了促进地方旅游业的发展，美国的各个州都推出了独特的广告口号，这些口号有时还会出现在各州的车牌上，充当流动的宣传单。以下内容将以美国各州曾经使用和正在使用的广告口号为例，探讨英语旅游宣传口号的特性及其翻译策略。

体现地域特色：

州名	宣传口号	参考译文	分析
Texas 德克萨斯州	It's Like a Whole Other Country	宛如异邦	德克萨斯州是美国的第二大州，历史沿革较为复杂，曾经是西班牙的殖民地，墨西哥的一部分，在加入美国前还曾有过一段短暂的独立。人口中有大量拉美裔人。因而这里的风土人情十分独特，不同于美国其他地区。此处译文使用直译即可贴近原意。
Montana 蒙大拿州	Big Sky Country	辽阔的天空之乡	蒙大拿州自然景观丰富，拥有山区、湖泊和大片的草原。这里四野空旷，辽阔平坦，天空显得尤为广袤。美国作家加斯里（A.B. Guthrie）1947年的小说《巨大的天空》（The Big Sky）中描绘了这里的美景。因而译文中将big对应译为辽阔。
Rhode Island 罗德岛州	Fun-Sized	妙哉罗德岛	罗德岛州是美国最小的一个州。这一标语配合每段7秒钟的一系列宣传视频，先展示攀岩、海钓、泛舟等活动的近景，再拉到远景，以此来说明这里的活动丰富多彩，麻雀虽小五脏俱全。"有趣的尺寸"是指地方不大，方便游客可以在短时间内体验诸多活动，但这个直译不符合中文表达，因而需要进行改译。

体现历史文化特色：

州名	宣传口号	参考译文	分析
Alabama 亚拉巴马州	Sweet Home Alabama	亚拉巴马，甜蜜的家	原文是1974年美国摇滚乐队林纳德·斯金纳德（Lynyrd Skynyrd）的第二张专辑中的一首歌曲名，位列当年美国音乐榜单第8位，是该乐队最热播的单曲之一，常被用于广告和电影中，对当地流行文化有一定影响。曲名较为简单，译文在直译基础上采用押韵。
Delaware 特拉华州	It's Good Being First	第一州，真正好	历史上，特拉华州是最早加入美国联邦的州，又被称为第一州（The First State）。但在面积上，它却是美国第二小的州，因而之前的宣传标语是"小奇妙"（Small Wonder）。译文采用增译，这样游客一看就能明确第一指什么。
Kansas 堪萨斯州	To the Stars	向星辰，向梦想	这一标语来自该州的拉丁文格言"排除万难，到星星去"（Ad Astra Per Aspera）。在古希腊与古罗马时代，星体是如天神般的存在，塞内加在《海格力斯》中写到："从地上到星星那里去，并非易事。"它们令人神往却难以到达。当地旅游局也曾解释欲以该标语致敬漫游者和梦想家们。直译很难体现这一隐喻，因而译文采用增译。

体现中英文旅游宣传口号句式差异：

州名	宣传口号	参考译文	分析
Washington 华盛顿州	Say WA?	哇，华盛顿！	该标语中，WA是华盛顿的缩写，同时还兼具了谐音的修辞方式，与其谐音的俚语是"say what"，常用来表示惊叹。这一标语十分巧妙生动，感染力强。
Nebraska 内布拉斯加州	Visit Nebraska. Visit Nice.	来内布拉斯加，共度美好时光	该宣传标语采用平行结构，很难用中文类似结构表述，更适合采用意译。根据当地旅游委员会主任的解释，该标语中nice蕴含双重含义，指美好的人和美好的瞬间，和亲朋好友一起来，共造一段值得珍藏的旅行记忆。
Nevada 内华达州	A World Within. A State Apart.	小小世界，大大不同	原文采用对照手法，前后两句句式上虽然相近，语义却是对立的，旨在凸显该州在自然风貌、文化和商业资源等方面充满反差，有高山也有沙漠，有大城市也有小城镇，有矿业也有航空业。

体现英文修辞手法：

州名	宣传口号	参考译文	分析
South Dakota 南达科他州	Great Faces. Great Places.	美妙的脸庞，美妙的地方	英文旅游宣传口号中，经常使用押尾韵的修辞方式。这在中文中也常使用，翻译时可以保留这个修辞特点。
West Virginia 西弗吉尼亚州	Wild, Wonderful West Virginia	遍野尽芳华，西弗吉尼亚	英文旅游宣传口号中，另一种常用的修辞是押头韵，首字母发音相同的几个单词连在一起，读起来朗朗上口。由于中英文属于不同的语言体系，在译文中，很难把英文头韵的结构和声音都呈现出来。在中文里，可以利用声母相同的连绵词或同一词语的重复，保留声音方面的修辞特色，或者考虑用其他修辞方式替代。此处译文常采用押尾韵的方式替代。
Vermont 佛蒙特州	Vermont, Naturally	自然要选佛蒙特	英文旅游宣传口号中，双关也是经常用到且很难译出的修辞格。首先需要理解标语中的双关含义。其次，在翻译时要符合旅游宣传标语的文体特色。这里的"naturally"即指该州给人留下的经典新英格兰地区城镇形象，自然风光秀美，也指理所当然，无需赘言，在选旅游目的地时，一定会选佛蒙特。

1.3 中国省市旅游宣传口号翻译

随着旅游业的蓬勃兴起，我国各省市区也相继推出了具有地域特色和文化深意的旅游宣传口号。翻译过程中，需要运用音译、意译、增译或重写等多种技巧，以适应英文旅游宣传口号的风格和表达习惯，进行创意性的重组。

例如，浙江省的宣传口号"诗画江南，山水浙江"，其中"江南"的意境难以直接转换。若采取直译，文字会显得冗长，且偏离原文的意境。因此，译者选择了音译"江南"为"Jiangnan"，最终译为"Poetic Jiangnan, Picturesque Zhejiang"，既简洁又符合英文中头韵的修辞手法。（陈刚，2004：35）

再以"桂林山水甲天下"这一句的英文翻译为例，曾经有过一场专门的译文征集活动，其中获奖的翻译作品包括：

East or west, Guilin landscape is best!

Natural Scenery of Guilin is second to none.

Scenery of Guilin, the finest under heaven.

The scenery of Guilin is unparalleled in the world.[①]

---

① The Scenery of Guilin is Unparalleled in the World[EB/OL]. [2017-11-07]. http://bbs.chinadaily.com.cn/thread-513383-1-1.html

随后，网络平台上相继涌现出众多的翻译佳作：

The scenery of Guilin is world renowned.

By water, by mountains, most lovely, Guilin!

By water, by mountains, earth's fairest, Guilin!

Guilin's water and mountains captivate the world.（王永泰，2007：35）

综观这些译文，似乎还是第一个译文最符合英文审美和广告需求。该译文巧妙地借用了英语中的谚语"East or west, home is best"，使得译文朗朗上口，易于记忆和传播。该获奖译者的后续发文也特别指出，翻译既是创新也是一门科学，不能随意杜撰，必须基于客观事实和清晰的逻辑，同时翻译也是一门艺术，注重美的体现，追求美的表达，如同许渊冲提出的意美、音美、形美的"三美"理论。（吴伟雄，2007：1-3）以下，本文将挑选一些省市旅游宣传口号的优秀翻译进行展示和分析。

例1. 交响丝路 如意甘肃

Silk Road in Symphony, Gansu in Harmony

原文使用两个四字结构，重点明确，简短有力地体现了甘肃省作为古代丝绸之路必经之地的地域特色，突出了甘肃的历史文化资源。译文巧妙地运用了英文中的平行结构和尾韵，在准确传达原文内涵的同时，保留了形式上的对应。音韵修辞格让译文更加易于诵读，更符合旅游标语的宣传目的。

例2. 山海有情 天辽地宁

Nature's Embrace, Liaoning's Grace

原文巧妙地将辽宁二字拆开，分别用来形容天与地，如果按照直译，可以译为"Beautiful Mountains and Seas, Vast and Tranquil Liaoning"。这样的译法也能很好地和原文对应，但从句式上来说，显得不够工整，过于冗长。译文采用意译，并且运用了英文中的平行结构和尾韵，就修辞效果上来说，要明显优于直译。

例3. 心灵故乡 老家河南

Where Hearts Belong, Where China Began

河南历史悠久是黄帝的诞生地，中华文明的发祥地之一。所谓"一部河南史，半部中国史"，这里曾是仰韶文化的重要分布区，夏朝早期都城的所在，深深埋藏着中华民族的根与魂，因而可称为"心灵故乡"。"老家河南"指的是河南是我国姓氏的重要发源地。古代河南人由于战乱和自然灾害等原因，自发迁徙到其他地区，成为现今许多国人的祖先。原文内涵丰富，直译无法完全传达，因而将其意译出来,并使用英文中的平行结构,来对应原文的结构形式。

2. 旅游景(区)点名称的英译

2.1 规范性原则

旅游景点的实体名称通常由专有名称、属性名称和通用名称等多个部分组合而成。专有名称作为特定名词,用于将某一特定地点与同类其他地点区分开来。属性名称则用来描述地点的方位、顺序、功能、特性等属性。与专有名称相对,通用名称则是对于某一类地点共用的称呼。例如:

杜甫(专名)草堂(通名)

武侯祠(专名+通名)博物馆(通名)

大熊猫(专名)繁育研究(属性名)基地(通名)

为了确保旅游景点名称翻译的准确性与统一性,对实体名称类景点(区域)的翻译进行规范化,以下是根据上海实施的《公共场所英文译写规范》[①]地方标准总结的几项翻译准则。

专有名称

专有地名和人名应采用音译方法。中国的地名和人名应按照普通话的发音,使用汉语拼音进行转写。音译能够为游客提供直接的发音信息,在查询具体景区位置时提供实际的帮助,并且能够保留原文的表达风格,让游客体验到不同的文化特色。例如:

平遥古城 Ancient City of Ping Yao

青城山 Mount Qingcheng

都江堰水利工程 Dujiangyan Irrigation System

若地名和人名已有广泛认可的习惯性译名,且这些译名被国际媒体广泛接受和使用,在旅游翻译实践中,一般会继续采用这些习惯性译名,保持原有的翻译方式。例如:

孙中山故居纪念馆 The Museum of Dr. Sun Yat-sen

孔庙 Temple of Confucius

高句丽王城 Capital Cities of the Ancient Koguryo Kingdom

---

① 上海市质量技术监督局.公共场所英文译写规范[EB/OL]. [2013-02-03]. http://www.shyywz.com/jsp/index/show.jsp?id=5580&newsType=128

元上都遗址 Site of Xanadu

对于少数民族地区景点的名称，通常也会采用音译，但并非使用汉语拼音，而是根据其民族语言进行翻译，遵循相应民族语言的拼写规则。例如：

呼伦贝尔草原 Hulunbuir Grassland

喀拉库勒湖 Karakul Lake

喀什古城 Kashgar's Old Town

纳木错 Namtso or Lake Nam

当景点名称中包含强调文化内涵和特性的专有名称时，可以采用意译或直译，使用英文表达，以便更准确地传达景点名称中的文化、历史等背景信息。例如：

大雁塔 Greater Wild Goose Pagoda

黄鹤楼 Yellow Crane Tower

月牙泉 Crescent Spring

有时，为了使游客既能掌握景点名称的发音，又能理解其文化意义，可以采取音译并附加解释的方法。例如：

绥福殿 Palace of Peace and Blessing (Suifu dian)

属性名称

属性名称一般用于补充描述景点的性质、作用、位置、大小等信息，可以采用直译法来翻译。在实际翻译过程中，可以按照原文的顺序，先译出属性名再译通名；也可以先翻译通名后翻译属性名，两个名称中间用介词连接，如：

赤山湖国家湿地公园 Chishan Lake National Wetland Park

澄江化石遗址 Chengjiang Fossil Site

永昌钟鼓楼 Yongchang Bell and Drum Tower

却金亭碑 Stele of Quejin Pavilion

当景点名称中的属性名不再具有其原有的意象或特性时，该属性名应被视为专有名称，采用音译，根据汉语拼音进行翻译。例如：

文王庙 Wenwang Temple

交通公园 Jiaotong Park

北岳庙 Beiyue Temple

通用名称

景点的通名一般也采用直译，以便游客或读者迅速了解旅游景点的大致类别。旅游景点可分为自然景观和人文景观两大类，它们的通名通常有固定的译法可以借鉴。例如，自然景观的通名有以下几种译法：

常见自然景观通名	常用译名	景（区）点实例
岩	rock, crag	虎啸岩 Roaring Tiger Rock
峰	peak	天游峰 Tianyou Peak
崖	cliff	龙首崖 Dragon Head Cliff
沟	valley	日则沟 Rize Valley
溪	stream	鸳鸯溪 Yuanyang Stream
瀑布	waterfall	德天跨国瀑布 Detian Cross-border Waterfall
泉	spring	趵突泉 Baotu Spring
湖	lake	鄱阳湖 Poyang Lake
洞	cave	芙蓉洞 Furong Cave
池、潭	lake, pond, pool	五彩池 Five-Colour Pond 白马潭 White Horse Pool
堰	weir	洪泽湖古堰 Hongze Lake Ancient Weir

带有中国建筑、宗教等特色的人文景观类通名一般有以下译法：

常见人文景观通名	常用译名	景（区）点实例
宫	palace	咸福宫 Palace of Universal Happiness
殿、厅、堂	hall	太极殿 Hall of the Supreme Principle
亭	pavilion	沧浪亭 Canglang Pavilion
楼、阁、榭、轩	pavilion, tower	岳阳楼 Yueyang Tower 天心阁 Tianxin Pavilion
斋	house, hall, study	倦勤斋 Studio of Exhaustion from Diligent Service
陵	tomb, mausoleum	秦始皇陵 Mausoleum of the First Qin Emperor
祠	shrine, temple	闽王祠 Memorial Temple of Wang Shenzhi
观	Taoist temple	清虚观 Qingxu Taoist Temple
庵	convent, nunnery	寂照庵 Jizhao Nunnery
塔（佛教）	Pagoda	应县木塔 Wooden Pagoda of Yingxian County
灵塔、舍利塔	Dagoba, Stupa	白塔 White Dagoba
寺，庙（宗教）	temple, monastery	灵隐寺 LingYin Temple
清真寺	mosque	艾提尕尔清真寺 Id Kah Mosque

有些景点名称中省略了功能性通名，为了便于识别，使游客全面理解名称的含义，在翻译成英语时，可以采用增译法，根据情况补充通名。例如：

白水洋 Baishuiyang Water Square

海龙屯 Hailongtun Castle

再如，颐和园的万寿山"紫气东来"，实际上是一座关楼，因此可以在翻译时补充通名：Purple Cloud Gate Tower。

2.2 内涵性原则

旅游景点名称往往蕴含着丰富的文化内涵，反映了国家、民族在文化、历史、宗教、传统、美学等方面的独特信息。这要求译者在传达语言层面的意义的同时，也要注重文化内涵的传递。

考量名称内涵，避免滥用音译

带有中国文化特色的景点专有名称繁多，有的基于景观的外形特征，有的源自历史故事、民间传说，有的则充满诗意和趣味。这些专有名称如果仅采用音译，无法有效传递文化和吸引游客。因此，应采用直译或意译，并遵循简洁原则，以传达其文化内涵。

与单纯的音译相比，这样的译名更为精确，能够体现景点名称中的意义，显著提高译名的可读性和接受度。例如，故宫博物院的宫殿建筑群，可以在考证专有名称的含义后，进行直译或意译：

文华门 Gate of Literary Brilliance (Wenhua men)

文渊阁 Belvedere of Literary Profundity (Wenyuan ge)

宁寿门 Gate of Tranquil Longevity (Ningshou men)

皇极殿 Main Hall of Hall of Imperial Supremacy (Huangji dian)

昌泽门 Gate of Prosperity and Fortune (Changze men)

延禧宫 Palace of Prolonging Happiness (Yanxi gong)

御花园 Imperial Garden (Yu huayuan)

月华门 Gate of Lunar Essence (Yuehua men)

交泰殿 Hall of Union (Jiaotai dian)

景运门 Gate of Good Fortune (Jingyun men)

体仁阁 Belvedere of Embodying Benevolence (Tiren ge)

弘义阁 Pavilion of Spreading Righteousness (Hongyi ge)

贞度门 Gate of Correct Conduct (Zhendu men)

慈宁宫 Palace of Compassion and Tranquility (Cining gong)

断虹桥 Broken Rainbow Bridge (Duanhong qiao)

寿康宫 the Palace of Longevity and Health (Shoukang gong)

养性殿 Hall of Spiritual Cultivation (Yangxing dian)

（选编自故宫博物院网站[①]）

把握景点来历，避免文化误译

翻译旅游景点名称时，应注重内涵的对等，避免望文生义，误解名称的含义，导致译名与实际不符。因此，对景点名称的来源、典故的理解直接影响到译文的准确性。

例如，苏州著名的寒山寺原名为"妙利普明塔院"，唐代贞观年间，高僧寒山来到这里居住了很久，因此更名为寒山寺。由此可知，寒山寺并非以山为名，而是以人名命名，因此不宜意译为Cold Mountain Temple，而应遵循原名，使用音译Hanshan Temple。

四字景点名称的翻译

许多旅游景点采用四字结构命名，讲究对仗工整，用词华丽，朗朗上口，富有诗意，给游客留下无限遐想。在英语中难以复制这种形式上的独特性，因此翻译时可在音韵美、意境美等方面进行强化，尽量使用直译或意译，避免单一使用音译。如燕京八景之一的金台夕照，若音译为Jintai Xizhao，游客难以体会原文的意境和美感。意译为The Golden Terrace in the Glow of the Setting Sun，则能让游客很快进入情境，更靠近原文所传递的浪漫和诗意。

又如，杭州西湖的景点命名多采用四字格，山水与人文相融合，体现了独特的江南风情和历史文化积淀，译名也应尽力呈现景点的意境：

湖滨晴雨 Sunny and Rainy Views from the Lakeside

钱祠表忠 King Qians' Temple of Loyalty

北街梦寻 Seeking the Dreams at Historic Beishan Street

岳墓栖霞 General Yue's Tomb at Cloud-Lingering Hill

灵隐禅宗 Zen Retreat at Lingyin Temple

杨堤景行 Historical Reflections on Governor Yang Causeway

三台云水 Crisscross Lakes against Cloudy Santai Hill

六和听涛 Listening to the Tidal Roar at Six Harmonies

梅坞春早 Early Spring at Meijiawu Tea Village

---

① 故宫博物院网站[EB/OL]. [2011-06-28]. http://www.dpm.org.cn/upload/pdf

万松书缘 A Love Legend at Wansong Academy

（选编自杭州西湖风景名胜区管理委员会网站[①]）

3. 旅游景点介绍文本的翻译

我们经常可以在各种旅游手册、指南、景区资料或解说牌上见到旅游景点的介绍文本。本节旨在探讨英汉旅游文本翻译中常用的几种技巧。

3.1 词性转化与词序调整

英汉两种语言在表达习惯上各有千秋。汉语倾向于频繁使用动词，而英语则更偏好名词和介词。在翻译过程中，往往需要转换词性或调整词序，以确保译文符合目标语言的习惯。（陈刚，2009：69）

例1. 原文： Oxford's quaint charm of winding cobblestone lanes and elegant old buildings is sure to delight visitors.

译文：牛津独具魅力。这里蜿蜒的鹅卵石巷道和优雅的老建筑，定会令游客乐在其中。

分析：译文重新安排了这两个词组的次序，并译为两个含动词的短句，更为地道通顺。原文的主语过长，如果按原句序直译，显得头重脚轻，不符合中文的表达习惯。因而在翻译时，打破原本的句型结构限制，根据内容逻辑，调整为两个句子。

例2. 原文：太湖奇峰环抱，烟水迷蒙，自然天成的湖光山色美不胜收。（彭萍，2010：35）

译文：Taihu Lake is a genuinely amazing natural setting, surrounded by rugged peaks and a hazy surface.

分析：原句含多个中文旅游文本中常用的四字结构，翻译时可不拘原文语序，灵活处理。例如"奇峰环抱"和"烟水迷蒙"为主谓式，使用英文中常用的"介词+名词短语"的结构，符合英文表达习惯，又简练传神。"美不胜收"转化为形容词，调整到"湖光山色"前做定语。

3.2 拆分与合并

英语中的长句往往伴随着复杂的修饰成分和结构，翻译时通常需要将其分解

[①] 杭州西湖风景名胜区管理委员会网站[EB/OL]. [2011-06-28]. http://www.hzwestlake.gov.cn/English/introduce/introduce.htm

为多个简短的句子。相对而言,汉语句子一般较短,有时需要将多个汉语句子合并为一个英语长句。(陈刚,2009:64,76)在分解或合并句子的过程中,译者应首先理解原文结构,然后根据逻辑关系、语法规则和表达习惯来重新构造译文。

例1. 原文:Stretching across the hillsides and encircled by olive trees and vineyards, Siena boasts an impressive skyline full of structures, and its churches and museums are home to an abundance of artwork. Spend some time meandering around the narrow streets of the city's old center, which is recognized as a World Heritage Site. Afterward, head to the Piazza del Campo to see the Palio, a spectacular show in which horses gallop around the area.

译文:锡耶纳群山环抱,四周是橄榄树和葡萄园。这里的建筑鳞次栉比,形成一条令人赞叹的天际线。当地教堂和博物馆艺术藏品丰富。你可以花些时间在狭窄的街巷里漫步,感受作为世界遗产的古老的城市中心,随后前往田野广场的赛马节,看马匹驰骋的壮观场景。

分析:原文使用大量修饰语和从句,结构较为复杂。如果按其顺序直译,中心词前会出现许多状语和长定语,不符合中文的行文习惯。因而译为汉语时,应该按照原文的逻辑内容和中文的句子结构,合理地调整字词顺序,增加信息,使上下文更为连贯。比如,第一句话中"Stretching across the hillsides and encircled by olive trees and vineyards"为句子的伴随状语,翻译到中文时,补充出主语,将其翻译为一个独立的句子。后面两句话,则根据上下文,补充出"这里"和"当地"等信息,保持这几句话间主题词的统一。

例2. 原文:宋熙宁初太守程师孟登山揽胜,以其美景可与道家蓬莱、方丈、瀛洲相媲美,又改名为"道山",后又邀请唐宋八大家之一的曾巩撰文《道山亭记》,一时洛阳纸贵,远近驰名。

译文:In 1070, the magistrate of Fuzhou Cheng Shimeng renamed it "Daoshan Mountain", as he believed the view of Wushan Mountain rivaled that of the famous Daoist fabled mountains such as Penglai, Fangzhang and Yingzhou. He built a namesake pavilion and invited Zeng Gong, one of eight great prose masters of the Tang and Song dynasties, to write a prose about it. The article, which was widely circulated, helped spread the name of Daoshan Mountain far and wide.

分析:以上范例出自乌山历史风貌区的景区中英文介绍,译者不详。观察原文,可见汉语的表达侧重意合,句子结构零散,整个段落仅以一个句号结尾。在将其译为英文时，需依据句间的逻辑关系和语法规则，对原文的语义片段进行重新组合。根据具体情境，可以逐句翻译或将几句话合并为一句话，使译文句式长短结合，灵活多变。

3.3 时态对应与语态转换

英语通过动词的不同形式来表达时态，而汉语动词没有时态变化，时间概念主要依靠时间词汇和上下文来传达。因此，在翻译时，译者需细心体会中文旅游文本中的时间表达，并选择恰当的英语时态。

例1. 原文：平遥古城

平遥古城建于14世纪，是现今保存完整的汉民族城市的杰出范例。其城镇布局集中反映了五个多世纪以来，中国的建筑风格和城市规划的发展。特别值得一提的是，这里与银行业有关的建筑格外雄伟，因为19至20世纪初期平遥是整个中国金融业的中心。

译文：Ancient City of Ping Yao

Ping Yao is an exceptionally well-preserved example of a traditional Han Chinese city, founded in the 14th century. Its urban fabric shows the evolution of architectural styles and town planning in Imperial China over five centuries. Of special interest are the imposing buildings associated with banking, for which Ping Yao was the major centre for the whole of China in the 19th and early 20th centuries.[①]

分析：在上述原文中，表示过去和现在的时间标志词交替出现，译文中应灵活运用不同的时态进行对应翻译。

此外，翻译过程中还需留意语态的使用和转换。通常情况下，英语倾向于使用被动语态，而汉语则更偏好主动语态。因此，在进行翻译时，应当考虑到这两种语态之间的转换，确保选择的语态与目标语言的表达习惯相契合。（陈刚，2009：146）

例2. 原文：Singapore's first municipal market, Telok Ayer Market, now renamed Lau Pa Sat, is an architecturally impressive food court offering an extensive variety of Asian cuisines and is a favorite lunch venue for locals. Originally commissioned by Raffles in 1822, the elegant octagonal cast-iron structure was designed by James MacRitchie and shipped over from a Glasgow foundry in 1894. It was declared a

---

① 译文[EB/OL]. [2011-06-28]. http://whc.unesco.org/en/list/812

national monument in 1973.

译文：直落亚逸巴刹，现称老巴刹，是新加坡城中第一个市场，建筑设计精美。老巴刹食阁提供种类繁多的亚洲美食，是当地人最喜欢的午餐场所。这座优雅的八角形铸铁建筑最初由莱佛士于1822年委托建造，由詹姆斯·麦里芝设计，在格拉斯哥铸造完成，再运至新加坡。1973年，列为国家级历史文物。

分析：原文中有两个句子均采用了被动语态。相较于英语中的被动语态，汉语中的被动表达通常分为无标志的被动句和有标志的被动句（即"被"字句），但在汉语中，有标志的被动句使用较少。若生硬地将原句直译为被字句，则会导致译文失去美感，不够流畅。

4. 旅游文本中文化负载词的翻译

旅游翻译文本中常常包含丰富的文化内涵词汇。这些词汇积累了丰富的历史和文化意义，反映了景区所在地的文化特色和民族性格，涵盖了社会生活和文化传统的多个方面。由于某些词汇在目标语言中缺乏对应词，这给译者带来了挑战。面对这些文化内涵词汇，译者需要广泛积累文化知识，尽力传递可译的部分，同时考虑信息传递的有效性和接受度。本节将针对一些具有较高翻译难度的旅游文化词汇进行讨论。

4.1 旅游文本中的建筑术语

不同的文明产生出迥然不同的建筑风格。不同的建筑风格又源自不同年代的社会、经济、技术等条件以及艺术思想的种种差异。中西方建筑艺术的巨大差异决定了旅游文本中建筑术语的翻译不能简单的直译或音译。译者需要对不同文化的建筑术语、艺术理念等有所了解，才能准确把握其内涵。

例1. 原文：The inner columns enclose the cella, and are presented in a two-row, two-storey fashion with the lower columns supporting a platform for the upper columns. The fluted design echoes that of the outer <u>Doric columns</u>.

译文：内柱包围内殿，并以两行、两层的形式呈现，下部的柱子支撑着上部柱子的平台。凹槽设计与外部<u>多立克柱</u>的设计相呼应。

难点分析：柱式艺术在西方古典建筑中极具美学价值，经典柱式有希腊柱式中的多立克柱式（Doric Order）、爱奥尼柱式（Ionic Order）以及科林斯柱式（Corinthian Order），以及罗马柱式中的塔司干柱式（Tascan Order）和混合柱式（Composite Order）。在西方古典建筑中，柱式的选择至关重要，决定了建筑的整体风格，因而在翻译时需要准确对应。

例2. 原文：This Baroque church's nave ceiling is covered with a mural that commemorates Ignatius's entry into paradise. The trompe-l'oeil effect used on the ceiling of the never-built dome creates the illusion of an actual dome.

译文：这座巴洛克教堂正厅天顶是一幅壁画，描绘了圣依纳爵升天的图景。虽然天顶并不是真正的穹顶，错视画法的使用却使它呈现出直达苍穹的效果。

难点分析：在欧洲建筑风格中，哥特式建筑（Gothic architecture）、文艺复兴建筑（Renaissance architecture）、巴洛克风格（Baroque）、洛可可风格（Rococo）以及20世纪兴起的艺术装饰风格（Art Deco）等较为常见。每种风格都有其独特的艺术手法和成就。例如，巴洛克时期的错视画法（trompe-l'œil）通过增加画面的立体感，创造出令人信服的错觉，成为当时教堂天顶画的流行手法。译者在翻译这类术语时，最好对西方绘画和建筑史有一定的了解。

例3. 原文：亭内藻井、梁枋上均布满彩画，置身其中，如在画中徜徉。

译文：Inside the pavilion, the caisson ceiling and beams are beautifully painted in various patterns, which make the visitors feel as if they are in an art gallery. （宇辰，2001:43）

难点分析：中国古代建筑有着悠久的历史，艺术成就卓越。其中的特色术语对外国游客具有强烈的文化吸引力。常见的术语包括琉璃瓦（glazed roof tile）、青瓦（black tile）、瓦当（tile end）、榫卯（mortise-and-tenon joint）、砖雕（brick carving）、斗拱（dougong, bracket set）等。我国古代建筑装饰中常有彩画装饰艺术，例如和玺彩画（dragons pattern）、旋子彩画（tangent circle pattern）和苏式彩画（Suzhou style pattern）等。在翻译这些术语时，译者需要灵活处理，避免生搬硬套，以展现原文的美感。

例4. 原文：宁寿宫建于单层石台基之上，四周以黄绿色琉璃砖围砌透空矮墙。宫面阔7间，进深3间，单檐歇山顶。

译文：The Palace of Tranquil Longevity is built on a single-layer stone platform, surrounded by low hollow walls built with yellow and green glazed bricks. It is 7 rooms wide and 3 rooms deep, with a single-eave gable-and-hip Xieshan roof.

在比较原文和译文的长度时，我们发现介绍中国古代建筑的语言简洁而富有内涵。在翻译时，需要根据语境进行意译或增译，以实现语义对等。例如，中国古代建筑的屋顶形式多样，如硬山顶（flush gable roof）、悬山顶（overhanging gable roof）、歇山顶（gable and hip roof）、庑殿顶（hip roof）、卷棚顶（round ridge roof）、攒尖顶（pyramidal roof）、单檐顶（single-eaved roof）和重檐顶（double-eaved roof）等，每种屋顶都有其独特的结构和对应的建筑等级。在翻译这些专业术语时，不能简单地将其译为"roof"，可以使用拼音音译加注释的方法。

4.2 旅游文本中的宗教术语

宗教文化对人类社会有着深远的影响，旅游文本中也经常出现宗教相关的词汇和概念。由于东西方宗教文化的差异，英语中主要体现基督教文化，而中文则更多涉及佛教和道教文化。译者需要对不同的宗教信仰有所了解，以避免在翻译时出现误解。

例1. 原文：The stained glass window that depicts "The Nativity" is in the middle of the wall on the right side of the nave, placed between the "Annunciation" and "Presentation" windows.

译文：教堂正厅右侧墙壁中间的彩绘玻璃窗描绘的是"耶稣诞生"，两边的窗子上则分别是"天使报喜"和"献于圣殿"。

难点分析：彩绘玻璃窗（stainedglass window）常见于哥特式教堂建筑，形状各异，常见的形状有玫瑰花窗（rose window）。花窗上通常装饰有所描绘的宗教主题图案。因而译者需要了解西方传统和圣经故事，才能准确解读和传达图案的信息。这里，"The Nativity"指的是"耶稣诞生"的故事，出自《路加福音》2章4到15节。"Annunciation"出自《路加福音》1章26到38节，说的是天使加百列向马利亚传达将生耶稣之事，因而一般译作"天使报喜"或"圣母领报"。"Presentation"出自《路加福音》2章22到39节，讲述约瑟和马利亚带耶稣去耶路撒冷圣殿的故事。宗教主题图案也常出现在西方绘画、雕塑艺术上，常见的还有"耶稣受洗"（The Baptism of Christ）、"荣进圣城"（Entry into Jerusalem）、"客西马尼园中的祷告"（Agony in the Garden）等。

例2. 原文：殿内供奉三世佛像，正中为娑婆世界的释迦牟尼，左侧为东方净琉璃世界的药师佛，又称"大医王师"，右侧为西方极乐世界的阿弥陀佛及二弟子泥塑佛像。①

---

① 大雄宝殿简介[EB/OL]. [2024-07-18]. http://www.shaolin.org.cn/newsinfo/62/356/23604.html

译文：The hall houses statues of the Buddhas of the Three Directions. In the center is Sakyamuni in the Sahā world. On the left is Medicine Buddha of Eastern Pure Land of Azure Radiance, also known as the "Great Doctor". On the right are clay statues of Amitabha in the Western World of Ultimate Bliss and his two disciples.

难点分析：在翻译涉及佛教人物名称时，通常情况下，佛教人物名称已有固定的英文名称。印度佛教人物则主要采用梵文罗马拼音进行翻译。在翻译时，必须查阅资料。如果找不到专用的译名，可以采取意译或音译加意译的方式，这样既保留了异域文化特色，又便于游客理解其宗教内涵。以下是用梵文音译加意译的几个常用佛教人物：

无量寿佛 The Buddha Amitayus, Buddha of Immeasurable Life
观世音菩萨 Avolokitesvara, Bodhisattva of Great Mercy and Compassion
大势至菩萨 Bodhisattva of Mahasthamaprapta, Bodhisattva of Great Power
（朱益平，马彩梅，2007：131）

例3. 原文：1904年，清福经斯里兰卡赴印度朝圣，请回12颗佛舍利，其中3颗及玉佛1尊、贝叶经1部供奉庵中。

译文：In 1904, Monk Qingfu went to India via Sri Lanka and brought back twelve pieces of Buddha sariras (bone relics), three of which are enshrined in the nunnery, together with a jade Buddha and a volume of Sutra written on patra leaves.

难点分析：佛教术语繁多，很大一部分是从梵语音译，但过于专业化的译文可能会增加游客的阅读困难。例如，佛舍利对应的梵文音译是sariras，一般人可能不熟悉，可以增译其意，让游客一看就懂。贝叶指的是贝多罗树的叶子，树叶呈扇状，可用于书写。如果按其拉丁文学名翻译成leaf of Borassus flabelliformis，对于不研究植物的普通游客而言，可能会造成困惑。

4.3 中文旅游文本中的诗词

与英语旅游文本不同，中文旅游文本常常引用诗词来为景点介绍增添色彩，这些诗词具有极高的美学价值。然而，在翻译过程中，这些语言艺术的瑰宝往往被忽略，这不得不说是一种遗憾。如果能够恰当翻译，不仅能够给游客留下深刻印象，还能展现中华文字的魅力。虽然诗词翻译难免会有所损失，尤其是在结构、音律和修辞上，但译者如果能够把握可译的要素，尽可能重现原诗词的艺术效果，仍然可以有效地传递中国文化的丰富信息，为译文增色。

例1. 原文：殿名"排云"二字出自东晋诗人郭璞的一首《游仙诗》："神仙排云出，但见金银台"。

译文：The name of the Cloud-dispelling Hall was inspired by a line in the poem "Excursion in Fairyland" by the Eastern Jin Dynasty poet Guo Pu: "The gold and silver terraces become visible when the fairies chase away the clouds."

难点分析：在翻译殿名时，如原文所述，殿名源自诗句中的"排云"二字，因此在译文中也应体现这种对应关系。古诗词的翻译属于文学翻译，强调译者的主体性和创造性。译者需要积累文学鉴赏和创作能力，使译诗既符合中文原诗的意境，又体现英文诗歌的音美、形美、意美。

例2. 原文：明朝都御使林廷玉题写，取"一片冰心在玉壶"之意，用"冰壶"来比喻自己一生清白、廉洁。一说比喻乌山美景冰肌玉骨，"壶小乾坤大"。

译文："Ice Pot" was inscribed by Imperial Censor Lin Tingyu (1455–1530). It is said that Lin drew inspirations from the famous line of the great Tang Dynasty poet Wang Changling ("My heart is as pure as a piece of crystal ice in a jade pot"), as a metaphor for his uprightness and integrity. Another explanation is that Ice Pot is an analogy to the beautiful Wushan Mountain, which is "small but has a lot to offer".

难点分析：当诗词非单独出现，而是融入在文本之内时，译文要注意语篇的连贯性。例如，"壶小乾坤大"并没有用直译的方式，翻译成"The pot is small and the world is big"，而是采用对应的英文习语"small but has a lot to offer"意译。

作业

请翻译：

福州地处闽江下游盆地。闽江穿城而过，城外群山环绕。自古以来城内有三山：即屏山、乌山、于山，分立城内北、西、东，形成三山鼎立的格局，因此福州有"三山"的别称。又有乌塔和白塔，东西对望，两塔耸峙，构成了古代福州城"三山两塔一条江"的独特格局以及"城在山中，山在城内"的秀丽景观。这一美丽格局传承至今，城区范围又新增一条乌龙江，现在的福州是"三山两塔两条江"的格局。

视频：0331 跨文化意识与旅游口笔译实践
0332 岩茶文化的了解与翻译

Scan for more
扫码了解更多

第四节　影视剧英汉翻译

影视翻译是翻译学的子学科，其英文术语最初为Film Translation，后为Screen Translation，今变革为Audiovisual Translation，缩写AVT。从术语变化过程可看出此学科研究范畴的发展和变化。Film Translation只强调电影台词的翻译；Screen Translation考虑到了电视和电影两种媒介。但是这两个术语均未考虑到新时代技术发展而出现的各类多媒体，如手机短视频和游戏等通过视听二维传播作品的翻译。Audiovisual Translation可以译为"视听翻译"，该术语突显了本学科的研究范围是通过视听二维传播的所有作品；同时也指出了本学科的翻译方法为视听文本之间的二维转换。中文术语"影视翻译"实际没有反映其学科特征，鉴于大众已经接受该术语，本节沿用该术语。限于篇幅，本节仅涉及影视作品的英译汉技巧。

影视翻译可分为配音翻译和字幕翻译。配音翻译是广义上在视听产品中使用译语声覆盖原声的翻译。其可以细分为译配解说（voice-over）、旁白（narration）、画外音描述（audio description）、同期声解释（simultaneous interpreting）等。本节仅涉及其中最狭义的对口型配音。Lip-synchronization is one of the two dominant forms of film translation, the other being interlingual subtitling. Dubbing denotes the re-recording of the original voice track in the target language using dubbing actors' voices; the dubbed dialogue aims to recreate the dynamics of the original, particularly in terms of delivery pace and lip movements (Mark & Moria, 2004:13).

字幕是视听二维转换的翻译模式。Subtitling consists of the production of snippets of written text (subtitles, or captions in AE) to be superimposed on visual footage—normally near the bottom of the frame—while an audiovisual text is projected, played or broadcast (Mark & Moria, 2004:14). 字幕的分类方式多种多样，从基本的语言层面上说有语际字幕（interlingual subtitle），语内字幕（intralingual subtitle）和双语字幕（bilingual subtitle）。因现代技术的发展，除了预制字幕之外，还有即时生成字幕以及机器翻译字幕。

配音翻译和字幕翻译二者特点鲜明，各有对方所无法替代的优势，又有自身特定的不足。所以，二者没有优劣之分，应为互相补充，以满足不同人群及市场的需求。

1. 配音翻译

自我国配音翻译的第一部电影作品《普通一兵》至今，配音翻译始终是我国影视翻译界研究和实践的重点，不但有学界的研究成果，业界更总结出许多有效的经验，其中尤其以"形声兼备、声画对位"八个字准确地概括了配音的基本要求。"形声兼备"强调了配音文本内容须符合影视角色的特征，"声画对位"则强调了配音在合嘴型上的技术要求。

制约配音的要素有以下四点：

（1）时长一致原则

（2）口型一致原则

（3）与肢体动作一致原则

（4）风格一致原则

1.1 时长一致原则

时长一致原则（isochrony），即配音台词的时长要与原语台词的时长保持一致。为达成时长一致原则，在某一配音单位内，汉语配音的时间长度必须和原声完全一致，即每句台词第一个音节和最后一个音节的嘴部开合必须完全一致。汉语与英语相比较，英语的语速较快。根据统计，日常对话和公开演讲的英语语速可以在1分钟达到120个单词，即平均每秒2个单词。中央电视台新闻节目播音的语速为1分钟300个字，即平均每秒4—5字。当然，英文中存在多音节单词，故此单位时间内，英语的语速较汉语略快。

比较简单的方法就是"数音节"，该配音单位中英文台词有几个音节，汉语配音就用几个字。如下例：

例1.

I do.（2音节）

译文：愿意。（2字）

例2.

I agree.（3音节）

译文：我同意。（3字）

例1与例2为在英语影视剧中常见且简单的台词，其对应的配音译文也可以按照简单的数音节再对照相应的字数给与翻译。在无法保证原声音节数与配音字数完全一样的情况下，可以通过适当增删一两个音节，并调整配音语速实现时间长度一致。

例3. 选自《功夫熊猫》

Just hit it.（3音节）

译文1：快，出拳。（台湾地区公映配音，3字）

译文2：赶快，出拳。（内地公映配音，4字）

译文3：打咗，打嘞。（香港公映配音，4字）

例3出自《功夫熊猫》中浣熊师傅催促主角阿波出拳的场景，特写镜头，Just hit it一句台词，有明显两次大开口，分别对应just与hit，最后一次快速的小开口对应it。三种不同配音版本都能对应上原声的两次大开口和一次小开口，达成了时长一致。

例4. 选自《钢铁侠II》*Iron Man 2* (2010)

I have been authorized by Detective Furry …（12音节）

译文：费利指示我（5字）

… to use any means necessary to keep you in premise.（13音节）

译文：要不惜一切手段防止你的外出。（13字）

相对于中文，英语语速较快，所以在实践过程中通常中文配音的字数应当略少于英文音节。例4是北影厂配音译文。从文本看英文台词有25个音节，公映的汉语配音只有18个字，但是在配音演员的精确配音下，实现了中文配音与画面演员口型时间长度一致。

例5. 选自《机械公敌》

Human beings have dreams. （5音节）

译文：人类才会做梦。 （6字）

Even dogs have dreams. （5音节）

译文：甚至狗也会做梦。 （7字）

But not you. （3音节）

译文：可你不会。 （4字）

You are just a machine. （6音节）

译文：你只是部机器。　　　　　　（6字）
An imitation of life.　　　　　　（6音节）
译文：你是对生命的模拟　　　　（8字）

例6. 选自《功夫熊猫》
He is not going to quit bouncing, I'll tell you that.　　　（13音节）
译文：他不会放弃往下翻滚，嘿嘿。　　　　（11字）

例5台词选自电影《机械公敌》（*I, Robot*）(2004)中斯伯纳警探对机器人桑尼的质问。这段台词，每个单句的翻译基本都保持了与原文音节数相近，保证了全句汉语配音的时间长度与原文一致。例6台词选自《功夫熊猫》，共13个音节，配音译文共11个字。原文中"I'll tell you that."一句的语速较快且含糊，译文为"嘿嘿"，保持了配音时长与原声时长的一致。

1.2 口型一致原则

口型一致原则（lip synchrony）即汉语配音台词发音的嘴型应当尽量符合原英语台词发音时的嘴型。其中以英语中的开口元音、双唇辅音词、唇齿辅音最为明显。开口元音包含典型的后元音[ɑ:]、[ʌ]与开合双元音[ai]、[au]、[əu]等，双唇辅音包含爆破音[p]、[b]和鼻辅音[m]等，唇齿辅音包含摩擦音[f]、[v]等。在影视剧某场景中，采用中近景取景，角色面对镜头无遮挡，且原声台词中有明显双唇开合动作的情况下，汉语配音台词应该严格对应，选取相近的嘴部开合动作"四呼"，即开口呼、齐齿呼、合口呼和撮口呼。

例7. 选自《穿普拉达的女魔头》
Emily: No! No! No!
译文1：不！不！不！
译文2：噢！噢！噢！

例7场景为近镜，角色Emily的脸部占屏幕比例较大，嘴部动作清晰。台词中的"No！"[nəu]都是开口音。译文1选自北影厂的配音，"不"为小圆唇，与[əu]的嘴型明显不符。译文2改译为"噢"，即符合原声嘴型，又表达了角色惊讶的情绪，是较为契合的配音翻译。

例8.
But nobody would lay claim to him. So rather than leave him as he was, I brought him <u>home</u>.

译文：可没有人愿意认领。我不忍心见他这样，就把他带回家了。

例8中，原声台词最后一个单词"home"的最后一个音素是鼻辅音[m]，双唇合拢，而"家"是开口音，不能对应原文的口型。配音译文中加了个齿龈近音词"了"[le]，属于合口呼，解决了难题。

例9.

—Have dinner with me together.

—All right. And tomorrow night ... and every night ... for the rest of your <u>life</u>.

译文：

—今晚陪我去吃饭。

—好啊，只要你愿意，今生今世，天天<u>一块</u>吃。

例9中原声台词最后的单词"life"中元音[ai]是个开口音，因此译文用了"一块"，也是开口呼，对应原文嘴型（张春柏，1998:51）。

例10. 选自电影《义海雄风》

Son, we live in a world that has <u>walls</u> ... and those <u>walls</u> have to be guarded by men with guns ... You <u>need me on that wall</u>.

译文1：小子，我们生活的世界有<u>界</u>墙，而且界墙需要有人来守卫——你想<u>要让我站好岗，你需要我站好岗</u>。（上译公映配音）

译文2：我们生活在一个受手持武器的军人保护的世界……——你<u>需要我来保卫</u>这个国家，你需要我们来完成这个<u>任务</u>。（京译配音）

原文中最后一个单词"wall"的嘴型是大圆唇，属于开口音；配音译文1选用的"岗"字也是开口音，契合原文嘴型。且原文中三次出现的"wall"为隐喻，译文1很好地阐释了这个隐喻，尤其是运用显性翻译将"on that wall"译为"站好岗"，传递了原文真实意义。译文2回避了前两个"wall"，后面译为"完成这个任务"显得冗长，且"任务"是小圆唇嘴型，不符合原文大圆唇嘴型。

1.3 与肢体动作一致原则

影视翻译与其他文体类型的翻译最大的不同就在于其视听二维属性。演员嘴型的变化是口型一致原则与时长一致原则的最大成因。在AI技术迅速发展的今天，在机辅翻译助力下的AI自动翻译并发布字幕的技术已经非常成熟。更有甚者，AI生成图形给影视剧中角色换嘴型的技术已经非常成熟。换言之，该技术可以依据配音文本自动生成虚拟嘴型的图像并替换原图像。该技术早已运用在动画片电影中，今天更可以成熟地运用于真人电影。简言之，制约配音的四个因素中的口型一致原则与时长一致原则已经不再是强制制约因素。

AI图形技术虽然可以改变演员的口型，但是不能改变演员的肢体动作。影视作品中不但有演员的台词通过听觉传递，更有演员的肢体动作通过视觉传递，二者共同构建影视作品中角色的特征和戏剧的张力。所以对于台词的配音翻译必须将演员在原声台词下相配合的肢体动作考虑在内。

例11. 选自电影《巴顿将军》

When you put your hand（演员同时举起手向空中摸了一把后停在空中）... into a bunch of goo... that a moment before was your best friend's face, ... you'll know what to do.

译文1：当你们摸到……你们的好朋友……那张血肉模糊的脸的时就会下决心了……（八一厂公映配音）

译文2：当你的手摸到一团肉酱……它在一分钟前还是你好朋友的脸的时候……你就知道该怎么办了。（八一厂内参配音）

例11选取自电影《巴顿将军》开场巴顿的演讲。演员在说到put your hand时，手向空中摸了一把，配合原声台词，以表示"摸到了什么东西"，与下文衔接。因此配音台词在此时间节点也应该与肢体动作相配合，沟通传递信息。译文1与译文2都能配合演员肢体动作，契合原剧情中演员的表演场景。

例12. 选自《尼罗河上的惨案》

Foolishly, I began this investigation with the preconceived idea that there must have been a witness to the shooting scene between （手指向Jackie）Mademoiselle Jackie and （手指向Simon）Simon Doyle.

译文：开始我错误地用事先想好的一套进行调查……认为当时准有一个人看见（手势）杰基小姐（手势）开枪打了赛蒙多尔。（上译厂配音）

例12为1978年版本的《尼罗河上的惨案》中大侦探波洛的结案陈词，译文选择上海电影译制片厂的配音。在原声中，演员的手配合台词，两次指向嫌疑人Jackie和Simon。译文中限于语序和配音长度，将第一次手指的肢体动作对应上了"看见"一词，第二次手指的肢体动作对应上了人名"Jackie"。这段翻译充分体现了上译厂老一辈翻译家和配音艺术家对配音翻译的理解和掌控。

例13. 选自《汽车总动员》

—"Keep an eye on him!"

—"Yes, sir!"（该角色同时闭上一只眼，睁大另一只眼盯住目标）

译文：

—"睁大眼盯住他！"

—"是，长官！"

例13的原声台词与角色的睁眼闭眼肢体动作相配合，构建了角色的性格特征，同时形成了幽默的戏剧效果。译文忠实翻译原声台词。但是如何翻译才能与肢体动作相配合形成原声台词有的戏剧效果呢？请大家思考。

1.4 风格一致原则

在原声台词中存在大量修辞格、文字游戏、幽默等语言表现形式以体现角色的特征。所谓风格一致，即配音台词应适当还原这些语言表现形式，以再现角色特征，做到"形神兼备"。这对译者提出了较高的要求。译者首先要具备一定影视鉴赏能力，对于角色特征有正确判断；其次要有较强的英语语言能力，能判断哪些台词或对白反映了角色特征，并有较强的翻译水平将其用译语还原。风格一致原则涉及面极广，限于本章篇幅，本小节以若干实例抛砖。

例14. 选自电影《007天幕杀机》

Moneypenny: There is more to him than meet the eyes.

James Bond: We'll see. (说话的同时伸手想要解开莫妮彭妮的衣扣)

译文：

莫妮彭妮：看人不能只看外表。

詹姆斯·邦德：看里面……（内地公映配音）

例14中007詹姆斯·邦德的台词与肢体语言共同表现其风流倜傥的角色特征。原文中James Bond所说的"We'll see."中不含宾语，依据两人对白see后省略的宾语可以是Moneypenny所说的him，但是依据两人肢体语言see后省略的宾语又可以指代为Moneypenny。所以该例中，演员的台词与肢体动作一起配合，体现了角色的性格特征，在配音台词中必须复现原文的作用。"看里面"一句看似并非忠实于原台词，但是忠实于演员的肢体表演和剧情的需要。该例也充分体现影视翻译作为一个视听二维作品的特殊性。

例15. 选自电影《无暇赴死》

Moneypenny: Friends of yours?

James Bond: Cyclops. We run into each other in Italy. That was an eye-opening experience.

译文：

莫妮彭妮：你认识？

詹姆斯·邦德：那个独眼龙，在意大利见过。那真是让人大开眼界的经历。（内地公映配音）

例15中邦德台词中的eye-opening experience指两人对白中所指的独眼龙角色在前剧情中与邦德第一次见面，打斗中义眼被邦德打落于地面的情景。此处邦德原台词诙谐，体现其处乱不惊。配音译文"让人大开眼界"同样诙谐幽默，还原了原台词的风格和角色特征。

例16. 选自电影《无暇赴死》

I just showed someone your watch. Really blew their mind.

译文：让他们脑洞大开。（内地公映配音）

例16同样来自《无暇赴死》。该情景中，邦德在与反派打斗，从身后勒住对手脖颈，引爆手表中暗藏的小炸弹。小炸弹爆炸，将反派的头炸出一个洞，导致反派死亡。之后邦德向自己的军需官解释手表炸弹的效能，遂说出该句台词。结合情景可以看出，"showed someone your watch"和"blew their mind"一语双关，即是字面意义上的炸飞了他们的"脑子"，又指该炸弹的效能让人惊讶。原台词风格契合詹姆斯·邦德的角色设计。译文"让他们脑洞大开"也有同样的双关效果，还原了角色的语言特征。

以上16个例子分别展示了配音翻译的四个限制性因素。如果有充沛的预算，计算机图形技术和人工智能技术完全可以解决口型一致原则与时长一致原则。但与肢体动作一致原则和风格一致原则依然是配音翻译的核心挑战，考验着译者的影视审美能力和语言能力。

2. 字幕翻译

字幕翻译是将原声音信号传递的信息转变为文字信息，通过视觉的方式，配合影视作品的画面，一个片段接一个片段地呈现给观众。从字幕的语言来看可以分为原文字幕，译文字幕和双语字幕；从字幕的制作方式和呈现方式来分有预制字幕、外挂字幕和由AI生成的即时字幕。

字幕翻译与配音翻译最大的不同在于其改变了信息输出方式，由听觉信号变为视觉信号，由声音传递信息变为文字传递信息。故此，字幕翻译是转变模态的翻译，也是影视翻译中视听二维性的体现。从观众的角度而言，需要在观看视频的同时听到原声信号，再看到屏幕上呈现的字幕翻译。同时有三种信号通过视听的二维方式传播。

在观看过程中，如果观众听不懂原文，此时会"屏蔽"原文声音信号，努力从文字信号的字幕翻译中找到所需信息，与视觉信号所传递的画面共同构建影视剧的整体审美。如果观众能听懂或略知一些原文，此时通过听觉输入的原声信息会与通过视觉输入的字幕信息形成交叉印证。字幕译文或成为理解原声信号的辅助，或成为干扰。总而言之，无论是以上哪种情况，相较于配音翻译，字幕翻译对于观众来说认知负担更大，瞬时接收和处理的信息更多，对观众认知能力具有更大的挑战。

基于以上认识，字幕翻译一般采用压缩、浓缩或删除性翻译技巧。在此过程中，重在保留关键词、核心信息，将复合句变为简单句，将被动语态变为主动语态，将各类状语从句变为名词短语等方法实现对原文原句内容的压缩。观众以观看影视作品的画面为主，观看压缩、浓缩后的字幕为辅，如尚有余力可以听原声配音补充字幕信息，共同完成对影视作品的审美。需要指出的是，影视作品是一个完整的作品，其制作者也拥有法律意义上的版权。影视作品的字幕不宜喧宾夺主，译者更不能鸠占鹊巢，为了展现个人翻译水平，破坏影视作品的审美统一性。

我国于2002年就对电影院线公映的电影字幕翻译的格式做出了基本要求，国标码为GT/T5297-2002。其基本要求包括了35mm和16mm电影中字幕应处的具体位置。其中最重要的格式标准是，字幕应该是白色字，每行不超过12个汉字；每行字幕出现在银幕上之后最短持续0.5秒，最长持续6秒时间，简称为"6秒"原则。

2000年后，由于网络技术和数码技术的进步，大量英语影视剧和纪录片进入中国，催生了大量的网络字幕组。民间字幕爱好者们在交流中形成了自己的一套字幕格式标准。

第一，字幕应位于画面底部，一行为佳，最多两行，约35个英文单词或者13个汉字。

第二，每行字幕的展示时间取决于原声原语讲述的时间和观众的平均阅读速度；同时字幕译者需要考虑两行字幕间隔所需要的必要时间。

第三，字幕语料在原声出现时展现在画面上，并且在原声讲述完成后的0.5秒至1.5秒内移除。

第四，字幕中的文字应当保持整齐，并且其格式应当有可读性和可视性。

近年，由于移动互联网的发展，各类型的短视频网站蓬勃兴起。如，哔哩哔哩网站主推横屏作品，抖音和快手则主推竖屏作品。这些横竖构图结构不同的影视作品对于字幕的要求大相径庭，且为了吸引流量，其格式标准迅速迭代演化。本节将重点放在交流字幕压缩的翻译策略，不再具体探究某个网络字幕标准。

影视作品可以简单分为两类，故事片feature film和纪录片documentary film。两种类型的影视作品都可以应用字幕翻译。正因如此，字幕翻译所适用的语篇包括了故事片以及纪录片中的各种子类型，如文献片、专题栏目、新闻报道等。不同语篇的字幕特点各异。无论何种类型的影视作品，字幕都应当与其他语外信息（extra-linguistic message）相配合，共同传递节目信息，可以采用"缩减式翻译"或"压缩式翻译"。

本小节以2014年奔驰汽车的广告视频为例说明压缩式和缩减式翻译的应用。以下所有例子中原声原文字幕的换行依据为视频中解说词的自然停顿，编号为该句的字幕行数。

例17.

解说字幕原文

1）DISTRONIC® Plus Adaptive Cruise Control（5词）

2）helps the driver maintain a desire distance from a car in front（12词）

3）within a speed range from 0 to 200 kilometer per hour.（11词）

压缩后的原文字幕

1）DPACC / Distronic Plus ACC（压缩为缩略词）

2）helps the driver maintain a distance from a front car（删掉多余词，余10词）

3）with a speed from 0 to 200 km/h（压缩，余8词，且更易读）

未压缩的译文字幕

1）限距控制系统增强版中的自适应巡航（DPACC）技术（18字）

2）能够帮助驾驶人在0-200公里的时速之间（17字）

3）与前车保持预设距离。（9字）

压缩后的译文字幕

1）增强的自适应巡航（8字）

2）能使驾驶者在时速0-200之间与前车保持距离（18字）

压缩后的译文字幕总字数更少，行数更少，但是核心信息得以保留，且单行在屏幕上可以留存的时间更久，给观众更多的阅读时间。

例18.

解说字幕原文

1）These basic functions are now supplemented by the steering assist.（10词）

2）Overtaking on the right can also be prevented.（8词）

压缩后的原文字幕

・The steering assist supplement these functions.（6词，保留核心信息）

・Prevent overtaking on the right.（被动变主动，字数更少）

未压缩的译文字幕

1）由于增加了驾驶辅助功能，（11字，译文不足以在一行内译完原文信息）

2）一些基础功能现在已经得到增强，（14字，换行）

3）甚至可以预防本车从前车右侧超车。（15字）

压缩后的译文字幕

1）因其增强的驾驶辅助（9字）

2）一些基础功能现已增强（10字）

3）还可预防从右侧超车（10字）

改"由于"为"因"，删除不必要的词"由于""得到""甚至""前车"等，压缩"可以"为"可"，被压缩和删除的词语所传递的信息，观众可以从广告视频对应的画面得到补充。

例19.

解说字幕原文

1）The new steering system helps the driver（7词）

2）by keeping the vehicle in the center of lane,（9词）

3）even in slight bends.（4词）

压缩后的原文字幕

1）The new steering system keeps the car in the center.（改变句式结构，减少字数）

2）even in slight bends.（保留核心信息）

未压缩的译文字幕

1）新的驾驶辅助系统可以帮助驾驶人（15字）

2）始终将车辆保持在车道中间，（12字）

3）即使在高速弯道同样适用（11字）

压缩后的译文字幕

1）该新系统可将车辆保持在车道中央（15字）

2）在高速弯道同样适用（9字）

压缩后的字幕字数都较未压缩字幕大大减少，同时保留核心信息，且不产生歧义。观众同样可以结合视频画面传递的信息共同构建该广告所传递的信息。

例20.

解说字幕原文

1）At speeds of up to 200 kph（7词）

2）the stereo camera identifies the lanes（6词）

3）and passes this signal to the electric steering.（8词）

压缩后的原文字幕

1）At speeds of up to 200 km/h（7词，但使用可读性更强的缩写）

2）as the camera identifies the lanes（6词，删除stereo，保留核心的camera）

3）passes signal to the electric steering（6词，删除and，this）

未压缩的译文字幕

1）在时速不超过200公里的情况下（13字）

2）立体摄像机可以识别车道线并将信号传递给电子转向系统（25字）

压缩后的译文字幕

1）时速不超200公里情况下（10字）

2）视频传感器可识别标识并传递给转向系统（18字）

压缩后的字幕保留了最核心的信息：200公里时速、视频传感器、标识、转向系统，在最大程度上压缩了字数。

3. 综合技巧及译例赏析

影视翻译是在原作品非常有限的时空下，以满足目的语受众的文化生活为目标的一种翻译实践活动，因此被誉为"戴着镣铐的舞蹈"。影视翻译的独特性决定了其参与者必须兼顾影视作品原制作者的创作意图、目的、翻译活动发起者的目的，观众的观影习惯、社会背景、时代背景、审查等各方因素。因此，影视作品是一个涉及多方的、复杂的过程。译者应当在考虑多方的需求之下，运用各种翻译技巧，充分考虑各类技术和语言文化上的限制因素，通过配音和字幕给出最优解，最终实现该影视作品在译语文化中的审美和译语市场中的成功。

我国影视翻译老前辈钱绍昌教授总结影视配音翻译应当注意的五个特性和七条经验。五个特性为：聆听性、综合性、瞬时性、通俗性和无注性。七条经验为：1. 让观众明白对白中是男人还是女人。2. 演员台词与其口型必须吻合。3. 对白中有停顿时的译法。4. 对白中示意动作时的译法。5. 如何翻译因文化背景和知识差异造成的困难。6. 双关语和文字游戏的翻译。7. 译文必须明白易懂，通顺流畅。（钱绍昌，2000:1）

以下实例皆为在我国公映的英语电影，请充分研读比较优缺点，并学习各个例子是如何运用各类翻译技巧，以实现原作品想要达到的意图。

例21. 选自上译公映配音《虎口脱险》

12 bullets for you, 12 bullets for you. What a waste for men like you.

译文：一枪毙了你，一枪毙了你，只要放两枪就要了你们俩的命。

采用归化的方法，改动源文文本，贴近译入语文化，属佳译。

例22. 选择上译公映配音《国家要案》；角色：报社专栏记者卡尔Cal和出版社女秘书；情景：两人在办公室见面打招呼。

The secretary: Morning, Pittsburgh.

Cal: Yinzer.

译文：

[女秘书]：早上好，痞子

[卡尔]：叫我才子。（两人击掌）

"Yinzer"为美国匹兹堡市的当地语，语义上的解释就是"你"，语法上为"复数"。该类现象属于影视翻译中的"第三种语言"。角色卡尔用Yinzer，不但是为了打招呼，更为了现实两个角色之间有在匹兹堡生活过的相同经历，类似我国社会生活中，在异乡见面的同乡，总要说句家乡话，唤起共同的乡情。但是这类"第三种语言"无法直译，且在配音翻译中限于时空，公映的电影更不能用字幕加注做出解释，是一个大难题。从影视情节的角度看，此处情景意图是向观众展示二人都有匹兹堡市生活的经历，且较亲密。这是该句台词的主要功能。上译将原意为"你"的Yinzer改译为"叫我才子",即符合嘴型,又在时间限制之内实现了同样的情节功能,属佳译。

例23. 选自中国台湾地区译配音《汽车总动员》;情景为赛车比赛,赛事转播员达瑞尔解说旁白。

[Darrell]: That's <u>a short-term gain, long-term loss,</u> but it's working for him. He obviously knows something we don't know.

译文:

[达瑞尔]:通常我会说:<u>这就是在'炒短线'</u>,可是对他还是挺有效的。显然……他懂得比我们多啊。

同上例,时空有限的情况下,很难解释源文的文化内涵。译文采用文化替换的手段,用股票术语"炒短线"替换原文中的short-term gain, long-term lost,生动形象,惟妙惟肖,属佳译。

例24. 选自《汽车总动员2》

女王主持授勋仪式;板牙脱线为女王,麦昆,和麦克飞弹互相引荐。

[Mater]: <u>Queen</u>, McQueen. McQueen, <u>Queen</u>.

译文:

[板牙脱线]:女<u>王</u>,车王麦昆,车<u>王</u>,女<u>王</u>

[Mater]: <u>McQueen</u>, <u>McMissile</u>. <u>McMissile</u>, <u>McQueen</u>. <u>Queen</u>, <u>McMissile</u>.

译文:

[板牙脱线]:<u>麦昆</u>,<u>麦克</u>,<u>麦克</u>,<u>车王麦昆</u>,<u>女王</u>,<u>麦克</u>。

该场景中,角色板牙Mater为了女王、车王麦昆、麦克飞弹三个角色互相介绍,利用了名字中的押韵节奏,非常欢快,符合迪士尼动画片的情绪要求。为了使译文能达到同样效果,且符合源语的嘴型和时空要求,译文中可以适当增删。如在"麦昆"前加上"车王",将"麦克飞弹"中的"飞弹"去掉,也形成了押韵节奏。

例25. 选自内地公映配音《钢铁侠II》

[Tony Stark]: You missed me?

[The Audience]: <u>Blow something up!</u>

[Tony Stark]: I missed you, too. <u>Blow something up?</u> I already did that.

译文:

[钢铁侠托尼·史塔克]想念我么?

[观众]：露一手！

[钢铁侠托尼·史塔克]：我也想念你们。让我露一手？我已经露过了。

此处用较模糊的概念"露一手"替代具体的行为"blow something up"（炸掉些什么东西）。概念词（higher-order division）所涵盖的范围大于具体的行为词(lower-order division)。在译入语为汉语的观众看来"炸掉些什么东西"属于破坏行为，不是超级英雄钢铁侠的作为，而"露一手"则完全符合译入语文化。

例26. 选自内地公映配音《钢铁侠II》

I'd love to leave my door unlocked when I leave the house, but this ain't Canada.

译文：我希望从此路不拾遗，夜不闭户，可这不是世外桃源。

该电影的主流目标市场是北美地区，在美国人看来，加拿大的社会治安状况显然要好于美国。故此原文中的"Canada"（加拿大），指代的就是治安良好的地区。北美的源语观众完全能够理解原文中的这个暗喻。相反，中文观众却并不了解这点，故而需要采用显性翻译，去掉暗喻，直接将原文想要表达的意思译为"世外桃源"。

例27. 选自内地公映配音《功夫熊猫》

Because it was a stupid dream. Can you imagine me making tofu?

译文：那是痴人说梦。我做豆腐还不如买块豆腐撞死。

此译文中增加的内容"买块豆腐撞死"。从技巧上是改译，但是从翻译策略上属于归化。改译内容生动形象，表现出说话人的态度，更具幽默效果，符合影片的语境以及观众的观影需求。

例28. 选自内地公映配音《功夫熊猫》

No, we all have our place in this world.

译文：不，各司其职，各归其位才是。

译文采用四字格和对偶。译文中"各司其职""各归其位"，两个成语，八个音，同时都以"各"开头，具有音韵美感和稳定的四字节奏结构。阐述内容也达到了表现形式与表达内容的高度一致。属于创造性的佳译。

例29. 选自内地公映配音《功夫熊猫》

Developed by Master Wuxi in the Third Dynasty.

译文：五溪大师在秦朝发明的。

原文"the Third Dynasty"属于电影故事中的虚构时代。如果直译，势必会增加观众的认知负担，观众势必会提出疑问"什么是第三王朝"？译文同样采用归化的方式,将其译为"秦朝",降低观众的认知负担,在有限的时间内方便观众理解,使得观众可以迅速将注意力放在后续情节和台词。

例30. 选自内地公映配音《功夫熊猫》

—We'll bring you back a souvenir.

—No, I'll bring me back a souvenir.

译文:

—我们会给你带些纪念品。

—不,我给你们带还差不多。

原文本意为"我给自己带纪念品",但是译文调整为"我给你们带还差不多"。译文看似不忠实于原文,增加了很多原文没有的东西。但是此译文可以理解为该角色熊猫阿波坚定意志,决心克服困难的表态,符合汉语语言习惯。

21世纪已经进入第三个十年,技术进步促进移动网络和设备的高速发展,短视频成为全球媒介的主流传播载体。影视作品,包括新闻纪录片和剧情类的作品,无论长短,已经拥有了最广大受众群体,其数量远远超过纯文字文本作品受众的数量,因此影视翻译已经是翻译界一个重要的领域。而影视翻译在国内还是一个新的研究领域,针对其研究尚有许多不足,尚未得到各界重视,尤其是影视业态的发展速度远远超过影视翻译研究的速度。影视翻译如何跟上影视业态的高速发展?在面对图像、声音、色彩、文字等多种符号所构成的一个作品,如何突破各类限制,以求达成作品的初衷?在更加有限的空间下,如何平衡影视作品原创意图与翻译活动发起者以及审查机构之间的矛盾?如何更好地向目的语观众传递信息?这都成了影视翻译从业者所要面对的难题。编者的时间精力有限,本节仅仅介绍了影视翻译中的英译汉部分。在百年未有之大变局之下,中国译者的历史使命是讲好中国故事。如何在跨文化交流中突破语言的藩篱,将优秀的中国影视作品推介到全世界,从而向世界讲好中国故事,这将是我们译者努力的方向和历史使命。

作业

将下列奔驰汽车的广告视频英语解说词字幕译为中文字幕。首先注意合理分行,其次采用压缩、浓缩和删除的技巧,在译文字幕中保留核心信息。

The vehicle remains its lane. And prevents its driver from inadvertently approaching the lane markings. When the vehicle travels slowly, the system can base its calculation on the car in front even if the lane marks are unclear and non-existent. The system is designed to be so sensitive that the sensors can detect whether the driver's hands on it wheel. If they are not, it issues a warming. In bumper to bumper traffic for example, when the traffic opens up, the system can prevent accidental overtaking on the right beginning at 80 kilometer per hour. To do so the radar sense detect cars driving at the faster lane and adjust the vehicle speed accordingly. Below this threshold the car can overtake on the right with a small difference in speed.

视频：0341 影视片名翻译（上）
0342 影视片名翻译（中）
0343 影视片名翻译（下）

第五节　科技翻译

笔者在《科技翻译教程》[①]中提出科技笔译应注意掌握入门技巧、注重理解，初步了解所翻译的领域、沿用行业表述，该书要义与例证简要归纳如下。

1. 入门须知

作为入门，初学者应学会应用网络与纸质版的查词工具，知悉网络解释的错误率高于词典，学会英英查词，并在细节上掌握英汉标点符号的写法与用法。笔译常用的网络词典和搜索引擎有金山词霸在线词典（http://www.iciba.com/）、海词在线词典（http://dict.cn/）、有道词典（http://dict.youdao.com/）、必应词典（http://cn.bing.com/dict/）、中国译典（http://tdict.com/）、灵格斯（纯英文，https://www.dictionary.com/）、韦氏在线词典（纯英文，https://www.merriam-webster.com/）、百度搜索引擎（https://www.baidu.com/）、Google搜索引擎（http://www.google.cn/）、Bing搜索引擎（http://cn.bing.com/）[②]。在做翻译时，专业译员在电脑中常使用多窗口浏览器，同时打开四个左右的网络词典，以及百度、Google或Bing。通过几个词典和搜索引擎对同一词的译法进行比较，防止误信某些网络信息而导致不当译法，最终选定最佳译法。获得的资讯不一定是对

[①] 岳峰、曾水波：《科技翻译教程》，北京大学出版社，2022年。
[②] 以上网站的检索日期为2024-4-1

的，如果从可信度与权威性来排名，应该是权威词典、专业词典、教科书与专业书籍、个人专著、网络词典、其他网络资讯。学会英英查词是译员的重要技能，英英词典能提供词的内涵，从而使我们弄清含义，区分近义词。

科技翻译的一般性要求：（1）术语统一。如有提供术语或参考文件，严格按术语表（非双语对照的术语表必须译出）或参考文件的译法翻译。同一术语前后译法应保持一致。第一次碰到可能需要统一的词时，查看一下既有译法，如果是唯一合理译法，就采用。如果参与大项目的合作翻译，译员应及时关注大家在项目讨论组里的发言，及时做好术语统一或遵守其他相关规定。译审应将需要统一的术语及其译法以表格形式列出，以便审校修改不统一的术语。（2）简洁翻译的要求。尽可能简洁用词，多用恰当的书面语或正式用词，少用口语或非正式用词。（3）原文异常处的处理。碰到感觉异常的词句时，应查找原文。译后快速地对照原文浏览，译文中不确定的内容，或者感觉原文明显有问题的地方，应把原文和译文中相应的地方分别标黄色底色或做批注。（4）需使用固定译法或既有译法的内容：知名人士姓名、公司与企业等组织机构名称；职务、职位、职称；书籍、文章、论文题目、行业标准或国家标准规范名称；直接引用的内容。以上内容要找既有译法，不能自己依据原文直接翻译。翻译的一些问题靠查证解决，不是靠语言转换。（5）大小写与数字等。标题首字母大写到节，或者大写到约定的其他级别。很多专有名词的实词也应该首字母大写。原文里的时间、金额等数字，绝对不能抄错或译错。阿拉伯数字中间不得使用中文逗号，而且中间不换行，以免误解。金额和数字的表达，必须符合目标语行文习惯。英中翻译时，英文缩写尽可能译成中文，如果全称太长，就用中文的缩写。某些行业里被普遍接受的英文缩写词，有时候可以不译，译出来反而让人不熟悉。（6）译后自检。消除英文译文里的中文字符、中文译文里不应出现的英文标点符号，拼写失误、语法错误与专名翻译的错误。

科技翻译者要面对的东西比较繁杂。比如，在翻译过程中，有时会碰见PDF格式或图片格式的原文，里面出现无法转化且难以辨认的繁体字（又称正体字）、异体字、手写字或艺术字体。举例而言，汉字里一字双音节的现象，基本上是计量单位，新手往往看不懂，列举如下（圆括号内为读音）：[兙]（十克）、[瓩]（千克）、[瓱]（毫克）、[瓰]（分克）、[瓸]（百克）、[甅]（厘克）、[嗧]（加仑）、[瓩]（千瓦）、[糎]（厘米）、[粁]（千米）。所以，科技翻译对一线译者有多方面的要求。

2. 行文注意点

科技翻译有自身的行文特点：准确、简洁、正式性与美感。首先注意简洁化翻译原则，比如：

原文：中国神舟十一号载人飞船与天宫二号空间站成功对接

原译：China's Shenzhou-11 Manned Spacecraft Successfully Docks at the Tiangong-2 Space Station

改译：China's Shenzhou-11 Docks at Tiangong-2 Space Station

分析：本例属于科技类文章标题。一般而言，文章标题应比正文更简洁，所以，译文应尽可能简短，但又尽可能蕴含更多信息。本例所用到的简洁翻译方法包括，省略虚词：定冠词the被省略；省略非关键词：manned spacecraft和successfully被省略；使用短词：将"对接"译成短词dock at；数字替代单词：将"神舟十一号"译成Shenzhou-11。

除了上文的省略次要成分，通常简洁化翻译方法还有使用缩写词，比如康菲石油中国有限公司缩为SOA，中国海洋石油总公司COPC，国家海洋局CNOOC。还有习惯性省译，像型、式、化、性、类、法、级等表示归类分级的词。这些词与中文量词类似，在英译时经常不译出，如微型账户不宜译为micro type account，而是micro account。最大值不是maximum value，而是maximum。从本质上讲，省掉某些非关键成分后，不致于对原文意思造成误解，或者至少在特定语境下不造成误解。比如，铸件/锻件不是casting pieces / forging pieces，而是castings / forgings。可以使用后置或前置定语，比如，"钢材的待涂布表面"不是翻译成The surface that will be coated of steels，而是译成the to-be-coated surface of steels。也可以用单词替代从句或短语，比如对人眼和身体无伤害的产品不要译为product which does no harm to human eyes and bodies，宜译为product harmless to human eyes and bodies。此外，科技翻译忌啰嗦，不绕弯，多用短句，少用长句和复杂句。

中文科技文本在行文表达方面，宜使用正式用语，避免口语化，比如"必须的动作"不如"必要之动作"，"正确的对策"不如"正确对策"。此外中文的"各个""每个""一些/有些""任何""全部/所有""部分""许多/很多""少量/一点点""其他""另一（个）""相关"等不得随意省译。而且译文应符合目标语行文习惯，以下英译汉与汉译英分别举例。

英译汉：

原文：The maximum desirable sustained gradient shall be 3.0%, however, where site conditions and/or geometric constraints dictate, the gradient may be increased up to but not exceeding 4.0%.

原译：理想的最大连续坡度应为3.0%，然而，受场地情况与/或几何限制的影响，可增加坡度但不得超过4.0%。

改译：理想的最大连续坡度应为3.0%，在受场地情况与/或几何限制的影响时，可适当增加坡度，但不得超过4.0%。

分析：原译文无误，但是句子不顺。对于这种情况，可以根据上下文，对译文进行适当的修改。

汉译英：

原文：以扎实的房地产与基础设施的专业知识为基础，进军地产PPP领域，为各级政府部门、社会资本企业提供PPP全程服务。

原译：Based on the rich professional knowledge in real estate and infrastructure, the team marches towards PPP area of real estate to provide one-stop services for governmental departments and social enterprises.

改译：The team begins to engage in PPP area of real estate based on its rich professional knowledge in real estate and infrastructure, to provide one-stop services for governmental authorities and social enterprises.

分析：注意，英语中的用词通常都是有固定搭配的。"向……进军"译成march toward是典型的中国式译法，英文里通常没有这种表达。

在英译汉时，不仅要将中文意思表达出来，还要注意中文用词，包括中文连词的使用是否准确。新手在以下几组中文连词的搭配上常出问题：除非……否则、如果/如/若/一旦……则/那么、尽管……仍、所有/任何……均/都、只要……就、虽然……但是、因为……所以。比如：

原文：Do not use compressed air for breathing purposes unless it is specifically treated.

原译：除非经过特殊处理，请勿将压缩空气用于呼吸目的。

改译：除非经过特殊处理，否则不得将压缩空气用于呼吸目的。

分析：原译句子意思没错，但是，中文的"除非"一般是要与"否则"相互搭配的。

汉语中有些字形、读音或意思很相近的词，很容易被写错和/或理解错。其中有些词在实用翻译里出现的频率还比较高，而且用错了之后，绝大部分人都不觉得有错，比如：

原文：Containers that have been opened must be carefully resealed and kept upright to prevent leakage.

原译：已打开的容器应妥当地重新封闭，并保持直立，以防止出现泄露。

改译：已打开的容器应妥当地重新封闭，并保持直立，以防止出现泄漏。

分析："泄漏"和"泄露"两个词发音相同，但两者意思有所区别。泄漏：①让人知道不该知道的事；②（气体或液体）渗透、漏出。泄露：①让人知道不该知道的事；②显露、显现；③暴露。也就是说，在透露消息方面，"泄漏"包含有"泄露"的意思。而气/液体的渗透、漏出只能用"泄漏"。

科技翻译应注意使用术语，而不是日常生活用词，比如"可编程信号的处理"，译为processing of programmable signals，其中信号等数据的"处理"一般译成process。相应地，"中央处理器"译为central processing unit（CPU），而一般的"处理器"则可译成processor。

科技翻译还应留意汉语特色表达，比如，进行/实施、予以、进行/经过/予以……处理。

原文：乙方主要工作之一是对项目组需求调研人员进行方法论培训。

原译：One major task of Party B is carrying out methodology training for demand researchers of the project team.

改译：One major task of Party B is providing methodology training for demand researchers of the project team.

分析：本句的"进行方法论培训"，其实就是"给予/提供方法论培训"。

翻译具有中国文化含义的特色词要依据定义。比如，中医/国医，一般指以中国汉族劳动人民创造的传统医学为主的医学，所以也称汉医；是研究人体生理、病理以及疾病的诊断和防治等的一门学科。根据定义，中医就是中国传统医学，或者汉族传统医学，也称为"国医"。因此，直接译成首字母大写的Traditional Chinese Medicine。有些行话特色词，可以根据意思意译。比如，工厂里的"四班三倒"，根据百度的解释，是用四个班的工人轮流从事三班倒生产的一种轮班工作制度，是指三天早班上完，休一天，第二天上中班，第三天上中班，上完，休一天接着又上三天夜班。这种轮班制也叫"四班三运转"或"四三制",可以译成have three groups of workers to perform duties in shifts 24 hours a day。

在表述上,科技翻译逻辑思维很重要。比如:

原文：The observations are made of some phenomenon.

原译：这些观察是由某些现象组成的。

改译：(我们/人们)对某些现象进行了观察。

分析：本句其实是个倒装句,正常的词序应该是：The observation of some phenomenon is made.之所以这样倒装,是因为谓语is made很短,放在句尾欠缺修辞美感。observation of some phenomenon中的of,其意思不是"属于……的",而是"对……"或"关于……的"。这就需要逻辑思考再行文。

英语多数词汇都是一词多义的,所以要注意在科技语境下的含义。比如:

原文：Thicker coats can be applied if more elastomeric properties are desired.

译文：如想得到更好的弹性,可将涂层涂布得更厚一些。

分析：在油漆涂料相关行业中,apply的意思是"涂面",常见搭配的词为：coating、paint、adhesive、ink等。

3. 常见难点

有些词在科技语境下采用的是不常见的意思,所谓熟词僻义,如:

原文：The copper resistance of each core of the completed circuits shall be measured and the value corrected to an ambient temperature of 20℃.

原译：应在20℃环境温度下测量闭合电路各芯线的铜电阻,并调整电阻值。

改译：应测量闭合电路各芯线的铜电阻,并将测量值修正至环境温度20℃时的电阻值。

分析：correct译成"调整"似乎没什么不对。但从逻辑上考虑,电阻值测量后,一般是没必要调整的。有相关知识的译员知道导体的电阻值会随着温度变化而变化。所以,在测量电阻值时,如果测量温度不是20℃,就必须把实测电阻值用公式转化成20℃时的电阻值,以便对不同温度下的电阻进行比较。这样的公式转化过程,就叫做修正。

科技翻译者应注意参数、量级与计量单位的缩写,比如量级的缩写：MW（兆瓦）、MΩ（兆欧）、Mbps（兆字节/秒）。带有量级或复合单位,其中的每个组成单位分别按单独的一个缩略词进行大小写,所以有些单位首字母不大写,但中间或后面却有些字母要大写,有些全大写,有些全小写,如:kWh(千瓦时)、mA(毫安)、pF(皮法)、dB(分贝)。也有用数字、读音或意思的缩略,比如B2B = business to business:企业间电子商务,企业对企业,商家对商家。

有时候是中文原文的表述问题,比如有的文献中会出现"大量放射性"的表述,其意思实际上是"强辐射",所以不译成a large number of radiation,而是要译成intensive radiation。

有时候句子比较复杂,应先分析中文语法,机械地直译会令人不知所云,比如:

原文:在管束间设计有合理的汽侧通道,以使其在包括最低循环水温等各种运行条件下有较佳的汽流分配,以减低汽阻损失和保证凝结水有小过冷度。

译文:Reasonable steam side channel is designed among pipe bundles, to ensure good steam distribution under all working conditions including the lowest temperature of circulating water, to reduce steam resistance loss and guarantee slight condensate depression of condensed water.

分析:本句的主句是第一小句,后两小句都是目的状语从句,而且第一个状语从句较为复杂。对于这样的中文复杂句,不管是主句还是从句,都要先找出主干,再弄清楚其他成分与主干之间的关系。而且,通常情况下,可以先译出主干,再把其他成分逐步添加到合适位置,组成一个完整句子。译完整个句子后,还要检查有无漏译或者需修改、调整的地方。

外文科技文献中长句也很常见,比如:

原文:The durability of prestressed members may be more critically affected by cracking. In the absence of more detailed requirements, it may be assumed that limiting the calculated crack widths to the values of Wmax given in Table 7.1N, under the frequent combination of loads, will generally be satisfactory for prestressed concrete members.

译文:预应力构件的耐用性可受到裂纹更严重的影响。在缺乏更详细要求时,可这样假设,在频遇性荷载组合情况下,将裂纹宽度计算值限制为表7.1N中给定的Wmax值,这样的假设一般可满足预应力混凝土构件的要求。

分析：本例的难点在于第二句。第二句是it作形式主语的句子，that 从句为实际主语，其中given in Table 7.1N是Wmax的定语，而under the frequent combination of loads则是limiting的条件状语。

科技英语文献常有分点表达的句子，翻译这类句子要搞清楚语法对应关系，进行精确定位，才能准确翻译，比如：

原文：The EPC Contractor shall furnish all designs, materials, equipment and supply, all labour necessary for the complete installation, testing and operation of the plumbing and sanitary systems required in the Employer's Camp and Offices, Switchyard and in the Powerhouse, including but not limited to the following:

a) Potable water systems including treatment plant.
b) Water service connections.
c) Plumbing and sanitary fixtures, fittings, trims and accessories.
d) Sewage, waste and vent pipe systems.
……

译文：统包总承包商应为雇主宿舍和办公室、开关站和发电站要求的管道和卫生系统的完整安装、测试和操作，提供所需的设计、材料、设备、日用品以及人力，这些系统包括但不限于：

a) 饮用水系统，包括水处理厂。
b) 供水装置接入系统。
c) 管道与卫生设备、配件、装饰及附件。
d) 污水管、废水管与通气管系统。
……

分析：本例由于主句后面有好几个分点说明的内容，所以，最后面的including but not limited to the following不宜简单地译成"包括但不限于"，而是要译成"这些系统包括但不限于"，因为这部分内容在语法上修饰的是system，否则就可以理解成"设计、材料、设备、日用品以及人力"包括但不限于以下几点。

逻辑思维贯穿着科技翻译始终，只有逻辑上过得去的译文才能让人看懂，比如：

原文：The replacement of exhausted oil must be carried out with warm machine, immediately after a stop.

原译：废油更换必须在运行的机器中进行，在机器停止后立即进行。

改译：废油更换必须在机器停止后，还处于温热状态时立即进行。

分析：原译文逻辑明显有问题。warm machine是指刚停机时处于温热状态的机器（热机状态）。之所以要在热机状态下更换废油，是因为油在温热状态更软，甚至处于液态，易于除掉旧油和加上新油。

科技翻译中术语与定义的翻译要注意语法表述的完整性，在分析原句的时候尤其要注意游离在外的限定语义的句子成分，注意整合，比如：

原文：防碰天车制动（在钻机防碰天车系统给出信号后，盘刹系统自动实施的安全保护制动。通常该制动是由工作钳和安全钳共同执行。）

原译：Crown-block protecting brake（Crown-block protecting brake, generally actuated jointly by the service caliper and safety caliper, is automatically conducted when the crown-block protector system of rig sends signal.）

改译：Crown-block protecting brake（Safety protecting brake automatically actuated by a disk brake system after the crown-block protector system of the rig gives signals, generally jointly actuated by the service caliper and safety caliper.）

分析：本例是文件中对术语"防碰天车制动"的解释，其定义看起来是两个句子，其实第一个句号之前不是句子，其本质还是个名词，而后面一小句在语法上算是个独立句子。但因为原文是对术语的定义，所以，还是应该将第一个句号改成逗号，并将整个定义改成"……的安全保护制动，通常由工作钳和安全钳共同执行"。这样修改后，就可以将译文译成参考译文那样的名词形式（非句子形式）了。

如果一个译者长期从事某一领域的翻译，具有相关背景知识，有利于翻译的专业精确度，如果没有，就需要多渠道地查阅。比如，Ferrous/Non-Ferrous Metal Production不是翻译为"含铁金属/无铁金属生产"，而应译为"黑色金属/有色金属生产"。查找百度百科的词条"有色金属"，可以得知关于黑色金属和有色金属的定义。黑色金属和有色金属的名字，常常使人误会，以为黑色金属一定是黑的。其实，黑色金属只有三种：铁、锰、铬。而它们三个都不是黑色的！纯铁是银白色的；锰是银白色的；铬是灰白色的。因为铁的表面常常生锈，盖着一层黑色的四氧化三铁与棕褐色的三氧化二铁的混合物，看上去就是黑色的。所以人们称之为"黑色金属"。常说的"黑色冶金工业",主要是指钢铁工业。因为最常见的合金钢是锰钢与铬钢,这样,人们把锰与铬也算成是"黑色金属"了。除了铁、锰、铬以外,其他的金属,都算是有色金属。在有色金属中,还有各种各样的分类方法。比如,按照比重来分,铝、镁、锂、钠、钾等的比重小于4.5,叫做"轻金属",而铜、锌、镍、汞、锡、铅等的比重大于4.5,叫做"重金属"。像金、银、铂、锇、铱等比较贵,叫做"贵金属",镭、铀、钍、钋等具有放射性,叫做"放射性金属",还有像铌、钽、锆、铷、金、镭、铪、铀等因为地壳中含量较少,或者比较分散,人们称之为"稀有金属"。

有时候,译者要翻译的外文,是由中文翻译过来的,这时候,经常需要返查,尤其是译文中用直接引语的情况,比如:

原文:Huawei has broken out from the pack of smartphone handset makers to become No. 3 in the world, behind only Apple and Samsung, mostly by focusing on low-cost handsets and emerging markets like China, India and Africa. So the comments from the head of its consumer business group to the *Wall Street Journal* are not going to sit well with Microsoft and Samsung. Richard Yu said his company is giving up on Windows Phones. "It wasn't profitable for us. We were losing money for two years on those phones. So for now we've decided to put any releases of new Windows phones on hold," he told the Journal. And Tizen, Samsung's alternative phone OS to Android? "In the past we had a team to do research on Tizen but I canceled it," Yu said. "We feel Tizen has no chance to be successful."

原译:华为的低成本手机策略和专攻中国、印度与非洲等新兴市场,使其从一众智能手机制造商中脱颖而出,一跃成为仅次于苹果和三星的世界第三大智能手机制造商。正因如此,华为消费者业务集团CEO余承东在面对《华尔街日报》采访时给出的说法无法令微软和三星满意。余承东在《华尔街日报》的采访中透露,华为已经放弃WP手机,"WP手机对华为来说不是一个有利的选择。华为曾在Windows Phone手机业务上亏损了两年,现在已经搁置了该机型的发布。"当被问到三星公司用于替代安卓系统的手机操作系统Tizen时,余承东说道,"华为此前曾经有专门的泰泽团队,但我取消掉了,因为我们都认为泰泽不会成功。"

改译：华为的低成本手机策略和专攻中国、印度与非洲等新兴市场，使其从一众智能手机制造商中脱颖而出，一跃成为仅次于苹果和三星的世界第三大智能手机制造商。正因如此，华为消费者业务集团 CEO 余承东在面对《华尔街日报》采访时给出的说法无法令微软和三星满意。余承东在《华尔街日报》的采访中透露，华为已经放弃 WP 手机，"它无法给我们带来利润。此类手机曾连续两年给我们造成损失。因此目前我们决定暂时延后所有新款 Windows 系统手机的发布。"当被问到三星公司用于替代安卓系统的手机操作系统 Tizen 时，余承东说道，"过去我们曾经有一个研究 Tizen 的团队，但我解散了这个团队。"他说，"我们觉得 Tizen 没有成功的机会。"

分析：这段英文讲的是中国的华为公司高层主管接受采访时所讲的话，这些话，正常情况下肯定是用中文讲的。因为原话是中文，所以在回译时，必须查到原来的中文表达，不能自己直接译。译员在网络上查"余承东 华尔街日报采访"，可以找到相关原话。

除了上述讲话的返查，还有文件的返查，即外文文献中出现被翻译成外文的中文文献的情况，比如：

原文：State-owned Land Use Right Grant Contract (Jing Di Chu [He] Zi (03) No. 381) dated 22 April 2010

译文：2010年4月22日的《国有土地使用权出让合同》（京地出【合】字（03）第381号）

分析：本例的文件名以及文件编号，一看就知道是来自中国，这类文件，要译成正确的中文，必须靠猜测结合网络搜索验证。其中 State-owned Land Use Right Grant Contract 的译文"国有土地使用权出让合同"中，唯一不能确定的是 grant 的译文"出让"是否正确。如果将"国有土地使用权出让合同"放在百度里查，可以看到较多的"国有建设用地使用权出让合同"，所以，基本可以确定 grant 译成"出让"是对的。Jing Di Chu [He] Zi (03) No. 381 的译文"京地出【合】字（03）第381号"，如果直接放到百度上，可以发现挺多类似的文件编号，所以，可以确定文件编号的操作是必须的，再如：

原文："5G mobile networks can provide a true-to-life video communications experience," said Eric Xu, rotating chief executive officer of Huawei.

原译：华为轮值董事长埃里克·徐（Eric Xu）表示："5G移动网络可以实

现逼真的视频通讯体验。"

改译：华为轮值CEO徐直军表示："5G移动网络可以实现逼真的视频通讯体验。"

分析：本句的Eric Xu，一般译员都无法确定其具体中文名。但是，作为一个合格的译员，应该想到，这个Eric Xu在华为公司（中国最具实力的公司，世界500强）应该是个名人，而且是华人，因此肯定有中文名。所以，可以到网络上查找，果不其然，不论是在百度还是必应（Bing）里，查找"华为 Eric Xu"，都可以查到其中文名为"徐直军"。

查找以中文表达的国外不知名地址的英文名需要综合运用已知信息，比如：

原文：孟加拉古拉绍300～450MW联合循环燃气电厂工程

原译：Bangladesh Gulashao 300~450MW Combined Cycle Gas-Fired Power Plant Project

改译：Bangladesh Ghorasal 300~450MW Combined Cycle Gas-Fired Power Plant Project

分析：孟加拉的地名"古拉绍"在中国和全世界并不出名，所以在网络上不容易查到其英文。对于这种地名，只能充分利用上下文，在网络上搜索其英文名。在本例中，可以直接把原译文除错误译名Gulashao之外的相关内容放在网络上搜索。比如，考虑到该工程在孟加拉是个大工程，在Google上搜索"Bangladesh 300~450MW Combined"，结果就可以直接找到跟中文"古拉绍"发音类似的地名Ghorasal紧跟在Bangladesh之后，这个词，几乎可以肯定就是"古拉绍"的英文译名。

上文说过原文出问题的情况，实际上原文从拼写到标点符号，从语义到语法，从数据到提法都可能出错，这些内容译者宜加以修正，不能任其出错，传播错误。英译汉、汉译英都有这种问题，比如：

原文：

项目		指标
水份，%		≤10.0
表观粘度mPa.s	蒸馏水	≥25
	饱和盐水	≥15
	搬土浆（180℃×16h）	≥25
<u>切动力YP (Pa)</u>	蒸馏水	≥9.6

（续表）

项目		指标
水份，%		≤10.0
表观粘度 mPa.s	蒸馏水	≥45
	4%盐水	≥5.0
	搬土浆（180℃×16h）	≥25
切动力 YP(Pa)	蒸馏水	≥20
静切力 G10s/G10min (Pa)	蒸馏水	≥10／≥20
漏失量	搬土浆	≤30.0

原译：

Item		Index
Moisture, %		≤10.0
Apparent viscosity, mPa.s	Distilled water	≥25
	Saturated saline water	≥15
	Bentonite slurry (180℃×16h)	≥25
Shearing force YP (Pa)	Distilled water	≥9.6

Item		Index
Moisture, %		≤10.0
Apparent viscosity, mPa.s	Distilled water	≥45
	4% saline water	≥5.0
	Bentonite slurry (180℃×16h)	≥25
Shearing force YP (Pa)	Distilled water	≥20
Static cutting force G10s/G10min (Pa)	Distilled water	≥10／≥20
Leakage loss	Bentonite slurry	≤30.0

改译：

Item		Index
Moisture, %		≤10.0
Apparent viscosity, mPa.s	Distilled water	≥25
	Saturated saline water	≥15
	Bentonite slurry (180℃×16h)	≥25
Yield point YP(Pa)	Distilled water	≥9.6

（续表）

Item		Index
Moisture, %		≤10.0
Apparent viscosity, mPa.s	Distilled water	≥45
	4% saline water	≥5.0
	Bentonite slurry (180℃×16h)	≥25
<u>Yield Point YP (Pa)</u>	Distilled water	≥20
Gel strength G10s/G10min (Pa)	Distilled water	≥10 / ≥20
Leakage loss	Bentonite slurry	≤30.0

分析：这里的"切动力"会使译者困惑，在网络上查"切动力"，查不到准确解释。但发现原文里还有"静切力"，就怀疑这个"切动力"是"动切力"的笔误。这时，再到网络上查"动切力"，结果发现百度百科里对"动切力"的介绍里，也有提到静切力，而且还有其英文yield point（屈服点）。也就是说，动切力实际上就是屈服点，专业译法是yield point，这就是动切力后有"YP"字样的原因。这时，我们还应该考虑一下静切力是不是也有既定的专业译法，查一下百度百科，果然，"静切力"的专业译法是gel strength，实际意思就是"凝胶强度"。所以，这时要把全文的"切动力"和"静切力"的译法都一一修改过来。

科技翻译译文的质量相当程度上取决于译员的翻译态度、认真程度，其中基于逻辑思维、专业知识的各种查证很多，这是与其他类型翻译不同的地方。

作业

请改进以下译文：

1.

原文	译文
太阳能供暖系统	solar energy heating system
几十种微量元素和超微量元素	scores of kinds of microelements and ultramicro-elements
处于非标准状态下的气体	gas not under standard status

2. 原文：如在整机装配中进行不便，可把固定板整套卸下注油。

译文：Oil injection can be conducted after the whole fixing plate is disassembled if injection is inconvenient to conduct during the assembly of the whole unit.

3. 原文：Secondary voltage at rated power &P.F. of 0,8

译文：额定功率和0,8功率的二次电压

4. 原文：

—Shut-down and interlock system shall be indicated in P& I .D scheme.

—Flow instrument with high accuracy, such as PD meter or turbine meter or mass flowmeter, shall be applied for measuring flow of raw materials, off gas back to B.L. and plant utilities, which are referred to guarantee operation, and measured flow value will be temperature and pressure compensated when applicable.

—Flow measurements of clear fluids on line below DN 1" will be actuated by means of integral orifice D/P transmitters.

译文：

—关机系统和联动装置系统将在图P& I .D中显示。

—高精确度的流量仪，如瞳距仪或涡轮流量计，或质量流量计，应该用于测量原材料的流量，并测量返回到B.L.的废气与设备的公用设施，这就是保证性操作，测量的流量值将会在适用时对温度和压力给予补偿。

—在直径1毫米阀门下在线测量清洁流体的流量将由一体式孔板D/P 发射器驱动。

视频：0351 科技翻译的词汇特征（一）
0352 科技翻译的词汇特征（二）

第六节　法律翻译

法律类文件涵盖类型很多，主要包括合同协议、公司章程、法律法规、公文函件、外贸单据、审计报告等。法律类翻译有一定的专业性，要做好法律类翻译，除了需要具备较强的中英双语基础外，还需要掌握一定量的法律术语，了解一些法律基本常识和基本术语，同时还要大体了解法律文件中相关的专业知识，比如国际贸易、保险、银行业、制造业、公司组织架构、财务等基本常识和基本术语。

但是，法律类文件的翻译又有很强的规律性。法律类文件有一个比较突出的特点，就是同类文件里会出现比较多的类似内容，甚至出现很多的完全相同的内容。在达到一定阅读或翻译量之后，就会发现，法律翻译其实万变不离其宗，很多内容在看到句子的前半部分后，就知道后半部分大概想说什么，这时候，即使原文出现一些遣词造句错误，往往也可以通过其他部分推测出句子的实际意思，所以学习法律翻译不要畏难，一段时间就会适应了。

法律翻译的学习主要是掌握一定的法律词汇量与句式，同时提高对复杂句、长句的理解和翻译能力。初学者对法律类词汇不熟悉时，可以通过网络词典或百度、必应等搜索引擎查找词义。本节通过一些法律类文本的句式和词汇分析，引导初学者发现规律，尽快入门。

1. 英译汉

在英文法律文件的几种类型中，合同类难度相对较低，协议类难度稍高，章程和法律法规等翻译难度比较高。为了在有限的内容里学到更多的东西，本节将列举分析一些有难度的例子。

例1.

<u>"Affiliate" includes any parent company or subsidiary company of a company and any other person</u> who directly or indirectly controls, or is directly or indirectly controlled by, or is under direct or indirect common control with, the Company; <u>a person will be deemed to control another person</u> if such person possesses, directly or indirectly, <u>the power to direct, or cause the direction of, the management and policies of such other person</u>, whether through the ownership of voting securities, by contract or otherwise.

"关联方"指的是一个公司的任何母公司或子公司，或者直接或间接控制着或受控于该公司的任何人，或者与该公司直接或间接共同受控的任何人。如果一个人直接或间接拥有指导（或促使他人指导）另一人的管理或制定政策的能力，不管是通过拥有具投票权的证券、签定合同还是其他方式拥有此类权力，均被视为对另一人具有控制权。

句子结构分析：

1）本句包括两个句子，其句子主干分别为两处加框部分。

2）第一句的who从句（直至句末）为any other person的定语从句，该从句包括三组并列的动词短语，其宾语都是the Company，描述的是any other person的三种情况。

3）第二句的if从句（直至句末）结构为if such person possesses the power to direct, or cause the direction of, the management and policies of such other person，其中cause the direction of是与direct并列的动词短语，细分语法结构如下：

ⅰ）directly or indirectly是possesses的方式状语。

ⅱ）whether从句是possesses的方式状语从句，by contract or otherwise是possesses的方式状语。

本例相关法律词汇：

a）affiliate：n. 关联方，关联公司

b）person：n. 人（包括自然人和法人）

c）under common control with...：共同受控于……

d）direct：vt. 指导，指控

e）cause the direction of...：促成对……的指导 = 促使他人指导……

f）voting：adj. 具有投票权的

g）otherwise：adv. 以其他方式

例2.

Unless this Agreement expressly provides to the contrary, any reference in this Agreement to:

(i) a Party or any other person includes its successors in title, permitted assigns and permitted transferees;

(ii) a document in **agreed form** is a document which is previously agreed in writing by or on behalf of the Company and the Facility Agent or, if not so agreed, is in the form specified by the Facility Agent;

(iii) an **amendment** includes a supplement, novation, extension (whether of maturity or otherwise), restatement, re-enactment or replacement (however fundamental and whether or not more onerous) and **amended** will be construed accordingly;

(iv) **assets** includes present and future properties, revenues and rights of every description;

(v) **disposal** includes a sale, transfer, assignment, grant, lease, licence, declaration of trust or other disposal, whether voluntary or involuntary, and dispose will be construed accordingly.

除非本协议另有明确相反规定，否则在本协议中：

（i）某方及其他人（相关方）包括该方的权利继承人和许可受让人；

（ii）约定格式的文件：指的是本公司或本公司代表与贷款代理行达成事先书面同意的文件，或，若本公司未与贷款代理行达成事先书面同意，则指贷款代理人指定的约定格式的文件；

（iii）修正：包括增补、更新、延期（不管协议是否到期或出现其他情况）、重述、重订及替换（不管其多重要，也不管其是否更复杂），"修正"的动词形式亦做相应解释；

（iv）资产：包括现有或未来财产、收益或各类权利；

（v）处置：包括销售、转让、让渡、授权、租赁、许可、信托声明及其他处置方式（无论是否出于自愿），"处置"的动词形式亦做相应解释。

句子结构分析：

本句本质上是五个具有共同成分的句子，其中unless从句为共同的除外条件状语从句，各句结构分别为：

1）第一句：any reference to a Party or any other person includes ...

2）第二句：any reference to a document in <u>agreed form</u> is a document which ... 其中which从句为表语document的定语从句，该从句主干为which is previously agreed... or is in the form specified by...，包括两个小句。句中in writing和on behalf of... and...是前句谓语agreed的两个方式状语，if not so agreed是后句的条件状语。

3）第三句：any reference to an **amendment** includes A, B, C, D, E or F, and any reference to **amended** will be construed accordingly，包括两个小句。需要注意的是，本句中amended形式上是动词，但实质上应该当作名词看待，在句中充当 to 的宾语，否则无法理解。

4）第四句：any reference to assets includes...

5）第五句：any reference to **disposal** includes... , and any reference to dispose will be construed accordingly。与第三句相似，本句中dispose形式上是动词，但实质上应该当作名词看待，在句中充当 to 的宾语，否则无法理解。

从上文中可以看出，<u>在英文的术语解释中，可能会出现一些特殊的用词，比如动词或者形容词当名词用</u>，比如本例的第（iii）和第（v）小点。在理解这类句子时，应该把相关的动词或形容词当作一个名词。在本例中，粗体字的词（包括以上amended和dispose），相当于非粗体字的词加一对引号（即"amended""dispose"），这时，动词或形容词不再是动词或形容词，而是要当作名词来看待，在本例中，amended和dispose等同于the word "amended"和the word "dispose"。在翻译这样的充当名词的动词时，应该根据语境对其做灵活翻译，如参考译文所示。

本例相关法律词汇：

a）provide：vt.（法律或规章）规定

b）any refernce to ...：提及任何……（这里根据语境省译）
   reference：n. 提及，谈到

c）successor in title：权利继承人
   title：n. 权利，权益，（尤指土地或财产的）所有权

d）assign：n. 受让人，让与人（常指无形财产或负债的受让人/让与人）
   transferee：n. 受让人，让与人（泛指各种财产或负债的受让人或让与人）

（由于中文"受让人/让与人"没有严格区分，所以这里将assigns和transferees合译）

e）the Company：本公司，公司（首字母大写表特指）

f）Facility Agent：融通代理人
   facility：n.（资金）融通（指以银行为中介的资金融通，包括存款和贷款）

g）specify：vt.（法律法规）规定

h）fundamental：adj. 必需的，必不可少的 onerous：adj. 繁重的，艰巨的

i）construe：vt. 解释，分析

j）assignment：n. 转让，让与

k）trust：n. 信托，信托机构

例3.

Any member receiving a share certificate for registered shares shall indemnify and hold the Company and its directors and officers harmless from any loss or liability which it or they may incur **by reason of** any **wrongful** or **fraudulent** use or **representation** made by any person **by virtue of** the possession **thereof**.

收到记名股票的股票证书的成员应确保公司及公司董事与高管免责于在其持有股票时因任何人的非法或欺诈性使用或陈述而产生的任何损失或责任。

句子结构分析：

1）本句主干为以上加框部分。

2）receiving a share certificate for registered shares是主语Any member的后置定语。

3）which it or they may incur是loss or liability的定语从句，其中by reason of ... or...是incur的原因状语，by reason of后的核心词是use or representation，后面made by any person是use or representation的后置定语，而句末的by virtue of ...则是made的原因状语。

本例相关法律词汇：

a）member：n. 成员（指公司创始成员）

b）registered share：记名股票（与bearer share相对）

c）the Company：本公司（可简译成"公司"）（首字母大写的词语通常有特定含义）

d）indemnify ... from ... = hold harmless ... from ...：使……免责于……；使……免受……损害。

　　indemnify：vt. 使免于受罚　　　　hold：vt. 不包括，排除在外

e）incur：vi. 产生，导致（意思跟generate差不多，但是更正式的法律用语）

f）wrongful：adj. 非法的、不正当的、不讲理的

g）fraudulent：adj. 欺诈性的；不诚实的

h）representation/represent：陈述

i）by virtue of：由于，因为

j）the possession thereof = the possession of which = the possession of registered shares

点拨：参考译文将by virtue of the possession thereof意译成"持有股票时"，但其原意是"由于拥有记名股票"。

k）thereof = of that = of the registered shares

例4.

If a share certificate for registered shares is worn out or lost it may be renewed on production of the worn-out certificate or on **satisfactory proof** of its loss together with such **indemnity** as may be required by a **resolution** of directors.

若记名股票的股票证书破损或遗失，则可在出示并提交破损的股票证书或股票证书已遗失的充分证明连同董事决议可能要求的免责声明后，申领新的股票证书。

句子结构分析：

1）本句主干为it may be renewed。

2）if从句是主句的条件状语从句。

3）on... or on... together with... 是renewed的条件状语，on的意思为"在……的时候"。as may be... by... 是indemnify的定语从句，构成such... as...结构。

本例相关法律词汇：

a）renew：n. 更新，重新颁发

b）production/ produce：（证据、证明等的）出示/提示，展示

c）satisfactory proof：充分证据

　　satisfactory：adj. 符合要求的；（证据）充分的

d）resolution：n. 决议，正式决定

例5.

A meeting of members is **duly constituted** if, at the **commencement** of the meeting, there are present in person or by **proxy** not less than 50 percent of the votes of the shares or **class or series of shares** entitled to vote on resolutions of members to be considered at the meeting.

在成员会议开始时，如亲自出席或派代理人出席的成员所持股票占在会议待审议的成员决议上有表决权的股票或股票等级或系列至少百分之五十（50%），则视为该成员会议正式召开。

句子结构分析：

1）本句主干（主句）为句首加框部分。

2）if引导的是主句的条件状语从句，该从句结构为if there are (present in person or by proxy) not less than 50 percent of the votes of shares (or class or series of shares)。其中，

　　i）at the commencement of the meeting是该从句的时间状语。

　　ii）present in person or by proxy是votes的定语，这一定语本该放在50 percent of the votes of the shares or class or series or shares后面，但由于votes后面的修饰成分太长，所以将其提前。

　　iii）entitled to vote on the resolutions of members为shares or class or series of shares的后置定语，而to be considered at the meeting则为resolutions的后置定语。

本句翻译难点为if引导的条件句。这一句是there be...结构，其后面主干为not less than 50 percent of the votes of the shares or class or series of shares ...（其核心词为votes）。根据中文表达习惯，这里宜将其适当增译，表达成"如……的成员所持股票占……（时）"。

本例相关法律词汇：

a）be duly constituted：正式构成（这里理解成"视为正式召开"）

b）commencement：n. 开始；起始

c）present：adj. 出席的，在场的

d）proxy：n. 代理人，代表

e）vote：n. 投票权

f）class or series of shares：股票等级或系列

g）to be considered：待审议的

例6.

Shares in the Company may be issued for such amount of consideration as the directors may from time to time by resolution of directors determine, except that **in the case of** shares with par value, the amount shall not be less than the par value, and **in the absence of fraud** the decision of the directors **as to** the value of the consideration received by the Company in respect of the issue is **conclusive** unless a question of law is involved.

公司可为获得董事以董事决议方式随时决定的对价金额而发行股票，但对于具票面价值的股票，其对价金额不得低于票面金额；如无欺诈行为，除非涉及法律问题，否则由董事就公司因发行上述股票收到的对价的价值所做出的决定应为最终决定。

句子结构分析：

1）本句主干为以上加框部分。

2）as the directors may determine是such amount of consideration的定语从句，as = that，与前面的such构成such... as...结构。as从句中from time to time和by resolution of directors分别是determine的时间状语和方式状语。

3）后面except that引导的是主句的两个条件状语从句，即the amount shall not be less than the par value和the decision of the directors is conclusive。其中

i）in the case of shares with par value是前句的条件状语，in the absence of fraud为后句的条件状语。

ii）as to the value of the consideration是decision的后置定语。

iii）received by the Company和in respect of the issue是value of consideration的两个后置定语。

iv）unless a question of law is involved是is conclusive的条件状语。

本例相关法律词汇：

a）in the case of：在/对于……（不利或负面）情况下

b）in the absence of ...：在不存在/缺少/未出现……的情况下

c）fraud：n. 欺诈；欺骗

d）as to：关于；至于

e）conclusive：adj. 决定性的；确定性的

例7.

Neither API nor any of API's employees, subcontractors, consultants, committees, or other **assignees** make any **warranty or representation**, either express or implied, with respect to the accuracy, completeness, or usefulness of the information contained API's publicaitons, or **assume** any liability or responsibility for any use, or the results of such use, of any information or process **disclosed** in this publication.

美国石油协会及其员工、分包商、顾问、委员会或其他代理人对其出版物中信息的准确性、完整性以及有用性均不做任何明示或暗示的保证或陈述，也不对该文件中披露的信息或工艺的使用及其使用结果承担任何责任。美国石油协会及其员工、分包商、顾问或其他代理人均未表示使用该出版物不会侵犯第三方私有权益。

句子结构分析：

1）本段前句主干结构为Neither API nor any of API's... make any warranty or representation, or assume any liability or responsibility for... or... of...。其中主语为neither... nor...结构，而且nor后面是一系列并列的名词。

2）either express or implied是warranty or representation的后置定语；with respect to ... of ...是谓语make的方式状语，也可认为是warranty or representation的另一后置定语；contained herein是information的后置定语。

3）本段后句与前句共用主语Neither API nor any of API's ...，句子谓语和宾语的主干为assume any liability or responsibility，后面any use和the results of such use是介词for的并列宾语，of any information or process是前面两个use的共同的后

置定语，disclosed in this publication则是information or process的后置定语。

本例相关法律词汇：

a）API = American Petroleum Institute：美国石油协会

b）assignee：n. 代理人

c）warranty：n. 保证，担保

d）representation：n. 描绘，陈述

e）assume：vt. 承担（责任）

f）liability or responsibility：责任（近义并列取其同义）

g）disclose：vt. 披露，透露

2. 汉译英

与法律文件的英译汉类似，汉译英的法律文本中，合同类难度相对较低，协议类难度稍高，法律法规等翻译难度比较高，其中合同协议类入门比较简单。不过，需要注意的是，在合同协议的翻译中，有些内容看似简单，但在翻译的时候，很容易将一些法律类基础术语或固定句式译成普通用词和其他句式，结果就是有些词句看起来意思表达没错，但用词或句式不正式，不够严谨，欠缺法律文风。这样的翻译结果，严重时会被不法分子作为不遵守相关规定的借口。这些基础术语和固定句式数量并不是很多，译员完全可以在较短时间内掌握，从而让自己在法律汉英翻译方面快速入门。本部分将先介绍合同协议类文本的常见格式，再介绍法律类汉英翻译时常用术语，最后介绍一些句段翻译。

2.1 合同协议类常见文本格式

中文法律类文本中，合同协议类是最常见的类型，也是相对比较简单的类型。以下是几类常见的合同协议文本类型的翻译例子：

例1.

房屋租赁合同	House Lease Contract
甲方：	Party A:
身份证号：	ID Number:
乙方：	Party B:
身份证号：	ID Number:
为保障甲乙双方的合法权益，根据《中华人民共和国合同法》及有关法律法规，双方在平等自愿的前提下，经协商一致，签定本合同。	In order to guarantee the legitimate rights and interests of Party A and Party B, both parties signed and entered into the Contract through consultation on the premise of equality and voluntariness in accordance with the "Contract Law of the People's Republic of China" and relevant laws and regulations.

例2.

销售保密协议	Sales Confidentiality Agreement
甲方（员工）： 乙方（企业）： 鉴于： 乙方是一家依法成立的科技企业，甲方在乙方担任（_____）职位。 甲乙双方就甲方在乙方任职期间及离职以后保守乙方商业秘密相关事宜，签定保密协议，供双方共同遵守。	Party A (Employee): Party B (Corporate): Whereas: Party B is a technology company established in accordance with the law, and Party A holds the position of (_____) in Party B. Party A and Party B sign and enter into a confidentiality agreement for both parties to abide by on matters related to Party A's keeping of Party B's business secrets during Party A's tenure with Party B and after his resignation.

例3.

个人购房借款及担保合同 第一章 特别签订条款	Personal House Purchase Loan and Guarantee Contract Chapter 1 Special Signing Terms
第1条 立约人 1.1 贷款人（抵押权人）：建设银行上海宝山支行 住所： 法定代表人或主要负责人： 电话：	Article 1 Contractor 1.1 Lender (Mortgagee): China Construction Bank Shanghai Baoshan Branch Premise: Legal representative or principal responsible person: Tel:
1.2 借款人： 住所： 身份证明种类及号码： 电话：	1.2 Borrower: Premise: ID type and No.: Tel:
1.3 抵押人： 住所： 身份证明种类及号码： 电话：	1.3 Mortgagor: Premise: ID type and No.: Tel:
1.4 保证人：××××房地产开发有限公司 住所： 身份证明种类及号码： 法定代表人或主要负责人： 电话： 　　本合同当事人为明确各自的权利、义务，遵照有关法律、法规，经协商一致，特订立本合同。 第2条 贷款用途及所购房产 ……	1.4 Guarantor: XXXX Real Estate Development Co., Ltd. Premise: ID type and No.: Legal representative or principal responsible person: Tel: In order to clarify their respective rights and obligations and comply with relevant laws and regulations, the parties to this contract have signed and entered into this contract through consultation and consensus. Article 2 Purpose of Loan and Property Purchased ……

2.2 法律术语

法律汉英翻译最常见的是术语翻译，也是合同文本中常用的词语，比如"甲方""乙方""应/应当""可/可以""根据/依据/符合""在……情况下"等。这些术语包括但不限于下列：

法律合同中英翻译必须掌握的词汇

中文	英文
甲方/乙方	Party A/ Party B （最常见） Side A/ Side B （不常见，建议少用） the First Party/ the Second Party （不常见，建议少用） the Party of the first part/ the Party of the second part （极少见）
丙方，丁方	Party C，Party D
第三方	the third party
当事人，该方	the party
当事人一方，一方	one party
双方	both parties （一般不加hereto）
双方（当事人）/各方	the parties/ all parties
应当/应	shall
可以	may
买方	the Buyer/ the Vendee/ the Purchaser
卖方，供方	the Seller/ the Vendor/ the Supplier
派出方/接受方	the Sending Party/ the Receiving Party
委托人	the Principal/ the Client
业主	the Owner/ the Employer
代理人	the Agent
转让人（方）/受让人（方）	the Transferor/ the Transferee，the Assigner/ the Assignee
许可人（方）/被许可人（方）	the Licensor/ the Licensee
承包方/建造方	the Contractor/ the Builder
以下简称甲方	hereinafter referred to as Party A hereinafter called Party A hereinafter Party A
鉴于	whereas
前款	the preceding paragraph/ the previous paragraph
同意/许可	consent/ approval
证明	witness

（续表）

中文	英文
特此证明	in witness whereof
有效	come into force (effect)/ take effect/ become effective
无效	become null and void (e.g. ...shall become automatically null and void)
依据、根据、按照	in accordance with/ in compliance with/ according to
立即	forthwith
主管机关	competent authorities
具有同等法律效力	possess the same legal validity/ be equally authentic
对……具有约束力	be binding upon ...
人民币一万二千三百四十元整	RMB twelve thousand three hundred and forty only （注意：RMB与yuan不得同时出现）
大写/小写	in words / in figures
由……产生，起源于……	Arise from
以……为条件	(be) subject to
在……情况下（仅用于不希望出现的情况）	in case of / in case that / in the event that
属于下列情形之一的 出现以下情况时	under any of the following circumstances（常用于句首主语前）； falling into any of the following categories（常用于主语后）
另有规定的除外	except as otherwise provided for by/in; except where otherwise provided for by/in; unless otherwise specified by; unless otherwise specified herein; unless otherwise agreed upon;
除特别许可之外	except as specifically authorized by
期满、失效	expire/ expiration
一式两份/三份/四份	be made in duplicate/ triplicate/ quadruplicate

（岳峰，2015：275-277）

2.3 法律类中英翻译例子

请注意例子中加下划线与波纹线的句子成分，对照原文与译文的相应部分，体会相关译法的意图，把握相关部分如何表述原文的意思，同时展示了译文的法律文本风格，留意译文中的增译如何补全了原文缺失而有必要表达的意思。

例1.

为保障甲乙双方的合法权益，根据《中华人民共和国合同法》及有关法律法规，双方<u>在平等自愿的前提下</u>，<u>经协商一致</u>，签定本合同。

In order to guarantee the <u>legitimate rights and interests</u> of Party A and Party B, both parties signed and entered into the Contract through <u>consultation</u> <u>on the premise of</u> equality and voluntariness in accordance with the "Contract Law of the People's Republic of China" and relevant <u>laws and regulations</u>.

例2.

劳动关系存续期间，乙方<u>必</u>须遵守甲方规定的任何<u>保密规章、制度</u>，<u>履行</u>与其工作岗位相应的保密职责。甲方的保密规章、制度没有规定或者规定不明确之处，乙方必须<u>本着谨慎、忠实的态度</u>，<u>为</u>其在<u>与甲方</u>劳动关系期间知悉或者持有的任何属于甲方的技术秘密或其他商业秘密信息<u>做好保密</u>。

During the employment period, Party B <u>must</u> observe any <u>confidentiality rules and regulations</u> specified by Party A and <u>perform</u> confidentiality duties related to his/ her post. For matters not specified or not clearly specified by the confidentiality rules and regulations of Party A, Party B shall, <u>in the principle of</u> prudence and faith attitudes, <u>keep confidential</u> the technology secrets or other business secrets known to or mastered by Party B during the service period of Party B in Party A but belonging to Party A.

例3.

除了履行本职工作的需要以外，乙方<u>承诺</u>：<u>未经甲方书面同意</u>，<u>不得泄露、告知、传授或者以其他任何形式使</u>任何人（包括按照甲方保密制度的规定不得知悉该项秘密的其他甲方员工）知悉属于甲方的技术秘密或其他商业秘密信息，也不得<u>在履行职务之外</u>使用商业秘密。

Besides the performance of the responsibilities related to his post, Party B also <u>commits</u> that, Party B <u>shall not</u> <u>disclose, notify, impart or otherwise</u> <u>make known</u> the technology and other business secrets belonging to Party A or the third party with confidentiality duties binding upon Party A <u>to any other person</u> (including employees of Party A who are not entitled to know such secrets in accordance with the confidentiality system of Party A) <u>without written consent of Party A</u>, or use such secrets <u>for</u> **<u>purposes other than</u>** performing the duties.

例4.

以上条款中<u>未尽事宜</u>，由甲、乙双方另行<u>商议</u>，并可增设<u>附加条款</u>或签订<u>补充协议</u>，其补充协议书经双方签字盖章后<u>与</u>本合同<u>具有同等效力</u>。

Matters not covered in the above articles shall be separately negotiated by both parties, and additional articles may be added or a supplementary agreement may be signed. The supplementary agreement shall be legally of the same effect as the Contract after being signed and sealed by both parties.

例5.

本合同一式两份，甲乙双方各执一份，两份均具有相同法律效力。

The Contract is made in duplicate, with each party holding one copy, and both copies are legally of the same effect.

例6.

本公司注册资本为1820万元。公司增加或减少注册资本，应当召开股东会会议，并必须经代表三分之二以上表决权的股东通过。公司减少注册资本，应当自作出决议之日起十日内通知债权人，并于三十日内在报纸上公告。公司减资后的注册资本不得低于法定的最低限额。公司实收资本为1820万元。

The Company has a registered capital of RMB 18.2 million. In case of an increase or decrease of registered capital, the Company shall convene a Shareholders Meeting and a corresponding resolution shall be passed by the Shareholders representing more than two thirds of **voting rights**. In case of a decrease of registered capital, the Company shall, within ten (10) days since the resolution is made, notify the creditors and, within thirty (30) days, make an announcement in the newspaper. The Company's registered capital decreased must not be less than the statutory minimum quota. The Company's paid-up capital is RMB 18.2 million.

例7.

甲、乙双方的任何一方由于不可抗力等原因不能履行本合同时，应及时向对方通报不能履行或不能完全履行的理由，并应在15天之内提供有效证明，以允许延期履行、部分履行或者不履行合同，并根据情况可部分或全部免除承担违约责任。

Either party failing to perform the Contract due to any force majeure event shall report it to the other party in due time, stating the cause for the failure to perform or fully perform the Contract, and shall provide valid certificate within fifteen (15) days thereafter, so as to get permit for postponed or partial performance or nonperformance of the Contract and be partially or entirely exempted from liabilities for breach of contract **as the case may be**.

例8.

因履行本合同产生的争议，双方应协商解决，协商不成，依法向起诉方所在地人民法院起诉。

Any dispute arising from the performance of the Contract shall be resolved through consultations, where the consultation fails, either party may submit it to the local people's court in accordance with the law.

例9.

对关联交易事项的表决，该关联交易所涉及的董事无表决权且应该回避。董事会就与某董事或其配偶、直系亲属有重大利害关系的事项进行表决时，该董事应该回避，且放弃表决权。对关联事项的表决，须经除该关联董事以外的其他参加会议的全部董事通过方为有效。

For the voting on related transactions, the directors involved in such related transactions have no right to vote and shall withdraw from the voting process. When the Board of Directors is voting on matters in which a director or his/ her spouse or immediate relatives have material interests, such director shall withdraw from the voting process and abstain from voting. The voting on related transactions shall be invalid without the unanimous approval of all directors attending the meeting except such director involved.

例10.

居民户口簿具有证明公民身份状况以及家庭成员间相互关系的法律效力，是户口登记机关进行户籍调查、核对的主要依据。户口登记机关工作人员进行户籍调查、核对时，户主或本户成员应主动交验居民户口簿。

The household register is legally effective in proving the identities of citizens as well as their relations with their family members, and serves as the main basis for survey and verification of registered residence by household registration office. The household register shall be presented by the head or members of household to the workers of household registration office for surveying and verifying the registered residence.

例11.

编制和公允列报财务报表是××地产公司管理层的责任，这种责任包括：

（1）<u>按照企业会计准则</u>的规定编制财务报表，并使其实现公允<u>反映</u>；（2）设计、执行和维护必要的内部控制，以使财务报表不存在由于<u>舞弊</u>或错误导致的<u>重大错报</u>。

The management of XXPD shall take responsibilities for <u>preparing</u> and <u>fairly presenting</u> the financial statements. <u>Such</u> responsibilities include: (1) prepare and fairly <u>present</u> the financial statements <u>in accordance with</u> the *Accounting Standards for Business Enterprises*; (2) design, implement and maintain necessary internal controls, to make the financial statements free of <u>material</u> <u>misstatements</u> caused by <u>frauds</u> or mistakes.

英译法律文件总体来说，倾向于使用长的表达法，比如用in accordance with，不用according to；用with respect to，不用 as to；用in the event of 或in case of 比用if 多。日常生活用two years表示"两年"，法律中说 a period of two years；"在……过程中"，日常我们说during，但法律中说during the course of。法律文本常用here-/there-开头的古体词限定，比如表示某个时间段之后加上thereafter；关于"证据"，日常生活中说的evidence在法律文本中可能精确性不够，要说evidence thereof，以加强语义限定，表明是特定事件或事务的证据。有些词在法律中有特定的含义，比如，infant通常表示襁褓中的婴孩，但法律中18岁以下的人都叫做infant；policy在平时多表示政策，但也可以表示"保单"；表示"保单中的"，用under the policy，不用of the policy。学习者在法律翻译练习中注意摸索、积累这些语言点。

作业

英译汉

Subject to the Law and these Articles, the Company may from time to time by ordinary resolution alter the conditions of its Memorandum of Association to:

(a) consolidate and divide all or any of its share capital into shares of larger amount than its existing shares;

(b) subdivide its shares or any of them into shares of an amount smaller than that fixed by the Memorandum of Association; or

(c) cancel shares which at the date of the passing of the resolution have not been taken or agreed to be taken by any person, and diminish the amount of its share capital by the amount of the shares so cancelled or, in the case of shares without par value, diminish the number of shares into which its capital is divided.

汉译英

合营双方必须严格遵守本合同规定，任何一方不得擅自终止，若单方面提出终止或转让股权和合营条件，应提前三个月提出，待各方协商后，报请原审批机构核准，合营他方有优先承股权。由于终止合同造成的经济损失，由提出终止合同方负责。

视频：0361 法律的翻译（法律合同）

第七节　医务翻译

1. 中医经穴针灸翻译[①]

中医是以我国劳动人民创造的传统医学为主的医学，它承载着我国古人同疾病作斗争的经验和理论知识。经穴是指属于十二经脉与任、督二脉的腧穴，各腧穴有一定的部位和命名。《素问·阴阳应象大论篇》有"气穴所发，各有处名"，《千金翼方》也说"凡诸孔穴，名不徒设，皆有深意"，说明各经穴的名称都具有一定的意义。古代医学通过近取诸身、远取诸物，以取象比类方法对经穴进行命名。经穴针灸是中医较早进行对外交流和国际传播的项目。1982年，美国成立全美针灸和东方医学委员会（The National Certification Commission for Acupuncture and Oriental Medicine，NCCAOM）。2010年，NCCAOM美国执照针灸师的考试在中国大陆开通。

虽然针灸的许多内容在国际上已逐渐形成共识，但经穴名的翻译还存在一定争议。1991年，世界卫生组织（WHO）颁布了《国际针灸命名推荐标准》，规定针灸经穴的命名由国际代码、汉字和汉语拼音组成。这种译法看似简洁，但丢失了经穴的文化内涵。英国著名中医翻译家Nigel Wiseman（魏迺杰）主张翻译经穴的意思，他编写的《实用英文中医辞典》（*A Practical Dictionary of Chinese Medicine*，以下简称《辞典》）在WHO针灸经穴的命名基础上增加经穴名的英

---

① 黄光惠，《实用英文中医辞典》针灸经穴英译评析，载《中国中医药信息杂志》2015年第9期。

译,如"云门":"LU2 云门yun men,Cloud Gate"。这一方法在实践中也受到推崇,如澳大利亚一家针灸网站就给经穴名一个"English name"。

Wiseman所制订的英文中医术语体系不仅被许多翻译者采用,还被美国三大中医文献出版社的其中两家（Paradigm Publications和Blue Poppy Press）指定为出版品的英文词汇标准。因为经穴名的翻译尚未纳入WHO标准,所以目前译法不尽相同。鉴于Wiseman所编撰的辞典在西方具有一定的影响力,我们就《辞典》中的经穴名英译进行评析,以期促进今后经穴译名的统一。

1.1 《辞典》针灸经穴翻译策略

针灸经穴是中医特有的概念,在英语国家属于概念空缺,Wiseman采取的翻译策略可归纳为：直译为主、音译为辅、意译补充。

直译为主,形象生动

《辞典》直译了大部分的针灸经穴名,其译法应用到经穴的各种命名中。①按人体解剖部位命名,如腕骨(Wrist Bone)、肺腧(Lung Transport)等。②按经穴位置命名,如足三里（Leg Three Li）、乳中（Breast Center）等。③按人体生理功能、治疗功能命名,如"盛泣",本穴喻"泣时泪下,穴正相承",直译为"Tear Container","光明"译为"Bright Light";按穴位治疗功能命名,如"听会",是指"耳听之窍会,主听觉病",直译为"Auditory Convergence"。④以取向比类命名的经穴名也大都直译为主,如"丝竹空",丝竹为音乐总称,空通孔,该穴近耳,喻耳常听丝竹之音。有译为"Musical Instrument Hole",而《辞典》直译为"Silk Bamboo Hole",保留其隐喻的意象,加上适当的注解,应该是比较好的策略。又如"悬钟",因此穴位于尖骨下外踝,形如悬钟,故译为"Suspended Bell",保留了该穴命名形象生动之处。

音译为辅,保存特色

Wiseman提出维持完整中医概念的翻译策略之一就是尽量少用音译,只有当仿造法不能产生合适的译入语名词时才适当使用音译。《辞典》音译针灸经穴名主要运用在以下2点。①遵循国际惯例进行音译中医概念。阴、阳、气等中医概念因其内涵特别丰富,无法直译,在中外交流中国际上习惯采用音译。《辞典》涉及这些概念时也采用音译,如"气户"译为"Qi Door"、"三阴交"译为"Three Yin Intersection"。另外,中国特有的度量衡单位按国际惯例也进行音译。如"手三里"译为"Arm Three Li",此处的"里"实际上指的是"寸",因距手臂肘端三寸而得名。在实际使用过程中,可向学习者解释该穴位命名的含义及其实际距离。②文化内涵特别丰富或无法直译的中医特有概念。一些中医特有的概念不仅在英文中无法找到对应的词，甚至很难解释清楚。如"膏肓俞"，心下为膏，心下隔上曰肓，此穴处于心隔之间故名膏肓。《经穴释义汇解》把此穴译为"Vitals"。显然，vitals指代内容太泛，现代医学常把"vitals"指身体重要器官。《辞典》把"膏肓俞"音译为"Gao Huang Transport"，这种译法有利于保存穴名的文化特征；"噫嘻"，因喻医者用手指按压，并嘱病者呼出"噫嘻"之声，该穴位是以象声词命名，将该穴名的意思译出来"Sighing Gigling"，则不如《辞典》音译为"Yi Xi"。音译更生动保留了象声词命名的特征。又如，"商阳"的"商"字是借用我国古代"五音"之一的"商"而喻。有学者认为，从穴位的五行配五音之法，可把"商"译为"Metal"。《辞典》把"商"音译为"Shang"，这种译法比较可取。因"商"字的文化内涵丰富，音译为"Shang"，再解释该腧穴的取名是借用古代五音之一，读者就可明白。另外，《辞典》把"少商""商曲"等穴名中的"商"都音译为"Shang"。

意译补充，简明达意

《辞典》用意译法翻译经穴名的数量并不多。意译法能准确地表达经穴名的一种交际意义，如"彧中"，"彧"音郁，其义相同，意为"文采""茂盛"，因此穴近肺脏，肺为华盖，是"文郁之府"，故名。有的取"文采"之意，译为"In Literature"，但需进一步解释肺与文采，以及与本穴的关系。因此，《辞典》取"郁"之意，把"彧中"译为"Lively Center"更为简明达意。

1.2 存在的问题

通过对针灸经穴翻译的对比研究，我们发现《辞典》经穴名的翻译主要存在以下两方面的问题。

经穴名翻译缺乏统一

经穴名在实际应用中具有工具的功能，会不断地被使用者和学习者提及，因此，如果经穴名中含有相同的文字，且意思也无差别，英译最好也要统一。但《辞典》在有些地方未注意到这一点。如阳明胃经有"人迎"与"大迎"两穴，《医经理解》："……迎，交会也。大迎为手足阳明之会……，人迎……古者以此候三阳之气，故谓是人气所迎会也。"《辞典》取"人迎"穴为切脉部位的交际意义，意译为"Man's Prognosis"，而取"大迎"的字面意思，直译为"Great Reception"，二者没有统一。有学者把"人迎"译为"Man's Welcome"，"大迎"译为"Big Welcome";又如,经穴中有"中府""天府""少府"和"府舍",《黄帝内经明堂》曰:"……府,聚也。"指脉气聚集之处。《辞典》把它们分别译为"Central Treasury""Celestial Storehouse""Lesser Mansion"和"Bowel Abode"。这4个译文不仅对"府"的译法不统一,且所选用的翻译手法也不同,"中府"和"府舍"为意译,"天府"和"少府"采用直译,而《经穴释义汇解》则注意到对"府"字译法的统一,都译为"Mansion",即"Central Mansion""Heaven Mansion""Shaoyin Mansion"和"Mansion Room"。

误译

《辞典》过分强调直译,误译较多,其原因是多方面的,主要体现在以下四个方面:一是因通假字而产生的误译。古汉语发展至今有出现通假字的情况,现代人理解这些字极易出现误解。如"侠白"为肺手太阴脉之腧穴,位于肘上五寸,肺色白,取穴时令两手直伸夹之,"侠"通"夹",故而得名。《辞典》译为"Guarding White",明显对"侠"理解有误。《经穴释义汇解》译为"White Insertion","insertion"指"插入"的意思。而该穴位名意指取穴时是"两手直伸夹之",故译为"Clamping White"更符合穴位的命名本意。又如,"肩贞"的"贞"通"正",穴位在肩后腋纹头正上方,即上臂内收时,在正对腋纹头上方一寸处。《辞典》把该穴译为"True Shoulder",注意到了"贞"通"正",只是把"正"理解为了"正确"之意,而此处的"正"是表示方位,故译为"Upright Shoulder"能准确地体现本穴名的含义。二是一字多义而产生的误译。一字多义是汉字常见的现象。汉字在其长期的使用过程中,因社会发展和语言的日益丰富,有些字渐渐发展成了一字多义。如何选择多义词中适合该穴位的意思是正确翻译的关键。如"扶突",古汉语中"扶突"指四横指,约当同身寸三寸,穴位在喉结突起旁三寸即一扶,故名扶突。《辞典》译为"Protuberance Assistant",把"扶"理解为辅助,有偏差。《经穴释义汇解》译为"Hyoid Border",即"舌骨边上",取其位置。澳大利亚的针灸网站译为"Hyoid Border, Support the Prominence或neck-Futu"。上述几种译法中,"Hyoid Border"和"neck-Futu"比较贴近穴名,前者侧重"交际"意义,采用意译法;后者注重文化特色的保留,采取意译与音译相结合的译法。二者各有千秋,如果注重文化,可译为"neck-Futu",并加适当解释。又如"灵墟",《说文》:"墟者大丘也。""灵",心藏神,神之外露为"灵"。穴当胸部,犹如丘墟之凸起,内应心神,故名。《辞典》译为"Spirit Ruins",把"墟"

理解为"废墟",显然不妥。《经穴释义汇解》译为"Spirit Burial-ground"。有学者认为,"墟"为"土堆"之意,可译为"Spirit Mound"。相比而言,"Mound"含有"高地""坟堆"等意思,与"墟"在本穴名中意思最接近,因此,"Spirit Mound"是比较好的译文。又如"关元","关"意指关键、要塞,"元"指元气。本穴居丹田,脐下三寸,为男子藏精,女子蓄血之处,为元气之所。《辞典》译为"Pass Head",把"元"理解为元首,译为"Head",不达意。《经穴释义汇解》译为"Life Pivot"。结合二者,以及"元气"可译为"Vitality",故该穴可译为"Vitality Pass"。三是因文化内涵深厚而产生的误译。有些穴名蕴含深厚的文化含义,且学术界对其释义也不甚相同,直译这些穴名极易产生误解。如"太乙"穴在关门下一寸,肠屈曲似乙形,穴主肠疾,故曰太乙;又释,穴在腹,坤为腹,坤居正北,应古星象太乙,故名太乙。"太乙"又作"太一",原意为最初。此穴可健脾和胃,补后天而养先天。《辞典》译为"Supreme Unity",应是看出"太乙"又作"太一",把"一"作统一解。这种理解不太符合该穴名的本意。有学者认为,"太乙"指"中央",按方位之意应译为"Central Palace"。《经穴释义汇解》将"乙"音译,把该穴位译为"Supreme Yi"。"太乙"作为穴位名,其文化内涵丰富且多家注释不一,因此,把此穴音译为"Tai Yi",再据需要增加注释,说明其方位和主治功能为最佳方案。又如"厉兑",《会元针灸学》:"厉者天地之间的疠气也,兑者实现也。由胃之阳得吸脾土之阴,同化而分阴阳,实为疠气充现于络,以御天地时行之疫疠也。"即"厉"通"疠",指疾病。又此穴与脾脉相通,兑为口,主口疾,故名厉兑。《辞典》译为"Severe Mouth",把"厉"理解为"严重",未理解是通假字。澳大利亚的针灸网站译为"Strict Mouth",把"厉"理解为"严厉",同样未理解透其中的真实含义。《经穴释义汇解》译为"Sick Mouth",是使用意译法,该译法取其"交际"含义,读者能清楚了解到该穴位的主治功能,可避免繁琐的解释。四是其他原因产生的误译。如"大椎",因第7颈椎棘突隆起最高,穴在其下故名大椎。《辞典》译为"Great Hammer",即"大锤子"的意思,与本穴的意思不相符。《经穴释义汇解》直译为"Big Vertebra",比较符合穴名的含义。

1.3 结语

科学完善的针灸经穴名英译本,应该是既能保存中医文化特色,又易于让读者接受。《辞典》作为一部外籍学者编撰的辞书，在西方国家拥有较大量的读者，很有必要对其译本进行评析。总体上说，《辞典》针灸经穴翻译中采用直译为主、音译为辅、意译补充的基本翻译策略，有利于保存中医基本概念和文化特色。笔者探讨其中出现的问题，是希望引起学者们和中医学界对针灸经穴翻译的关注和进一步探讨，以期促进将来针灸经穴翻译国际标准的建立。

2. 西医翻译

医学技术的日新月异，国际医学交流的日益频繁使得医学英语成了各国间传播医学知识、交流医学技术、推广医学药品与讨论治疗手段的必需工具。医学英语属于科技英语的一种，具备科技英语的一般特点，主要包括：注重叙事，逻辑连贯，表达明晰，避免表露强烈的个人情感，避免写作与论证上的主观随意性，少用或不用描述性形容词及具有抒情作用的副词、感叹词等，尽力避免使用旨在加强语言感染力和宣传效果的各种修辞格，忌用夸张、反讽等修辞手段等。除了以上一般特点外，医学英语作为一门高度专业化的英语，还具有高度的概念性、抽象性、客观性和说理性；在语义表达上力求措辞精确、结构严谨、层次清晰、逻辑严密；用词上讲究术语的专业性、书面性和国际通用性。医学英语题材众多，主要包括医学论文、医学综述、药品说明书、病历、病历报告、临床试验方案、医学科普文章等。不同题材的文章，其写作目的不同，读者群体不同，在词汇、语法、风格上也各具特色，具有高度的"语篇题材特殊化"特点。

医学英语的特点反映在医学翻译上，就要求医学翻译不仅需要考虑翻译的一般原则与标准，还应当结合医学英语的特点，使其译文在语言上具有高度的专业性，且符合医学行业内约定化和标准化的表达习惯。总体来说，医学翻译应当遵从以下三个基本原则，即：忠实、专业、流畅。

其一，忠实性原则。说到翻译原则，最广为人知的大约便数清朝末年严复提出的"信、达、雅"。其中，"信"说的就是译文应当要遵从原文，要准确反映出原文的思想与意思，不偏离、不遗漏，更不能随意增减原文。"信、达、雅"三原则中，"信"排第一，可以说"信"是翻译最重要的准则。一般的翻译尚且如此，医学翻译就更要讲究专业性、精确性、严谨性。在进行医学翻译时，一个英语单词、一个专业术语翻译错误或翻译不当，都可能造成严重的后果，影响到医学研究进程，甚至可能威胁到病人的生命。因而，在进行医学翻译时，忠实性原则应当摆在第一位，译者务必要忠实于原文，严格、严谨地斟酌每一个单词、每一个专业术语的翻译。

其二，专业性原则。医学是一门专业化、科学化和事实化的学科。医学题材的文本中，有大量的医学专业术语。医学术语是一类具有专门用途的英语词汇，主要供医务工作者使用或在特定的医疗卫生语境中使用。进行医学翻译时，译者要处理大量医学术语的翻译，可以说医学术语的翻译是医学翻译中最核心的部分。在句法上，医学英语比起一般题材的文本，更需要结构表达的逻辑性与严谨性，因而不可避免地要大量使用长句、复杂句，以达到完整表述、突出复杂且精确信息的效果。在表达方式、语气表述和文章结构上，医学翻译也应体现出医学英语的专业特点。另外，医学还具有高度细分化的特点，医学领域类不同专科有些是相互联系与重叠的，比如血液科和肿瘤科；而有些专科差别会很大，比如神经内科与口腔科。综上，在进行医学翻译时，要充分考虑到医学英语的专业性，对所翻译的某一专科的专业知识进行充分研究、学习、准备，查阅相关专业的医学术语，做到翻译的专业性。

其三，流畅性原则。作为科技英语的分支，医学英语具有科技英语的特点，主要体现在力求逻辑严密，表达客观，行文准确精炼、重点突出，句式变化相对较少，而术语、数字、符号的应用则十分频繁。从行文上来看，科技英语普遍采用名词化、被动句式、长句等表达形式，医学英语亦然。这样的特点造成医学英语翻译起来较为困难，一些句式在翻译中容易出现比较拗口、翻译腔较重的问题。译者在处理医学英语的翻译时，应当考虑流畅性原则，对于结构较复杂的长句，要充分分析句子结构，理解其深层次的逻辑关系，理清句中包含的信息点，在准确把握句意的基础上，用通顺、流畅的方式呈现译文。

在以上所述三原则的基础上，下文将着眼西方医学英语，从词汇和句子两个层面，选取实例分别展开叙述，讨论西医翻译的基本策略与常用技巧。

2.1 西医词汇的翻译

（1）词义的选择

从词汇层面来看，医学类题材中除去专业术语，也有许多普通词汇。值得注意的是，医学英语词汇的专业性强，词的意义受到所搭配的词和语境的严格限制，在翻译时，译者不应单纯只看词汇的字面意义，而要根据语境和词语之间的搭配情况，分析其字里行间的内涵。许多普通词汇，在一般类文体中是此意，到了医学类题材的场合，可能就成了彼意。如果译者不考虑词汇在上下文中的特定含义，便可能出现词不达意甚至误译、错译的情况。如：

The cells **responsible for** immune specificity belong to a class of white blood cells known as lymphocytes.（李清华，2012：40）

该句中，"responsible for"在一般语境中是"对……负责"的意思。但如果按照一般的词义将上述这句话译为"对免疫特异性负责的细胞属于一类被称为淋巴细胞的白细胞"则词不达意，显得十分别扭。结合该句的语境，这句话应当译为"造成免疫特异性的细胞属于一类被称为淋巴细胞的白细胞"更为专业，即"responsible for"在这里译为"造成"而非"对……负责"。

除了语境，在词义选择上也要考虑词的搭配。如：

The method of making **cultures of** tissues gives the possibility to observe the formation and development of the living cells.（李清华，2012：40）

该句中的"culture"一词常见的意思为"文化、文明"，但当它与"tissue"一词搭配使用时，显然不是"组织文化"之意，而应译为"组织培养"。该句的译文应为：

采用制作组织培养的方法，有可能观察到活细胞的形成与发展。

再如：

Cloudy urine is not always necessarily pathological.（李清华，2012：40）

"cloudy"一词常做"多云的"之意，与"urine"搭配时，当然不是"多云的尿液"的意思，而应当取"浑浊的"这个意思。该句应当译为：

尿液浑浊不一定是病理性的。

Primary delusions are giving considerable weight in the diagnosis of schizophrenia.（李清华，2012：42）

"primary"常见的意思是"主要的""基本的"或"最初的"，在该句中与"delusions"一词进行搭配，从翻译的专业性原则出发，应当将该词组译为"原发性妄想"，而不能按照普通词汇的译法译作"基本妄想"或"主要妄想"等。本句的翻译应为：

原发性妄想在精神分裂症诊断上有很大的价值。

（2）词性的转换

词性转换是英汉翻译的重要方法之一。由于英汉两种语言在句法结构与表达习惯上的差异，在进行翻译时，往往需要根据目的语的表达习惯对一些词的词性进行转换。合理运用词性转换可以让译文更加通顺流畅，符合目的语使用习惯，若一味完全按照原文词性生硬地翻译，可能会让译文晦涩难懂，甚至产生歧义。常见的词性转换有名词、动词、形容词、副词、介词之间的转换。

The **sound** of music may provoke visual hallucinations.（李清华，2012：43）

"sound"是名词，意思为"声音""声响"，但翻译上文这句话时如按照原文的词性直译为"音乐的声音可能引起幻视"则显得不够通顺，将"sound"从名词转换为动词，译作汉语的"听到"就流畅得多：

听到音乐可能引起幻视。

Delusions held a personal conviction **deeply**.

"deeply"原为副词，在该句中，不转换词性翻译为"妄想深刻地影响一个人的信念"有翻译腔，不符合汉语的表达习惯，宜将副词转换为形容词，译为：

妄想对一个人的信念产生深刻的影响。

再如：

The doctor earned appreciation by the **courtesy** of talking with the patients.

"courtesy"为名词，意思是"礼貌"，不转换词性将原文译为"这位医生通过与病人交谈的礼貌赢得了病人的好感"并不通顺，因而将"courtesy"转换为副词，译作：

这位医生彬彬有礼地与病人交谈，赢得了病人的好感。

从以上几个例子可以看出，词性转换主要是基于上述的"流畅性原则"，在翻译中以一种更为地道、通顺的方式来呈现译文。

（3）词的增减

英汉两种语言在语法、词义、修辞、逻辑和文化等方面存在的差异使得在翻译时存在无法将原文中的每一个词转换成目的语中另一个词的情况，因而就有必要做些增减，使译文更加通顺流畅，符合目的语的行文习惯。增词法，指在译文中增加一些原文字面上没有的词语；减词法，则是将原文中本来有，但译文显得多余的词省去。要注意的是，无论增词还是减词，增减的是词，不是意，翻译的时候决不能因为增词或减词删改原文的意思，否则便违反了上述"忠实性原则"。

At present, Chinese medicinal herbs are used to treat hepatitis. **They** prove to be effective for the disease.

比较以下两种译文：

译文1：现时中草药用来治疗肝炎，它们证明非常有效。

译文2：现时中草药用来治疗肝炎，证明非常有效。

译文1中保留了原文的代词"they"，但读起来并不通顺；而译文2采用减词法删去了"they"，更加符合汉语的表达习惯。

再如：

This breakdown, known as digestion, is both **a mechanical and a chemical process**.

原文中"process"一词只出现了一次，但如果按照原文的结构译作"这种分解，即消化，是一个机械和化学的过程"容易引起歧义，且不够严谨，因而这里增加"过程"一词，译作：

这种分解，即消化，是一个机械过程，也是一个化学过程。

From the **evaporation** of water people know that liquids can turn into gases under certain condition.

译文：人们从水的蒸发现象了解到，液体在一定条件下能变成气体。

根据汉语表达习惯，上文在翻译时增加了"现象"一词。

（4）词序的调整

中西方文化的差异导致中西方思维模式和表达逻辑上也存在差别，反映在语言上，英语的句式讲究先概括后分解、先表态后叙述、先总结后事例、先整体后细节，整体逻辑则偏向由果到因、由小到大等。而汉语句式则是按时间和逻辑发展关系按由先到后、由因到果、由假设到推论、由事实到论证的顺序来展开的。语序上的这种差异，使得英汉互译中往往需要根据实际情况对词序进行调整，以使译文符合译入语的逻辑思维习惯。

The urinary system maintains normal levels of water and of certain small molecules such as sodium and potassium in the body.

译文：泌尿系统维持人体中水分及某些小分子物质，如钠、钾的正常水平。

该句的译文对原文中多处地方进行了词序的调整，如按照原文的语序来硬译，会得到这样的句子：泌尿系统维持水分和某些小分子的正常水平，如人体内的钠、钾等。

这句译文最大的问题在于将"某些小分子"的指代对象"钠、钾"分隔得太远，中间夹了"正常水平"一词，读来使人困惑，究竟"人体内的钠、钾"属于"某些小分子"，还是属于"小分子的正常水平"呢？尽管从常识来判断，可以推断"人体内的钠、钾"属于"某些小分子"，但这样的译文显然违背了"专业性"和"流畅性"的原则。

The digestion of fat is aided by bile, which is made in the liver and stored in the gall bladder.

译文：肝脏分泌的胆汁贮存在胆囊内，胆汁有助于脂肪消化。

该句同样对原文的词序进行了调整，避免了"脂肪的消化由胆汁协助，胆汁在肝脏中产生并贮存在胆囊内"这样生硬而机械的译法。

2.2 医学术语的翻译

医学英语中有大量医学专业术语，可以说，了解医学英语必须先从了解医学术语开始，而了解医学词汇的构成和特点对正确理解和进行医学翻译起着至关重要的作用。作为英语词汇的一个分支，医学术语基本上遵循了普通英语单词的构成规律、拼写原则和读音规则。但由于医学发展源远流长，学科分支细密，大量的医学术语得以促生，并广泛吸收外来语词汇，特别是希腊语和拉丁语，这就使得医学术语又有异于普通英语单词（王燕，2008:1）。

医学术语主要有四个来源：希腊语的专业词汇、拉丁语的专业词汇、冠名术语（以人名、地名等冠名的术语）以及普通英语中借用的医学词汇。了解医学词汇的构成和特点对正确理解和翻译医学英语起着至关重要的作用。下文将从医学术语的构成形式入手，讨论医学术语的分类及其常用的翻译技巧。

其一，派生词。医学专业的基本词汇约为50000个，来源于十几种语言，但大多数来自有很强造词功能的希腊语和拉丁语，其次是法语。其中来源于希腊语和拉丁语的词汇占75%以上，多为派生词。从构词法的角度来看，医学术语中派生词的构词成分包括词根、词缀（前缀及后缀）和连接元音。其中，词根是医学术语的核心部分，承载着词语的核心意义，也是词语构成最基本的单位。如"cardi"这个词根，它在cardiovascular（心血管的）、myocardial（心肌的）和echocardiography（超声心动图）中都出现，其意义皆为"心脏的"。

词缀是与词根结合构成新的语词的词素，按其在语词中的位置，可分为前缀和后缀。在医学英语中，前缀起到改变医学词汇意义的作用，既可置于词首，也可位于词的中段。医学后缀位于词根之后，用于改变词义或词性。许多医学术语中的词汇就是通过前缀+词根（有时不止一个词根）+后缀的方法派生而来的。如：hyperaldosteronism一词，hyper-为前缀，意思是"高的"；aldosterone为词根，意为"醛固酮"，-sim为后缀，表示"症状"；明确了前缀、词根、后缀的意思，并通过查阅相关资料，可将该词译为"醛固酮增多症"。

医学术语中的派生词专业性强，有些词还很长，但意义一般比较固定。在进行翻译时，译者应当查阅专业词典，弄清词缀、词根的意义，并参考相关资料，方可给出恰当、准确的译文。

其二，冠名术语。医学术语中，一些疾病的名称、科研方法、解剖结构和手术等通过冠以人名或者地名成为冠名术语。如Mediterranean anemia（地中海贫血）就是因地中海地区为该疾病的高发区而命名。冠以发现新原理、新方法、新症状和新疾病的人的姓氏，加上如syndrome（综合征）、disease（病）、test（试验）、reagent（试剂）、method（法）、reaction（反应）、operation（手术）、instruction（指示剂）、treatment（疗法）和theory（学说）等词，构成人名冠名术语。如Alzheimer's disease（阿尔兹海默症，又称老年痴呆症），就得名于首先发现了老年痴呆症病例的医生Alois Alzheimer（爱罗斯·阿尔兹海默）。也有一些冠名术语来自神话传说或是文学作品，如Dorian Gray syndrome（道林格雷综合症），便得名于英国作家Oscar Wilde（奥斯卡·王尔德）的小说*The Picture of Dorian Gray*（《道林·格雷的画像》），其主人公道林·格雷是一位美男子，宁愿出卖自己的灵魂而使青春永驻，该名称用于指代自恋型人格失调；再如希腊神话中的美少年Narcissus（那耳喀索斯）因自恋自己水中的倒影而憔悴死去，其名被冠于narcissism（自恋癖，自爱欲）。

翻译冠名术语时，一般采取音译与意译相结合的翻译方法，对冠名部分采取音译，而表示疾病、治疗法、药品等医学术语的部分采取意译。有的时候也会舍去冠名，直接意译为其相对应的病症。如：Oedipus complex可译为"俄狄浦斯情结"或"恋母情结"。"俄狄浦斯"的冠名来源于古希腊神话，俄狄浦斯不知道自己真正的父母是谁，在一场比赛中失手杀死了父亲，又娶了自己的母亲，随后便用Oedipus complex来指代恋母情结。

其三，缩略语。因为许多医学专业术语长且比较繁复，为了便于医学信息交流，常常会创造一个缩略词来浓缩常用信息。比如，医生的处方以及化验单上几乎全都使用缩略语来代替医学专业词汇，如ALT（Alanine aminotransferase，丙氨酸氨基转移酶），为肝功能中最常见的一项指标。在翻译缩略词时，有些缩略词因为使用范围广，使用时间长，大众认可度高，可以保留原词不进行翻译，如：CT：computed (computerized) tomography（计算机化层析X射线照相术，计算机断层X线扫描术）；SARS：Severe Acute Respiratory Syndromes（非典型肺炎）；DNA：deoxyribonucleic acid（脱氧核糖核酸）；ICU.：intensive care unit（重症监护病房）等。还有一些不常用的或未被公知公认的缩略词，可采用意译，或意译加注释的方法。如：DM2（diabetes mellitus 2）：2型糖尿病；CV（cardio vascular）：心血管系统；HAV（hepatitis A virus）：甲型肝炎病毒；VZV（varicella-zoster virus）：水痘—带状疱疹病毒等。

医学专业学科众多，且分科很细，医学术语中的缩略语数量庞大，且相当一部分是不规则的缩略语。译者遇到缩略语时，必须认真查找，仔细对比，不可随意推断，否则很可能"失之毫厘，谬以千里"，比如以下的例子：

AID（acute infectious disease），意为"急性传染病"；AIDS（acquired immune deficiency syndrome），意为"获得性免疫缺陷综合征"，又称"艾滋病"。

2.3 句子的翻译

医学英语中，出于描述复杂对象、现象、方法、步骤等的目的，更需要句子结构上的逻辑性与严谨性，长句和复杂句式的使用相较于一般题材的英语更多。在进行医学英语翻译时，译者需要分析句子，理清句子的意群和逻辑关系；先找出主句，理顺各分句间的关系和修饰语间的关系，在充分理解原文的基础上，将原句的语法结构逐层分解，有时，还需要解构重组，变繁为简。在句子翻译层面，常用的翻译技巧主要是以下三种：顺译法、逆译法、重组法。

（1）顺译法

从书面语的角度，英语和汉语在句法结构上大体一致。因而，在翻译中，顺译法最常使用。需要提出的是，对于名词中心词被前置和后置定语修饰时，通常按其语义关系进行直译，从翻译技巧角度看，仍然属于顺译法。如：

The skin is a complete layer that protects the inner structures of the body, and it is the largest of the body's organs.

译文：皮肤是保护肌体内层结构的完整层，也是机体的最大器官。

该句中，"...that protects the inner structures of the body"是"a complete layer"的后置定语，在翻译时译为前置定语"保护肌体内层结构的完整层"，这仍属于顺译法。

再如：

For example, many oncogenic viruses elaborate protein-tyrosine kinases that modify the regulatory events that control patterns of gene expression, contributing to the initiation and progression of cancer. （廖荣霞，2013:64）

译文：例如，许多致癌细胞可产生蛋白酪氨酸激酶，这种激酶能够改变控制基因表达模式的调节事件，从而促进癌症的发生和进展。（廖荣霞，2014:39）

该句的原文包含一个定语从句和一个状语从句，在翻译定语从句时，译文重复了前文的"激酶"来补充原文定语从句中所修饰的主语；翻译状语从句时，用"从而"表示出了原文的递进关系。译文没有改变原文的语序，采用的是顺译的翻译技巧。

A thin connective tissue capsule surrounds each alveolus, several of which typically open into a common duct that is lined by stratified squamous epithelium, which is continuous with the outer epithelial root sheath of the hair follicle. （廖荣霞，2013:36）

译文：每一个腺泡都有一层薄的结缔组织囊包裹，通常数个腺泡开口于一个公共管道。管道内层覆盖的复层扁平上皮延续于外层的毛囊上皮根鞘。（廖荣霞，2014:25）

原文包含多个定语从句，属于较复杂的长句，但仍然采用顺译法进行翻译，语序上没有做过多的调整。首先，按照原文语序在定语从句处进行分句，用上了重复主语（"腺泡""管道"）的方式将定语从句分别译为了分句"通常数个腺泡开口于一个公共管道"和另起一句"管道内层覆盖的复层扁平上皮延续于外层的毛囊上皮根鞘"。

（2）逆译法

由于逻辑思维方式不同，英语习惯先展示结果再表达原因，先叙述条件再表达主题，先表明态度再详叙事实等，而汉语在这些思维表达方面恰恰相反。从修辞手法来看，英语的强调、倒装以及其他句式结构调整也会造成在句子结构上与汉语相逆。在处理这类句子时，我们往往采用逆译法。如：

Attention should also be paid to the location of the placenta (anterior or posterior) because a patient with a placenta implanted posteriorly is less suitable for vaginal delivery and an anterior placenta may lead to greater blood loss at cesarean section.

本句中，英语原文的逻辑是先表明结果"Attention should also be paid to the location of the placenta (anterior or posterior)"，再提及原因"because a patient with a placenta implanted posteriorly is less suitable for vaginal delivery and an anterior placenta may lead to greater blood loss at cesarean section.",在翻译为汉语时,应该遵从汉语先因后果的逻辑表达方式,对该句采取逆译法,先译出原因,再表明结果。

译文:由于胎盘位于后壁的患者不宜阴道分娩,而胎盘位于前壁在剖宫产时可引起大量出血,所以还要注意胎盘是在子宫前壁或后壁的位置。

再如:

The diagnosis of rheumatic fever in the past may be suggested, as a result of careful questioning even in the absence of "typical" chorea or acute migratory joint pains as indicated in the section on Rheumatic Fever.

该句与上一句在原文的逻辑关系上一样,也是先叙述结果"The diagnosis of rheumatic fever in the past may be suggested",再说明原因"…careful questioning even in the absence of 'typical' chorea or acute migratory joint pains as indicated in the section on Rheumatic Fever."翻译时,仍旧按照汉语的表达习惯,先说原因,再讲结果。

译文:看来即使没有风湿热一节中所指出的"典型"舞蹈病或急性关节痛的症状,经过仔细询问病史还是有可能对过去的风湿热做出诊断的。

That this is due to intermittent stimulation and withdrawal of progesterone is substantiated by the fact that dysmenorrhea is not evident if ovulation is prevented.

在这个句子中,英语先陈述了结论,再列出条件;而在译为汉语时,为了使译文符合目的语读者的阅读习惯,也采取了逆译法,将"if ovulation is prevented"的部分提前。

译文:这是由于黄体酮的间歇性刺激和撤退所致,此看法已被下列事实所证明,即如果排卵被阻止,痛经就不明显。

A wide range of materials for use in medicine, agriculture, and industry that are currently in short supply could be produced in much greater quantities if the genes regulating their production by higher plants and animal cells could be incorporated into the microbial genome.(康志洪,2012:160-161)

原文先提出结论"could be produced in much greater quantities",再说明实现该结论的条件"if the genes regulating their production by higher plants and animal cells could be incorporated into the microbial genome."翻译时,采用逆译法更为通顺。

译文：许多种用于医学、农业和工业的材料目前十分紧缺。但是，某些基因可通过高等植物和动物细胞来影响这些材料的生产。如果能将这些基因导入微生物基因组，材料的产量便可大幅提高。

（3）重组法

英语相对汉语来说，倾向于通过句子结构（词、词组和分句）的修饰关系，表达严谨的逻辑关系；汉语则习惯用简短的句子结构，从语义上注重内在连贯性，从句法上偏重使用短句。对英语中复杂的句子，造成理解困难的主要原因往往并不在于句子过长，而是句子内部的各种结构和它们之间的逻辑关系过于复杂。理解英语长句，首先要准确判断出词语间的结构关系、关键的词语搭配和名词化结构在句子中的作用，以及确定句子的主干结构和层次关系。如果其所包含的分句（或短语）的信息多且关系复杂时，除了进行句法分析外，译者还必须对信息所含的语义进行逻辑重组，然后在翻译时按照汉语的语义逻辑关系重组全句，这就是翻译中的重组法。重组法实际上是一种综合性的翻译方法，它涉及前文所述词汇层面的词性转换、词的增减和词序调整等，也涉及句子层面的顺译和逆译。比如：

Many of these patients have symptoms that are erroneously attributed by both the patient and the physician to their underlying gastrointestinal disorder; furthermore, the chronicity and multiplicity of complaints that many of these patients have as a result of their complex medical problems tend to cloud the clinical presentation and often lead to a delay in diagnosis.（李清华，2012：104）

在翻译这句话时，"have symptoms..."这个部分采用了词性转换法，将"有……的症状"译为了汉语名词形式的"病人的症状"；"the chronicity and multiplicity of complaints that many of these patients have"这个部分如不做调整硬译为"许多病人具有主诉的迁延性和多重性"，就能感觉出翻译腔，读起来并不通顺，因而需要重组语序，译为"许多病人的主诉具有迁延性和多重性"。

译文：许多这种病人的症状被病人和医生错误地归因于所患的胃肠疾病。而且由于其复杂的医学问题，许多病人的主诉具有迁延性和多重性，这也容易使其临床表现模糊不清，往往导致诊断的延误。

The acidic contents of the stomach denature the bulk of the protein systems in the diet, if cooking has not already accomplished this; also in the stomach pepsin initiates digestion by hydrolysing the interior peptide bonds in the protein chains—it is thus an endopeptidase, in contrast to the exopeptidases, which hydrolyse the peptide bonds attaching the terminal amino acids. （李清华，2012：105）

本句中，对第一个分句"The acidic contents of the stomach denature the bulk of the protein systems in the diet, if cooking has not already accomplished this"采用逆译法，先译出假设，再译结果，更符合汉语读者的逻辑思维习惯："如果烹调还未使饮食中的大量蛋白质变性，那么胃的酸性内容物髓迭能达到此目的"。第二个分句中，"pepsin initiates digestion"和"—it is thus an endopeptidase"两个部分由破折号"—"及"thus"在句法和语义上形成并列分句，"which hydrolyse the peptide bonds"这一定语部分的先行词为"exopeptidases"。通过拆解分析，在翻译时对原句进行分割，重组原句中含独立信息的分句。

译文：如果烹调还未使饮食中的大量蛋白质变性，那么胃的酸性内容物髓迭能达到此目的；也是在胃内，还有胃蛋白酶通过水解蛋白质链内部的肽键而启动消化作用，因而，它是一种内肽酶，与外肽酶不同，后者水解联系末端氨基酸的肽键。

医学英语是科技英语的一种，在词汇、句法和文体层面上有自己的特点和难点，表现在专业术语、长句和复杂句更多、文体更为正式等，这些都对译者进行医学英语翻译提出挑战，需要译者查阅大量专业资料，咨询有关专家，甚至需要有一定的医学专业背景才能做好翻译工作。但从基本的语法结构方面来看，医学英语与一般英语又有许多相通之处，借助上下文语境和词语搭配判断词义，仔细分析句子结构，掌握常用的翻译技巧，对进行医学翻译都大有助益。总的来说，不论从事哪一种题材的翻译，对译者素质的要求都有基本类似的方面，如扎实的语言基本功、较为全面的知识结构、端正的翻译态度和恰当的翻译方法等。译者也必须努力提高自己各方面的素质，拓展专业领域，勤查资料、多做研究，方能处理好医学翻译在内的专业翻译工作。

作业

请翻译：

1. Warnings and precautions: Ciprofloxacin should be used with caution in epileptics and patients with a history of CNS disorders and only if the benefits of treatment are considered to outweigh the risk of possible CNS side-effects.
2. Dosage should be controlled by periodic determinations of prothrombin time

（PT）or other suitable coagulation tests.
3. Ciprofloxacin is generally well tolerated. The most frequently reported adverse reactions are: nausea, diarrhea, vomiting, dyspepsia, abdominal pain, headache, restlessness, rash, dizziness and pruritus.
4. Side-effects: Loss of appetite and nausea occur in most cases, sometimes with vomiting. These symptoms are usually confined to the first few days of treatment and then tend to disappear.
5. For adults give intramuscular injection of 400 to 600 mg per day in 2-3 divided doses. For infants give intramuscular injection of 10-20mg/kg per day in two divided doses.

第八节　商务翻译

习近平总书记在2022年外文出版社成立70周年，给外文出版社的外国专家回信中，明确指出"翻译是促进人类文明交流的重要工作"。季羡林先生曾把中华文化比作一条长河，这条长河历经五千年不曾枯竭，皆因有新水注入，最大的两次新水一次来自印度，一次来自西方，依靠的都是翻译。印度的新水为我们引进了佛经，而近代西方学术文化著作的汉译，则帮助国人了解了西方的科技，睁开了看世界的双眼。

在建设新时代中国式现代化的今天，我们与世界各国之间的互联互通达到了历史上前所未有的高度。准确有效的翻译，可以极大地推进中外文明交流互鉴，也可以不断地拉近各国间的关系，促进各国的经贸往来。英语仍然是当今国际商务活动中最常使用的工作语言，本节将讨论商务英语的语言特点及笔译中常见的难点和对策。

1. 商务英语的语言特点

商务英语既有书面文本，也有口头交流；既能线下使用，也广泛使用于线上交流；既见于招标文献、合同、企业简介等商务合作领域，也常见于电子邮件、名片、公示语等日常活动范畴，且受时间和地域的限制小。由此可见，商务英语的应用范围广泛，且功能多样，使用灵活。有别于日常英语，商务英语在词汇和句法上有其自身的特点，在商务活动中需要兼顾实用、严谨和专业的需求。

1.1 措辞严谨，客观正式

为了达到文本严谨的目的，商务英语文本措辞多用书面词汇来代替日常使用的普通词汇，其中包括古体词或拉丁文派生词，突出文本的正式与客观性。

例1.

The board meets on an <u>ad hoc</u> basis to tackle the emergency.

译文：董事会临时召开会议以应对紧急情况。

句中的"ad hoc"表示"临时的，特别的"，是拉丁文派生词，这个表述如果换成temporary或者special这样的普通词，某种程度上就会削弱读者对"情况"的"紧急性"的理解。

例2.

This signed letter can be interpreted as a <u>de facto</u> recognition of the validity of the No. 323 document.

译文：这封署名的信件事实上可以被当做承认了323号文件的有效性。

句中的"de facto"也是拉丁文派生词，表示"实际的，事实上的"，这个表述如果换成对应的actual这样的普通词，文本的正式性也会大打折扣。

例3.

By 9 votes to 2, the board voted to maintain the <u>status quo</u>.

译文：董事会以9票对2票投票决定维持现状。

句中的拉丁文派生词"status quo"表示"现状"，这个表述比起对应的current situation这类普通词汇表述，更能凸显董事会决议的严肃性。

例4.

We <u>hereby</u> acknowledge receipt of your quotation dated 3rd April.

译文：我们特此确认收到贵方4月3日的报价。

例5.

These articles are <u>hereinafter</u> referred to as "agreed articles".

译文：这些条款以下简称"议定条款"。

例4和例5中的hereby和hereinafter都是古体词，除此之外还有whereof, herefrom, hereinabove, hereto等，任何一个英语合同文本都少不了运用此类复合古体词来体现文本的严肃性。

1.2 专业术语丰富

商务英语涉及领域广泛，贸易、金融、财务、市场营销、保险等都包含在内,也因此有许多相关的专业术语,其中还有些看上去是普通词汇,在特定领域却有特殊的意义,这就要求翻译商务文本前需要做好充分的专业储备,译中做到有疑必查,译后求证确认。比如:

例1.

She quoted a poem from *Macbeth* by Shakespeare.

译文:她引用了莎士比亚《麦克白》中的一首诗。

例2.

Your company quoted us $100 for installing each monitoring camera.

译文:贵公司为安装每台监控摄像机的报价为100美元。

以上两个例句中都出现了"quote"这个单词,例1中的"quote"是普通词,表示人们熟悉的"引用"之意,然而例2是一个典型的贸易工作表达,其中的"quote"在此情境中译为"报价",如果还译为"引用",就会出现误译。

例3.

Wendy gained some compensation for her earlier setback by publishing the novel.

译文:温蒂出版了这部小说,也算补偿了她早先经历的挫折。

例4.

The pharmaceutical company offers a competitive compensation package to attract talented scientific personnels.

译文:这家制药公司提供有竞争力的薪酬待遇以吸引有才华的科研人员。

例3中的compensation是常见的"补偿"之意,而例4是一个介绍企业的文本,其中把"compensation"和"package"连用时,意思是企业的"福利包、薪酬待遇",如果不掌握一定的商务英语术语,把"compensation package"按常见意思译为"补偿包",就会让读者感觉一头雾水,"为什么要补偿呢",造成一个失败的翻译。

例5.

She's just an average sort of employee in the company.

译文:她只是公司里一个普通的雇员。

例6.

A general average is an insurance loss that affects all cargo interests on board as well as the ship herself.

译文:共同海损是一种影响船上所有货物权益以及船舶本身的保险损失。

例5是一句日常英语的普通句子,其中的"average"表示的是"普通的"这个常见意思。例6显然涉及保险业,那么"general average"就不能按常见意思译为"一般平均数"了,而是相应的保险业术语"共同海损"。

1.3 逻辑严密,条理清晰

商务英语文本为了确保意思明确,避免歧义或不必要的利益纠纷,力求通过句法使文本表述逻辑缜密,也因此出现不少长句。

例1:

The airliner paid $90,000 a month in fines to the agency that owns the international terminal because its planes stayed longer than the one hour allocated to disembark passengers, tidy up, and leave.

译文:拥有国际空港的那家公司规定,每架客机只能在一个小时以内完成旅客下机、清场、撤出等工作,超过规定时间就罚款。这家航空公司屡屡因为未能按时撤出,结果每月罚款9万美元。

例2:

If your product requires certain hardware environments to operate, be aware that the fact that such environments are common in Australia may not necessarily indicate that they are also common abroad.

译文:请注意,在澳大利亚以外的其他地方,可能没有适合该产品使用的硬件环境。

例1和例2都是长句,里面出现了不同的从句和比较级等结构,翻译时要将句子里的各个意群完整紧密地连在一个句子里。

2. 翻译难点及对策

在翻译商务文本时,除了需要考虑以上所列商务文本的语言特点,还需要解决由商务文本的功能性要求和英汉语言本身的差异,以及东西文化差异给翻译带来的困难。

2.1 "形""意"之别

英语是重形合的语言,注重以形显意,句子各成分之间的逻辑关系靠关联词等显性连接手段来直接标示;汉语是重意合的语言,注重以意役形。而商务英语文本由于强调严谨性,尤其重视句子各成分的逻辑关系,这种情况下,在英汉互译的时候使用归化的译法无疑能帮助读者提高阅读效率。

例1.

It is well known that when matters such as grass, twigs and leaves are burned, energy is released.

译文1：众所周知，当草、树枝和树叶等物质被燃烧时，能量就会释放出来。

译文2：众所周知，草、树枝和树叶之类的物质燃烧时，会释放出能量。

译文1中，直译了原句的被动语态，包括把表示时间的关联词"when"，使原句呈现出异化的风格。而译文2中，用主动语态转译了被动的意思，不强调施动者，采用归化译法，更易为读者接受。

例2.

A major factor behind the recent market decline is the marked increase in holding companies' transaction to dump their shares.

译文1：最近市场下跌的一个主要因素是控股公司抛售股票的交易明显增加。

例2是一个典型的"形合"句子，借助"behind the recent market decline"这个介词短语作为主语"factor"的后置定语，用"to dump their shares"这个不定式短语作为transaction的后置定语。实际上，这个句子包含了几个主要的意群：市场下跌，主要因素是，抛售股票，交易增加。译文1采用异化译法直接使用原句的顺序，一口气将几个意群说到底，容易让读者感到信息过多而混淆。

如果使用归化译法，将意群按中文读者的阅读习惯呈现出来，就能得到如下译文。

译文2：最近的市场呈日益下降的态势，这背后的主要原因是，上市公司在抛售各自发行股票的交易上有了显著增加。

译文2在保留原句信息的前提下，抛弃了英文中的"形合"结构，调整了语序，完成了一个符合中文表达习惯的"意合"的句子。

"形""意"之别不仅在句子结构上可见，在公示语翻译中，由于公示语的语体特点之一是简洁明了，因此对"形""意"的转换尤其重要。比如：

例3. 禁止电动车进入电梯。

译文1：Prohibit e-bikes from entering the elevator.

译文2：No e-scooters are allowed inside.

译文1是对原句的完全直译，使用了"prohibit sb. from doing sth."（禁止某人做某事）的短语，但是句子在语法上缺乏了施动者，即，"谁"禁止电动车进入电梯。通常在汉英翻译时，会把汉语里的无主句处理成英语里的被动语态。既然例3是公示语，力求简洁明了，就可以借助英语公示语里"No+sth."的结构，另外，既然公示语是张贴在电梯里的，那么译文也无需再赘述"电梯"了，参考译文2。

除了在句子中的"形""意"之别，语篇衔接中也比比皆是。比如：

例4.

To whom it may concern,

Regarding our previous mails and faxes, we wish to call your attention to the fact that up to the present moment no news has come from you about the shipment under the contract signed by us on 10th Jan this year.

As you have been informed in one of our previous faxes, the users are in urgent need of the devices contracted and are in fact pressing us for an early delivery.

Under the circumstances, it is absolutely impossible for us to extend L/C No. 1324 again, which expires on 10th March, and we feel it our duty to remind you of this issue again.

Kind regards,

译文：

敬启者，

我方先前给贵方的邮件和传真，旨在提请贵方注意这一情况：到此刻，我方还未收到贵方关于今年1月10日双方签约的合同约定中货物装运之消息。

如我方之前的一份电报所告，用户急需所订购的设备，事实上他们正催促我方早日交货。

在此情况下，我方决然不能将3月10日期满的第1324号信用证再次延期，我方认为有责任再次提醒贵方注意此事。

盼复

例4是一封商务信函，通常第一句话要求说明信函的事由，英文信函中开篇以"Regarding"引出对收信方的提醒内容。中文翻译时可以采用增词法，增加主语"我方"，既符合中文信函的书写习惯，也符合中国的商务礼仪。

此外，根据英语商务信函的礼貌原则，被动语态能使语气更加礼貌、委婉、客观和公正，信函第二段的第一句就使用了被动语态："As you have been informed in one of our previous faxes,"这个英文句子比"As we have informed you in one of our previous faxes,"要更客气。但是在中文商务信函中，恰恰少用被动语态，若本文采用直译、保留原句语序，则译文为"正如贵方在我方上份传真中被告知的，"这样的表达就是带着翻译腔，难以让中文读者接受，不如化被动语态为主动语态，译为"如我方之前的一份电报所告"。

最后一段是一个长句，使用了形式主语"It is impossile for us..."和非限制性定语从句"..., which expires on 10th March,..."将原文的三个意群逻辑紧密地结合在一个句子里。如果保留原句的"形"，就会得到一句佶屈聱牙的译文："在此情况下，这是绝对不可能的对我们而言来给第1324号信用证再次延期，这份信用证将在3月10号过期，我方认为有责任再次提醒贵方注意此事。"在"形""意"有别的情况下，要考虑目的语读者的阅读习惯，放弃英文原句的"形"，用中文表达的习惯来流畅地表达出原句的意群：

"在此情况下，我方决然不能将3月10日期满的第1324号信用证再次延期，我方认为有责任再次提醒贵方注意此事。"

例5.

尊敬的约翰逊先生：

刚才与阁下在电话中所谈各项事务都极为重要。为避免言语之间可能有任何误会之处，兹将所商各事拟成备忘录一份呈上。请阁下查阅其间有无错误，并希早日答复为盼。

顺致

敬意

（签署全名）

2023年9月10日

译文：

10th Sep., 2023

Dear Mr. Johnson,

The various subjects we discussed on the phone just now were all matters of extreme importance. To avoid any possible misunderstanding in our talk, I have composed a memorandum of the subjects we covered. I beg to send it herewith to you and to ask you to examine it and to see if there are any mistakes therein. I hope you will favor me with a reply at your earliest convenience.

Best regards,

(Signed, in full name)

例5是一份中文商务信函，体现了中文商务信函表示礼貌的方式，有别于英文信函中使用被动语态的习惯，这份信函中弱化了第一人称的写法，重点突出讨论的事件和对收信人的尊重。因此在翻译成英文时，要重视英文中对"形"的要求，比如，增加施动者"we"和"I"。

另外，在汉译英时需要注意以"形"辅"意"。如果说英译汉时，需要做适当的减法，减掉一些为了"形"而存在的语法结构，那么在汉译英时则需要反其道而行之，适当增添语法要素把英文语篇的"形"固牢。比如，第一句中"刚才与阁下在电话中所谈各项事务都极为重要"，直译成英文就是"The various subjects we discussed on the phone just now were extremely important."但是我们知道商务英语中普遍惯用名词或名词化表达，尤其是在英语书面语中，名词化的大量使用使得语篇更加正式和客观，因此这个句子中可以增添"of + sth."这样表示事物属性的结构，将"were extremely important"改写成"were matters of extreme importance"，既没有改变原意，还能提高译文的正式性。

中文信函中的"请阁下查阅其间有无错误"也体现了商务信函中"贬己尊人"的礼貌原则，但是如果采用直译，就会出现"Please check for any errors"这样简单粗暴的表述，因为原句为祈使句，而英文祈使句中常省略对受话人的称呼，因此，在翻译时不仅要增加"I beg...you"的贬己尊人的表述，还增添了"herewith"和"therein"这样的古体词来体现正式性和专业性，最终得到译文"I beg to send it herewith to you and to ask you to examine it and to see if there are any mistakes therein."

2.2 "无灵""有灵"之别

英语中常用物称表达法，让事物以客观的口气呈现出来，就是使用"无灵"名词作主语，即抽象概念、心理感觉、事物名称地点等的名词充当主语，而汉语中则常用人称主语表达，就是"有灵"主语，往往注意"什么人怎么样了"。所谓"有灵""无灵"指的是是否有生命，比如"witness, see, feel, work"这些一般都是由人作施动者的词，就叫"有灵"动词。在汉英互译时，要注意到这种差别，通俗地说这种方法就叫"到什么山上唱什么歌"。

例1.

由于担心一些地产商可能会因为资金短缺而破产，投资者纷纷抛售手里的房产。

译文1：Investors are selling properties for fear that some real estate developers could go bankrupt due to capital shortfalls.

译文2：Speculations that some real estate developers may find themselves with capital shortfalls and go bankrupt are driving investors to dump their properties.

译文1基本上采取全句直译，保留了原句的"投资者"作为主语，中规中矩；译文2改变了原句的结构和语序，将"担心"作为主语，增加了"导致"这个原句之外、"意义"之内的这个表示结果的词语，而将原句中的主语"投资者"当做宾语，因此出现了"Speculations...are driving investors..."这样无灵主语搭配有灵动词的句子，这样的搭配在英语中更体现出一种客观性，使陈述内容更可信。

例2.

The 2021-2022 fiscal year saw a moderate growth in infrastructure construction in the province.

译文1：2021—2022财年看到了该省基础设施建设适度增长。

译文2：2021—2022财年，该省基础设施建设适度增长。

同理，在英译汉时，如果遇到"无灵主语"搭配"有灵动词"，就需要适度放弃英语的"形"，来保证汉语的"意"。比如在例2中，译文1保留了"有灵动词""saw"，就不如译文2中去掉"saw"的效果好，因为这种搭配在汉语中属于拟人的修辞，商务文本为了体现客观性和正式性一般不使用。

例3.

The restriction of chip exports by the United States on Chinese companies has actually compelled them to accelerate their research and development of chips.

译文：美国对中国企业限制芯片出口，迫使中国企业加快了对芯片的研发。

这个例句中主语restriction（限制）是"无灵"的，搭配上"有灵"动词compel（强迫，迫使）使句子的陈述更客观。但是在翻译时，就需要将"restriction"实际的施动者"the United States"转化为汉译句中的主语，搭配上"迫使"就很自然了。

例4.

这个冬天非常寒冷，加上天然气涨价，使得电热毯、秋衣秋裤等季节性产品在欧洲的销量大大上涨。

译文1：This winter is very cold, coupled with the rise in natural gas prices, which has led to a significant increase in sales of seasonal products such as electric blankets and thermal underwear in Europe.

译文2：The cold winter, coupled with the rise in the natural gas price, has boosted the sales of seasonal products such as electric blankets and thermal underwear in Europe.

例4有两种译法，第一种采用了直译，用定语从句表达了原句中的结果状语；第二种译法把"寒冷的冬天"作为主语，配以有灵动词"boosted（推动了）"，使句子简洁不少。

例5.

A sense of hopefulness and excitement prevails among the candidates, their parents and schools.

译文1：一种希望和幸福的感觉弥漫在候选人，他们的家长和学校之间。

译文2：候选人、他们的父母和学校都充满了希望和兴奋。

例5的译文1采用了异化译法，保留了"无灵"主语搭配"有灵"动词的方法，而译文2使用归化译法，变原句的"无灵"主语为人，更符合汉语读者的阅读习惯。

2.3 "东""西"文化之别

在全球化背景下，国际贸易往来达到了前所未有的高度，商务英语翻译在其间发挥了重要的作用。在国际贸易往来中，商务翻译涉及的不仅仅是专业领域的知识，还需要熟知贸易参与各国的文化差异，深度了解不同的文化背景、宗教信仰、自然地理、语言表达、文化意象和风俗习惯等，才能恰到好处地传达信息，为贸易各方搭好沟通的桥梁。

例1.

I know it is an apple. I won't do business with them.

译文1：我知道这是个苹果。我不会和他们做生意。（误译）

译文2：我知道这是个陷阱。我不会和他们做生意。

译文1没有发现"apple"在文中关联的文化背景，直译为"苹果"，无法传递有效信息。

例2.

The CEO is a doubting Thomas. He never believes the data without a detailed report.

译文1：首席执行官是个怀疑的托马斯。他从不相信没有详细报告的数据。（误译）

译文2：首席执行官是个多疑的人。他从不相信没有详细报告的数据。

译文1的错误在于不了解"doubting Thomas"在英语里的意思，不是"多疑的托马斯"，根据《圣经》典故，耶稣的门徒之一托马斯，不相信耶稣复活了，直到看见和触摸到耶稣的伤口，因此现代英语里的"doubting Thomas"意为"生性多疑的人"。

例3.

这一消息对于解决这家公司当前存在的三角债问题具有重要的意义。

译文1：This news is of great significance for solving the current triangular debt problem of this company.（误译）

译文2：This news is of great significance for solving the current chain debt problem of this company.

译文1的错误就在于不了解汉语的"三角债"在英语里的表达习惯是"chain debt"，而不是所谓的"triangle debt"。

作业

请翻译：

1. We hereby engaged with drawers and/or bona-fide holders that draft(s) drawn under and in conformity with the terms of the credit shall be duly honoured on due presentation and delivery of documents as specified.
2. Insurance policy in duplicate endorsed in blank for 110% of the invoice value against all risks and war risks, subject to cic of the picc, claims to be payable in germany in the currency of the credit.

小结

商务英语有其独特的语言特点，其文本的功能性也对商务英语翻译提出了更高的要求，译员需要熟悉汉英两种语言的特点，并且熟知翻译时可能遇到的困难再采取相应的对策。

视频：0380 商标的翻译
　　　0381 产品说明书的翻译（上）
　　　0382 产品说明书的翻译（下）
　　　0383 商务信函翻译（一）
　　　0384 商务信函翻译（二）
　　　0385 信用证的词汇特点及其翻译
　　　0386 国际贸易谈判翻译（上）
　　　0387 国际贸易谈判翻译（下）
　　　0388 商务翻译中的语用失误（上）
　　　0389 商务翻译中的语用失误（下）

第四章 翻译项目管理

所谓翻译项目管理，就是掌握计算机辅助翻译软件的团队，在一个平台上，按照规定流程进行团队协作翻译。首先要掌握的是计算机辅助翻译软件。

第一节 计算机辅助翻译软件[①]

当今，在翻译从业人士的增长速度超出语言服务需求增长的趋势下，"科学技术是第一生产力"这样的至理名言再实用不过。翻译技术的运用程度无论是针对个人译员，还是翻译团队、翻译公司，都是一项核心竞争力。翻译技术指的是特定的可以辅助翻译过程和翻译研究的信息技术。大体上包括语料库技术、互联网搜索引擎、特定的互联网信息服务、各类电子辞典及电子工具书，以及其他类型的电子辅助工具。

如今，译员在执行翻译项目的时候，会遇到不断增多的需求与难点，比如快速查词、使用参考文件、确保翻译的统一性等，依靠技术便可快速便捷地解决这些问题。而另一方面，译员在翻译中也在转变自己的思维方式，从完全依赖人工到逐步希望利用技术智能手段来解决问题，提升翻译质量，改善项目管理的能力。从最初级的电子词典、到机器翻译、再到融合着翻译记忆库、术语库的计算机辅助翻译软件及译后编辑软件，技术在以各种形式不断融入到翻译项目之中，也在逐步改变翻译项目中各个岗位人员的工作方式与思维习惯。

1. 计算机辅助翻译的核心定义

翻译技术是一个不断探索与研发的过程，但翻译技术的研发与运用始终围绕

[①] 雷良琼、曾宪海，载岳峰主编《翻译项目管理：实操、案例与研究》，北京大学出版社，2019年，第27-68页。

一些核心的概念进行。本小节就这些核心定义从技术角度进行解释，加强读者对翻译技术的了解。

1.1 CAT工具

我们把计算机辅助翻译（Computer Assisted Translation）工具简称为CAT工具。CAT工具是目前翻译行业最主流、最主要的翻译技术。CAT工具最早源于机器翻译，但与以往的机器翻译软件不同，它并不依赖于计算机的自动翻译，而是在人的参与下完成整个翻译过程。与机器翻译相比，使用CAT工具完成的翻译更加准确，不会出现字字对应的机械翻译，也不会出现句子内部或句子前后语义不通顺、不衔接的情况。与人工翻译相比，它使繁重的手工翻译变得自动化流程化，大幅度提高了翻译效率，同时借助CAT工具中的一些质检功能，也更能保障翻译的质量。

目前翻译行业中常用的CAT工具多是一些基于计算机的软件，如Trados、雪人、MemoQ、Wordfast等。近年来，也出现了一款基于网络、无需安装即可使用的在线CAT工具——译马网[①]。但无论是哪种CAT工具，基本上都是基于后台专业的服务器，使用者经授权后或通过账号进入翻译平台，进行相关翻译操作。CAT工具各具特色，比如，Trados可同时打开多个翻译文件，方便较多份数的文件同时进行翻译与查询；雪人可自动生成段段对照格式的译文；MemoQ可以根据筛选条件，对文本进行筛选；译马网可以直接在浏览器上做翻译，数据存储在云端，用户不需要下载软件。但各CAT工具翻译操作方法也有相同之处，对一款工具的熟练掌握即可有助于其他CAT工具的学习与使用。

1.2 翻译记忆库

简而言之，翻译记忆库（Translation Memory，简称TM）是一个特定格式的语言存储空间，是个人或者翻译公司长期存储语言资产的有形形式。出于安全性考虑，翻译公司一般将TM存放在服务器上。实际项目过程中，将TM挂接于CAT工具中。译员在翻译过程中一方面可以查找TM中的历史翻译内容；另一方面，新的译文文本也将被实时更新于TM中。不同CAT工具对应的TM格式有所不同，但所能导入TM的文件必须是tmx格式的文件。要编辑和生成tmx文件，翻译公司一般会使用Heartsome TMX Editor软件，这是一款专门的tmx文件的编辑器。TM

[①] 译马网官网[EB/OL]. [2017-12-03]. http://www.jeemaa.com

的更新、维护与管理也是翻译公司的一项重要工作和研究内容。

1.3 术语库

术语库与翻译记忆库相似又有所不同。相似的是，术语库也是挂接在CAT工具所创建的项目下。译员可查看术语库中的术语，也可在翻译过程中添加术语，确保术语在所有翻译文本中的统一。但不同的是，翻译记忆库是针对文本的存储，一般以句子及段落为单位；而术语库则是针对特定词汇、专有名词等术语进行的存储，以词汇为单位。

2. 基于SDL Trados的翻译技术介绍

翻译技术的研究与探索必然是基于实际翻译项目需求。目前市面上也有较多计算机辅助翻译（CAT）软件问世。但基于CAT的翻译项目流程具有相同的原理，即将翻译项目搭载在CAT软件上进行翻译，在翻译的过程中参考翻译记忆库以及术语库，且翻译的译文可以及时更新至翻译记忆库，实现语料的二次利用与协同翻译。CAT软件、翻译记忆库、术语库是三个主要概念。其中CAT软件是基础，翻译记忆库是核心技术，术语库是有效的辅助工具。本小节将以SDL Trados Studio这款CAT软件为基础，简要介绍Trados的使用方法以及搭载在Trados上的翻译记忆库与术语库的使用。

SDL Trados Studio 基本介绍

SDL Trados Studio（简称为Trados）集翻译项目创建、文件翻译、审校、翻译记忆库管理等操作于一体。翻译编辑窗口以左右两栏形式同时呈现原文与译文，可对全文进行浏览，方便译员对全文的理解。

翻译软件的更新换代速度一般比较快，自面世以来，Trados已经历了Trados 1.0–6.0、Trados 2006、Trados 2007、Trados 2009、Trados 2011、Trados 2014、Trados 2015以及Trados 2017等多个版本。Trados 2009与此前的各版本使用界面方面有本质区别，而2009后的各版本则较为相似。不同版本间的操作方式可能会有细微区别。我们以Trados 2017版为例进行介绍。

打开Trados，可以看到Trados的界面，窗口主要由欢迎（Welcome）、项目（Project）、文件（Files）、报告（Reports）、编辑器（Editor）、翻译记忆库（Translation Memories）这六个界面组成。不同界面具有不同的功能，在实际项目过程中，针对不同操作选中不同界面。

其一，欢迎（Welcome）界面。该界面可进行"新建项目""翻译单个文档""打开文件包"等操作，同时还可浏览Trados入门资料、新闻等。选择相应标题则可进行相应操作。具体界面如下图所示。

Trados 2017 的欢迎界面

其二，项目(Project)界面。该界面展示了当前Trados中所有正在进行或者已完成的项目，可通过点击工具栏上的"新建项目""打开项目""查看项目文件"等项目相关的按钮进行相应的操作。同时该界面还展示项目的详细情况，如项目路径、创建时间、统计信息等。因此，通过该界面即可对特定项目的具体情况有所了解，及时监控项目的情况。

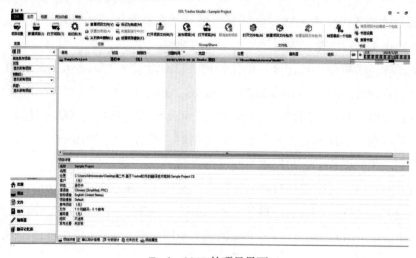

Trados 2017 的项目界面

其三，文件(Files)界面。该界面可对所选中项目下文件进行相关的操作，如"浏览文件所在文件夹""添加文件""删除文件"等，且该界面展示文件具体翻译字数、翻译状态等详情。在此界面，双击文件可打开文件进行下一步编辑。

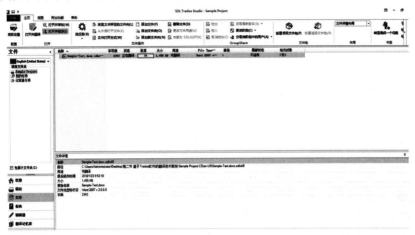

Trados 2017 的文件界面

其四，报告（Reports）界面。该界面是对文件重复率分析结果的展示，可展示单份文件的分析情况，也可以展示项目下所有文件的分析情况。

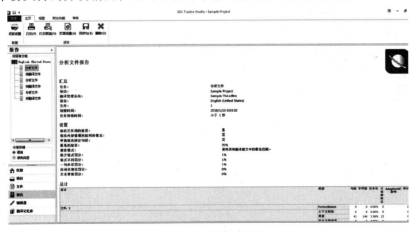

Trados 2017 的报告界面

其五，编辑器(Editor)界面，主要由导航栏、翻译记忆库显示区、术语库显示区、编辑区构成。点击该界面后，可对文件进行翻译与审阅等操作。项目文件未打开时，该界面如图一所示。项目文件打开后，该界面如图二所示。具体该界面的介绍见下文"使用Trados进行翻译"。

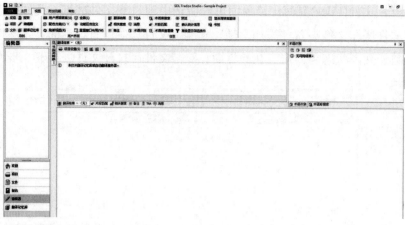

图一

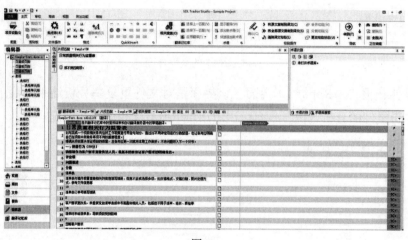

图二

其六,翻译记忆库(Translation Memories)界面。点击该界面,可进行翻译记忆库相关的操作,如打开翻译记忆库、创建翻译记忆库、记忆库内容导入导出等。

第四章 翻译项目管理

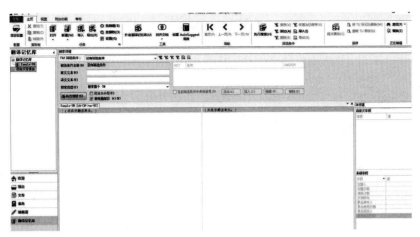

Trados 2017 的翻译记忆库界面

上述是Trados主要界面的展示。在Trados使用过程中，译员可以根据个人的习惯对Trados界面字体、快捷键等默认设置进行更改。

编辑界面字体更改

依次选中"文件"—"选项"—"编辑器"—"字体更改"，勾选适当字体大小（如下图方法一），此时就可以更改字体的大小了。或直接在视图标签中进行修改，即在菜单栏依次选择"视图"—"调整字体大小"即可（如下图方法二）。

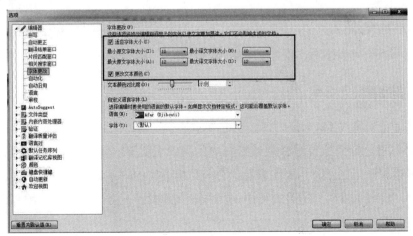

方法一

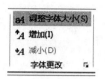

方法二

自定义快捷键

快捷键的合理设定和使用可以有效提升翻译效率。依次选中"文件"—"选项"—"键盘快捷键"（如下图），即可根据个人习惯设置不同操作的快捷键。翻译过程中常用的操作如保存术语、术语查询、添加备注、搜索等，都可以进行设置。

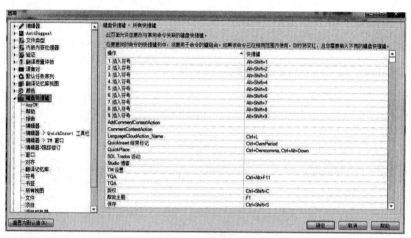

自定义快捷键

3. 创建翻译记忆库

翻译记忆库（TM）是CAT使用的基本要素与核心技术。翻译记忆库犹如一个存储空间，每个项目都必须挂接相应的翻译记忆库，保证翻译的内容更新入库。创建翻译记忆库时，要注意源语言与目标语言的一一对应关系。下面，以创建名为"Sample-TM"的美式英语—简体中文的翻译记忆库为例，介绍翻译记忆库创建的基本步骤。

第一步，单击导航栏的"翻译记忆库"，显示翻译记忆库界面，进行相关翻译记忆库的操作。

第二步，点击"新建"—"新建翻译记忆库"（如下图），即可弹出新建翻译记忆库的"常规"界面。

新建翻译记忆库

第三步,在"常规"界面上按照如下步骤进行设置:

(1)在名称框中输入翻译记忆库的名称,此处为"Sample-TM"。翻译记忆库在命名时需注意记忆库的命名要符合公司或个人项目管理的既定规范,便于对翻译记忆库进行管理。如笔者所在的翻译公司记忆库的命名规则通常为:项目代号/项目名+语言对。

(2)位置框是用于选择所创建翻译记忆库需要保存的路径,可通过"浏览"按钮进行选择。选择后需注意记录记忆库存放的位置,避免出现记忆库混淆的情况。

(3)结合实际项目情况,选择所创建翻译记忆库的源语言与目标语言。翻译记忆库在使用的时候,需注意翻译记忆库的语言对与实际翻译项目的语言对保持一致,否则在项目挂接翻译记忆库时会出现特定的错误提示,无法挂接翻译记忆库。

(4)选择"启用基于字符的相关搜索",可提升搜索的精确度。

常规界面

如果是基于已有翻译记忆库创建新的翻译记忆库，可通过单击"创建自"框旁边的"浏览"按钮选择已有的翻译记忆库。由此创建的记忆库会复制所选择翻译记忆库的基本设置，起到事半功倍的效果。

第四步，单击"下一步"，此时将显示"字段和设置"界面。该界面可根据实际项目需求对每一具体的选项进行调整。

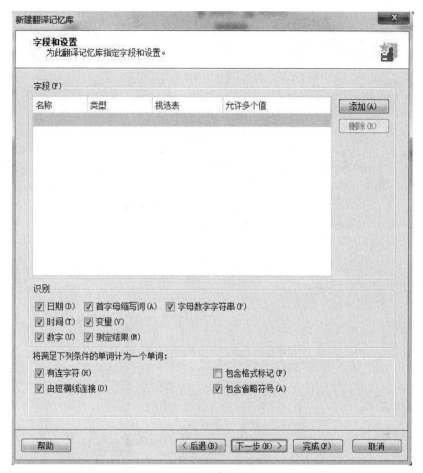

字段和设置界面

第五步，单击"下一步"，此时将显示"语言资源"界面。译员可以在此结合实际需求对资源列表的各项进行设置，创建或修改语言资源列表。选中对应的资源栏，点击编辑按钮，即可进行修改。常用的设置比如对断句规则的调整，根据具体项目判断是基于段落进行断句还是基于句子进行断句。

语言资源界面

通常情况下，在进行翻译记忆库创建时上述第四步以及第五步可不做更改与调整。如需调整，建议提前分析项目以及记忆库的特点，结合项目情况进行调整，保证这些设置调整后是有利于实际项目操作的。

第六步，单击"完成"即可创建翻译记忆库。此时将显示"正在创建"界面。当"正在创建"界面上项目的状态变为"完成"后，单击"关闭"以保存新建的翻译记忆库。Trados的翻译记忆库格式为".sdltm"。

4. 创建术语库（TB）

术语专业性与统一性是当前翻译项目质量评估的标准之一，尤其是针对具有行业特色、专业性强或者项目量较大的翻译项目。在Trados的翻译项目流程中，可以创建术语库并在Trados中挂接项目对应的术语库，以在翻译过程中同时参考术语库中的术语或添加术语至术语库中，保证术语的统一性以及专业性。本小节所介绍的术语库使用由术语表制作、术语表转换、术语库创建与导入、术语库挂接四个方面构成。SDL Multiterm[①]是一款术语管理软件，用于项目术语的管理，以确保翻译项目中术语翻译的准确性和一致性。它是一款独立桌面工具，可用于创建术语数据库和术语表，与Trados配合使用，可以提高翻译质量和效率。下面，将以创建名为"TB-世界地名"的术语库为例，介绍术语库相关的操作。

4.1 术语表制作

基于Trados的术语库管理实际上是在Trados中查看术语库，从而代替在Excel或者Word术语表中逐一搜索查找的方式。术语表顾名思义是以表格形式呈现，因此至少是两列表格，对应源语言和目标语言，形成词汇一一对应的关系。此外，可以根据项目需求，添加其他备注或者说明性的补充信息。在实际翻译项目中，术语可以是行业专业术语、专有名词以及项目中的高频词汇。用于创建术语库的术语表，一般在首行加上语言代码作为术语库创建的索引字段，如中文则添加"Chinese"；英文添加"English"。该"世界地名"部分的术语表截图如下所示：

English	Chinese
Angola	安哥拉
Afghanistan	阿富汗
Albania	阿尔巴尼亚
Algeria	阿尔及利亚
Andorra	安道尔共和国
Anguilla	安圭拉岛
Antigua and Barbuda	安提瓜和巴布达
Argentina	阿根廷
Armenia	亚美尼亚
Ascension	阿森松
Australia	澳大利亚
Austria	奥地利
Azerbaijan	阿塞拜疆
Bahamas	巴哈马
Bahrain	巴林
Bangladesh	孟加拉国
Barbados	巴巴多斯
Belarus	白俄罗斯
Belgium	比利时
Belize	伯利兹

---

① SDL Multiterm中文官网[EB/OL]. [2017-12-06]. http://www.translationzone.com/cn/products/multiterm-desktop/.

4.2 术语表转换

SDL Multiterm创建术语库时需要导入格式为.xdt（术语库定义文件）及.xml（术语文件）的数据文件，因此在创建术语库之前，需对术语表进行格式转化，生成可导入SDL Multiterm所需的文件。SDL Multiterm Convert是SDL Multiterm自带的转换软件，可对多种文件的格式（如下述第三步图片所示）进行转换处理。其中最易于准备的是Excel格式文件。因此，一般翻译公司会要求译员提交Excel格式的术语表，既方便术语表的制作，也便于今后文件的格式转换。按照如下操作步骤，对"世界地名"这份术语表进行格式转换。

第一步，打开SDL Multiterm Convert，界面如下图所示。

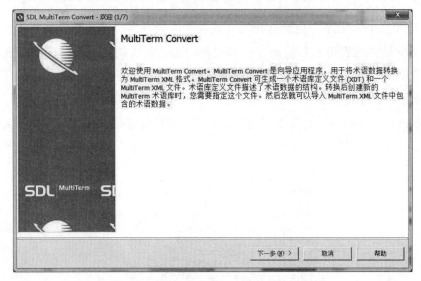

SDL Multiterm Convert 的欢迎界面

第二步，点击"下一步"，弹出"转换会话"对话框，选中"新建转换会话"。点击"另存为"进行浏览，选择此次转换后形成的*.xcd格式文件的保存路径。如希望将本次转换会话的过程保存，则可选中"保存转换会话"，后续如有相同类型的术语表需进行格式转换时，如同一行业的术语表或者同一客户的术语表，则可直接载入此次的转换过程，无需重新设置。完成后点击"下一步"。

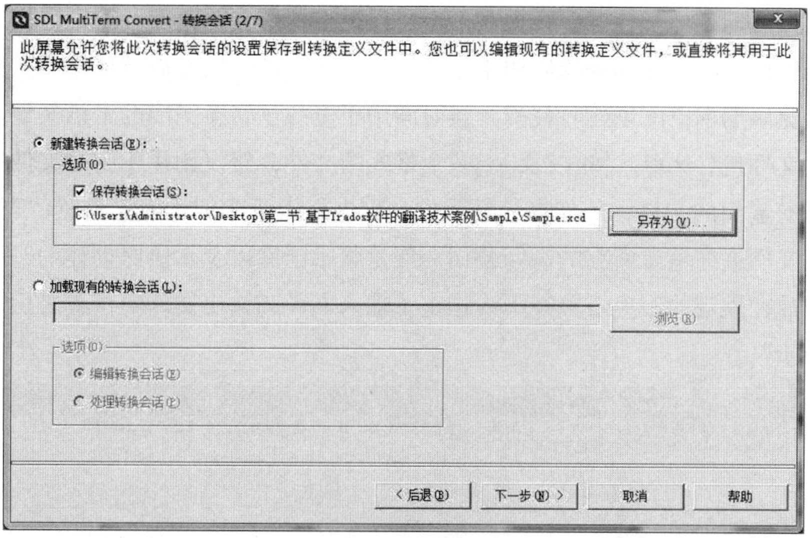

转换会话界面

第三步，弹出"转换选项"对话框。该对话框即选择待转换术语表的原始格式。如前文介绍，自行准备的术语表一般是Excel格式，因此在"转换选项"对话框中选择"Microsoft Excel"格式，并点击"下一步"。

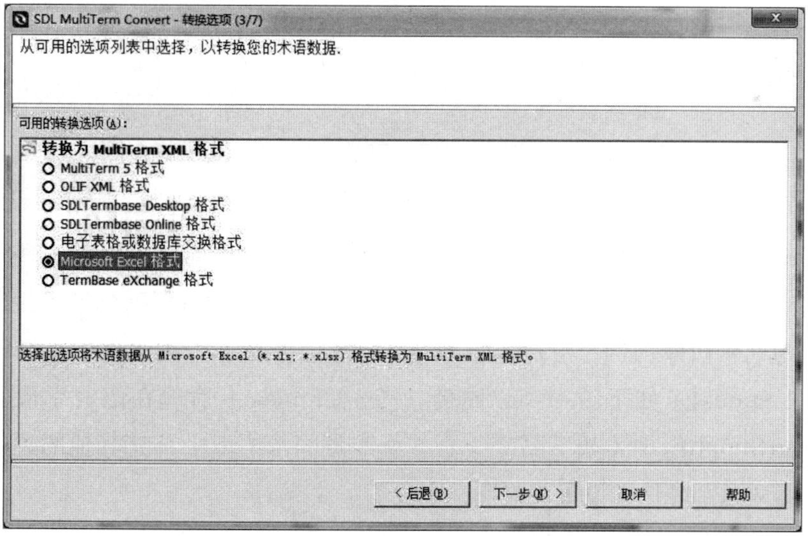

转换选项界面

第四步，界面弹出"指定文件"对话框，需在该界面导入要进行格式转换的具体术语表，通过"浏览"选择具体术语表。术语表选择完成后，软件会自动生成输出文件的名称和位置。转换时,也可以根据需要自行更改和设定输出文件的位置。输出后的文件即是我们用于术语库创建的文件,因此需记住输出文件的位置,避免后期术语库创建时耗费大量时间用于查找已转换完成的术语文件。且因输出的文件包含.xml、.xdt以及.log多个格式的文件,建议创建相应的文件夹用于保存所有输出的文件,比如在该例子中,在进行术语库创建前先新建"TB-世界地名"文件夹。笔者所在的翻译公司一般是将术语库以及术语库创建的过程文件统一存放在固定的服务器路径下。指定了输入文件和输出文件的位置之后,单击"下一步"。

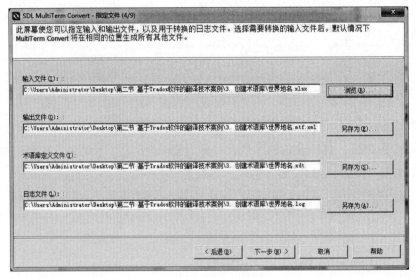

指定文件界面

第五步,弹出"指定列标题"界面。在该界面,针对性的设置这些可用列标题的"语言字段"。Excel文件的首行文字会被列为"可用列标题字段"。以该世界地名术语库为例,可点击English,在语言字段下方列表框中选择English (United States)(如下图一);同理,点击Chinese,对应在语言字段下选择Chinese (Simplified)(如下图二)。如所准备的术语库中补充其他的说明性信息,则需对这部分信息设置"说明性字段"。

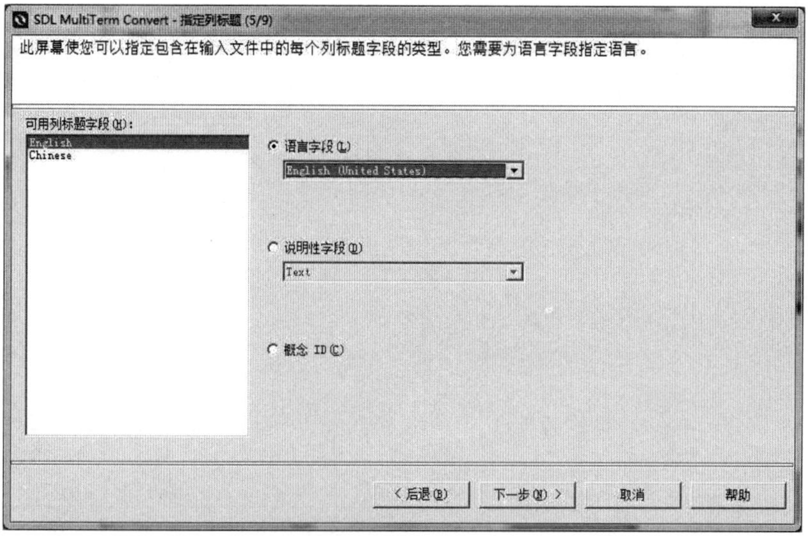

设置语言字段（图一）

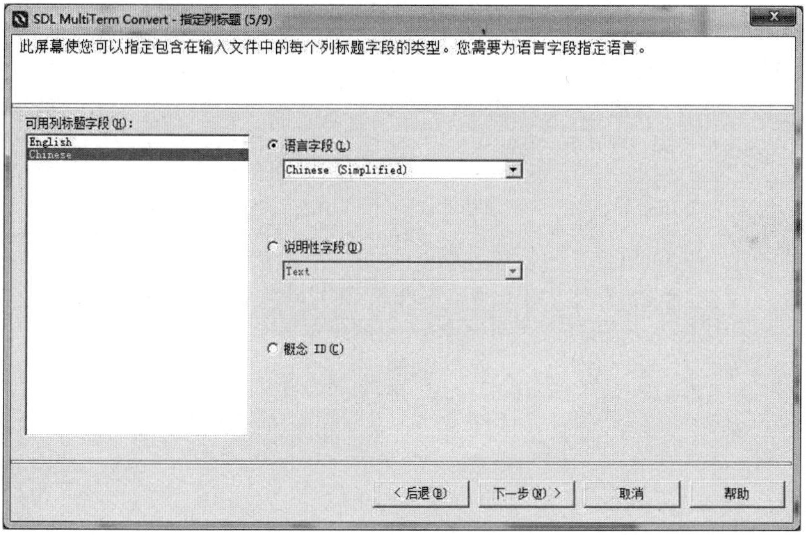

设置语言字段（图二）

第六步，完成后，会弹出"创建条目结构"界面。该界面可对说明性字段进行设置，即分别将术语表中的说明性字段添加至条目结构中。如术语表没有说明性字段，如当前创建的世界地名的术语库，则可直接点击下一步，继续下一步操作。

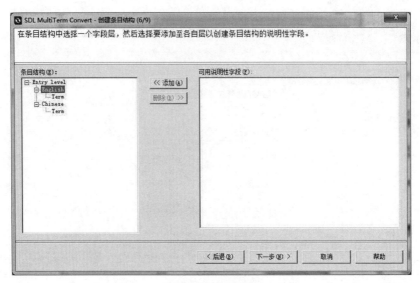

创建条目结构界面

第七步,弹出"转换汇总"对话框。该对话框会将此次所转化文件的格式以及路径信息统一呈现在该界面。

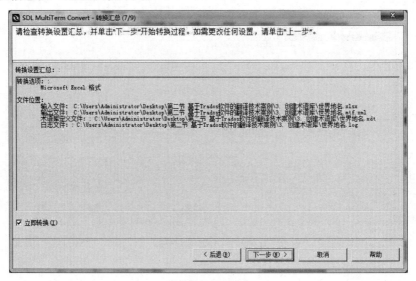

转换汇总界面

如确认无误,则点击"下一步"进行转换。如需要修改,则点击"上一步"至相应需修改的界面进行修改。

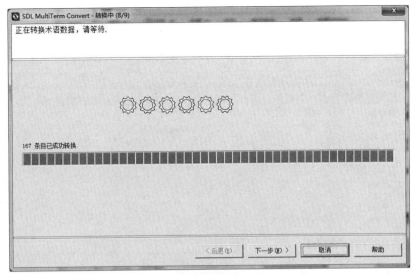

转换术语数据界面

转换完成后会弹出"转换已完成"界面（如下图所示），在该界面点击"完成"关闭对话框，即可完成术语文件转换。在输出文件目录中，就可以找到可导入SDL Multiterm创建术语库的*.xdt文件和*.xml文件。

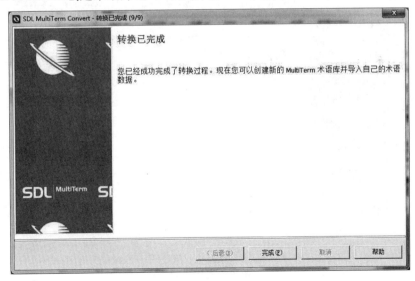

4.3 创建术语库与导入

第一步，打开SDL Multiterm，在菜单栏里通过依次点击"新建"—"创建术语库"则会弹出"保存新术语库"对话框，选择术语库保存的路径并对术语库进行命名。比如,将术语库命名为"TB-世界地名"并保存在某一路径。此处暂且存放在桌面。

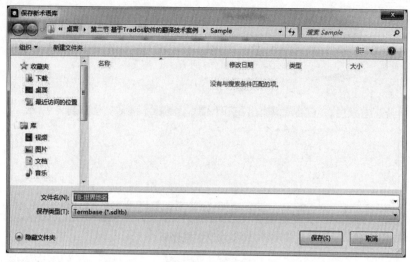

保存新术语库界面

第二步,在弹出的"术语库向导"对话框中点击"下一步"。

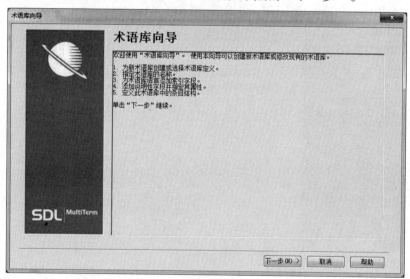

术语库向导界面

第三步,在"术语库定义"界面中,选中"载入现有术语库定义文件",通过浏览查找此前输出的*.xdt文件,并选中(如图)。点击"下一步"。

第四章　翻译项目管理　　179

术语库定义界面

第四步，在弹出的"术语库名称"界面中，输入术语库名称（如图），如输入"TB-世界地名"。同时，也可以在"说明"框中添加术语库说明。点击"下一步"，继续进行操作。

术语库名称界面

第五步，由于在文件转换的时候，所输出的.xdt文件已针对索引字段、说明性字段以及条目结构进行设置，则下一步弹出的"术语库向导—步骤3/5至术语库向导—步骤5/5"有关索引字段、说明性字段、条目结构的设置无需做任何修改，直接点击"下一步"直至弹出"向导已完成"界面。

点击完成，即可完成术语库创建，SDL Multiterm会自动打开这一术语库。但当前我们仅完成空术语库的创建，术语文件的内容还未真正地导入。如下图所示，术语库条目显示为0。

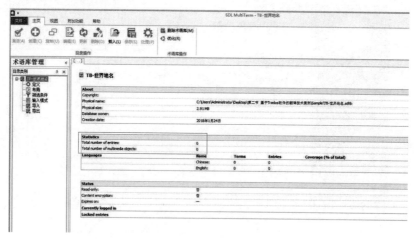

第六步，导入术语。点击左侧的导航栏"术语库管理"——"目录类别"下的"导入"，然后右击右侧的"Default import definition"，点击"处理"。

第四章 翻译项目管理

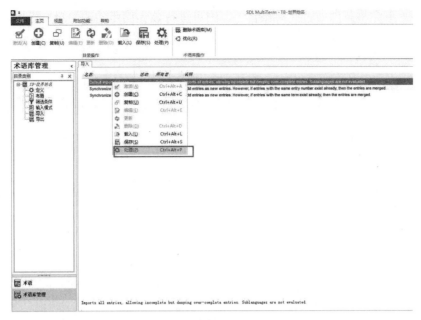

术语库管理界面

第七步，弹出"常规设置"界面。在"导入文件"这一栏通过"浏览"选择上述3.2输出的.xml文件。然后点击"下一步"。

常规设置界面

第八步，弹出"验证设置"界面。在该对话框中生成排除文件。点击"另存为"新建一个排除文件（*.xcl），该文件的作用是在文件导入过程中如遇到无效文件（不完整条件或过完整条目），则可进行该界面所勾选的对应操作。点击"下一步"。

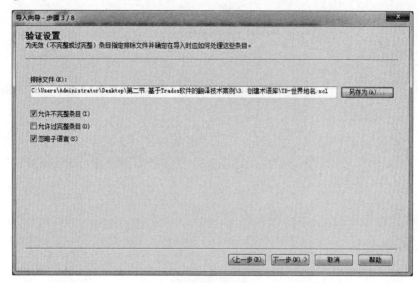

验证设置界面

第九步，弹出"导入定义汇总"界面。通过该界面查看导入定义的设置内容，确认无误后点击"下一步"。

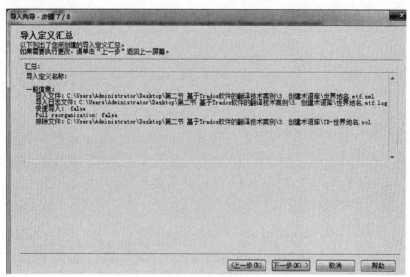

导入定义汇总界面

此时，则会对术语进行逐一导入。

正在导入条目

第十步，导入完成后，会弹出"向导已完成"界面。点击"完成"并关闭对话框。

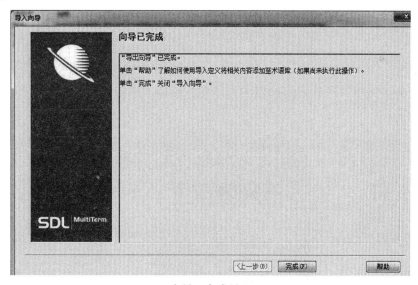

向导已完成界面

4.4 术语库挂接

创建好的术语库,要挂接于Trados才可发挥作用。术语库在Trados翻译项目中的作用主要体现在两个方面,其一是方便译员在翻译过程中对术语进行管理,包括参考术语库中已有术语以及添加新术语,提高翻译效率和翻译质量;其二是在翻译完成之后,利用Trados自带的术语验证功能进行术语验证,通过机器辅助质检进一步验证术语的统一性以及准确性,排除未参考术语库的情况。挂接术语库的具体操作如下:

打开项目设置,依次点击"语言对"—"所有语言对"—"术语库",即可弹出术语库添加界面(如下图所示)。

点击"使用",选中要添加的术语库,点击"确定"后即将术语库挂接至Trados中。

以挂接"TB-世界地名"术语库为例，术语库挂接成功后，会显示绿色打勾的状态。如下图所示：

在 Trados 中添加术语库

项目完成时，如果要利用术语库进行术语验证，则需先启用术语验证功能。通过"项目设置"界面依次点击"验证"—"验证设置"，将"检查可能未使用译文术语"选项打勾。这样就可以启用术语验证功能。翻译结束后，在翻译界面按 F8 键进行验证时，则会包含对术语的验证。

项目设置界面

4.5 创建翻译项目

要想使用CAT软件进行翻译，则需要先在CAT中创建相应的项目。下面以创建 "Sample Project CE" 简体中文—美式英语的翻译项目为例，介绍创建翻译项目的基本步骤。

第一步，在欢迎界面下，选中"新建项目"或在项目界面下，点击"新建项目"按钮，进入"项目类型"界面。

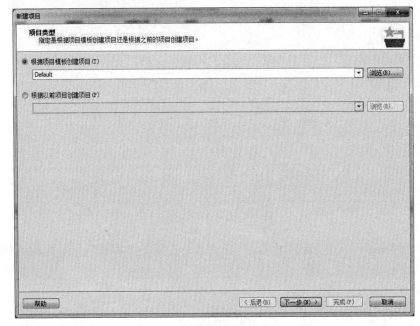

项目类型界面

第二步，单击"下一步"，在"项目详情"界面，按照如下操作进行：

（1）在名称框中输入项目名称"Sample Project CE"。通常情况下，为方便对项目进行管理，要对项目进行命名。笔者所在的翻译公司针对项目的命名规则为：项目名/项目代号+语言对。

（2）通过"浏览"按钮，选择所创建项目保存的路径。该项目暂且保存在桌面上，但在日常工作中，建议创建专门的文件夹用于存放项目包，方便查找项目文件。

（3）勾选"允许编辑原文"前的复选框可在Trados翻译界面下对原文内容进行修改。

（4）可根据项目实际情况，对"到期日"进行设置，通常情况下，"到期日"为项目截止日期。项目经理通过设置该时间，可提醒项目相关人员，注意项目进度的把握。项目到期时，该项目名会显示红色状态。

项目详情界面

第三步，单击"下一步"，此时将显示"项目语言"界面。根据项目情况，添加相应的源语言与目标语言。在该示例中，源语言为简体中文，目标语言为美式英语。

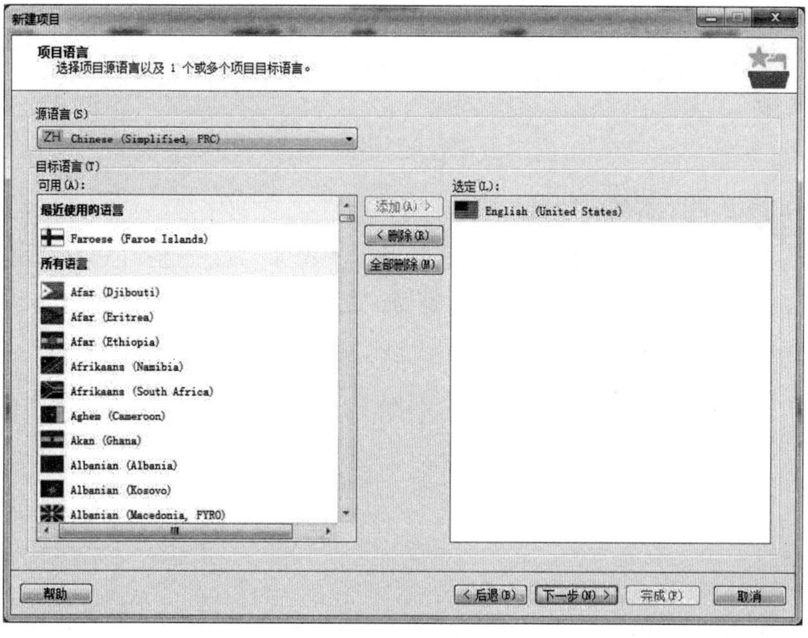

项目语言界面

第四步，单击"下一步"，此时将显示"项目文件"界面。通过"添加文件"选项选择需翻译文件或直接将文件拖入下图所示右下角的空白区域，即可成功添加该项目所翻译的文件。注意：Trados目前无法支持图片、不可编辑PDF文件等不可编辑文字的文件格式的直接导入；在添加文件过程中因文件本身格式问题、Trados自身问题等会出现文件无法导入情况，需根据提示，进行相应解决。目前网上关于Trados各种无法导入的难题也都有解决方法。

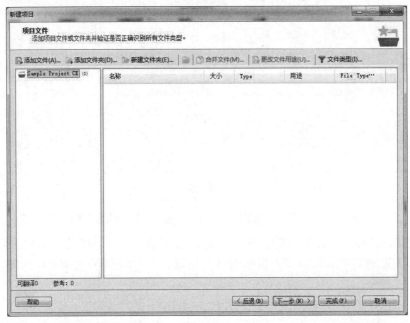

项目文件界面

第五步，文件添加成功后，点击"下一步"，此时将显示"翻译记忆库和自动翻译"界面。若已有现成TM，则直接通过"添加"按钮选择已有的TM即可；否则，选择"创建"按钮，创建新的翻译记忆库。翻译记忆库创建方法可查看本小节第2点"创建翻译记忆库"。此处，我们添加"Sample-TM"记忆库。

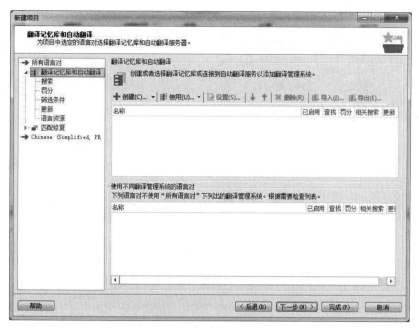

翻译记忆库和自动翻译界面

除了记忆库添加外，此处简要介绍"罚分"的设置。"罚分"指从翻译文本和TM中文本的匹配分值中扣除的百分比，即罚分的设置影响翻译文本与TM中文本的匹配度。Trados可以根据多种条件设置罚分，罚分设置得越高，匹配越精确；罚分设置越低，则匹配越模糊。例如，翻译文本与翻译记忆库可能在文字内容上是一样的，但在格式上不同，这时如果点击"罚分"，将"缺少格式罚分（M）"以及"格式不同罚分（D）"的值设置为0，那么翻译文本中的各种格式就不会影响文本的预处理。

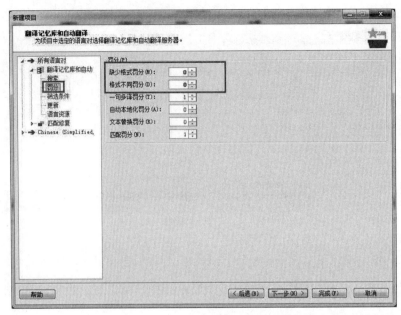

罚分的设置

第六步，点击"下一步"，进入"术语库"界面。此时，可通过"使用"按钮为该项目添加所需使用的术语库。如此时无术语库，也可在术语库创建完成后，按照上述3.4介绍的步骤将术语库挂接于Trados项目中。

术语库界面

第七步，点击"下一步"，进入"项目准备"界面。注意：任务序列的下拉框中包含不同选项，可根据该项目的实际用途，如翻译、分析、预翻译等选择相应任务。项目创建时，默认选择"不使用项目TM准备"。

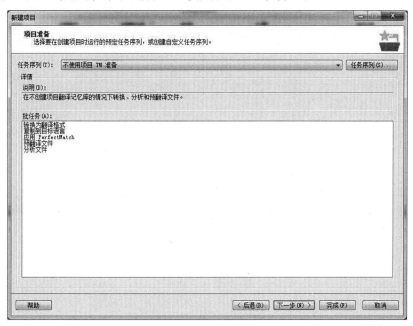

项目准备界面

第八步，点击"下一步"，此时将显示"批处理设置"界面。点击界面中的"预翻译文件"，对匹配率以及翻译覆盖模式进行设置。匹配率指的是需要翻译的文本与翻译记忆库的匹配程度。100%匹配，就是精确匹配，说明系统只会预翻译翻译文本中与记忆库完全一致的内容；低于100%的匹配率，是不同程度的模糊匹配。通过设置"最低匹配率"，当项目创建完成，Trados则会自动将最低匹配率以上的译文预翻译出来，呈现在译文界面。这意味着就算翻译文本与翻译记忆库中的文本有所差别，如个别词汇、序号不一致等，Trados也会进行一定程度的预翻译处理。项目在分析文件、预翻译、生成目标翻译等不同阶段对匹配率与翻译覆盖模式的选择有所不同，可根据实际需要进行设置。

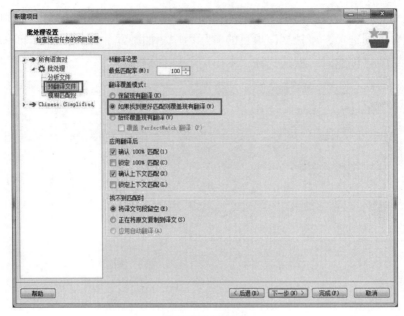

批处理设置界面

第九步，点击"下一步"，就会进入"项目汇总"界面。该界面会显示目前所创建项目的详情。如确认无误，则可点击"完成"，Trados则会按照此前的设置进行项目创建。

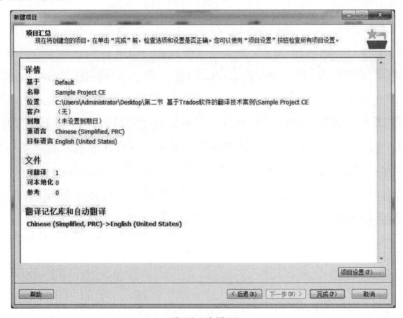

项目汇总界面

项目完成创建后，点击"关闭"，就完成了"Sample Project CE"项目的创建。

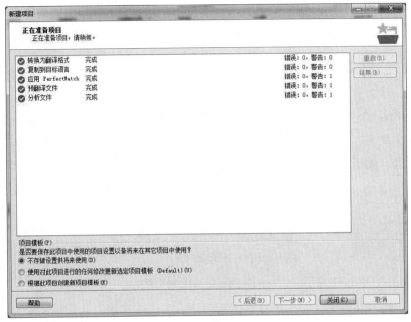

项目创建完成

项目创建完成后，选中导航栏的项目窗口时，会看到"Sample Project CE"项目已添加至列表中。

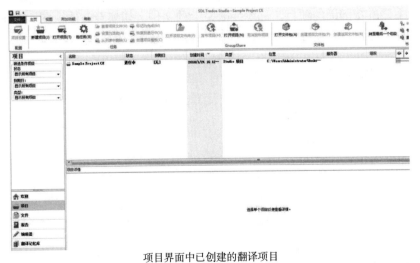

项目界面中已创建的翻译项目

Trados提供项目模板设置,译员可以将上述各步骤的具体操作保存至模板中。在实际使用中,在第一步的"项目类型"界面,译员可以直接选择相应的模板,无需再进行具体设置,只需点击"下一步"即可完成项目创建,提高项目创建的效率。

4.6 使用Trados进行翻译

第一步,打开项目。

Trados 2017项目创建完成后,会生成项目包。项目包涵盖导入Trados的源文本、译文文本、分析报告以及项目图标。以"Sample Project CE"项目为例,其项目包内容如图所示,其中zh-CN为源文本文件夹、en-US为译文文本文件夹。

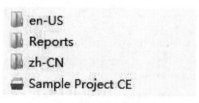

Sample Project CE 项目包

在实际翻译项目流程中,译员会收到项目经理派发的项目包或者项目路径。双击项目图标即可打开该项目。译员也可以将Trados界面切换至"项目"窗口,通过工具栏的"打开项目",输入相应的路径即可打开。

第二步,打开翻译文件。

选中要进行翻译的项目,选中导航栏上的文件,切换至文件视图。双击要翻译的文件,即可打开文件。翻译过程中所呈现的整个界面,如下图。

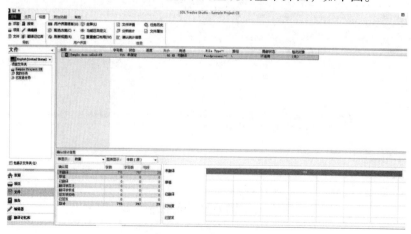

文件视图

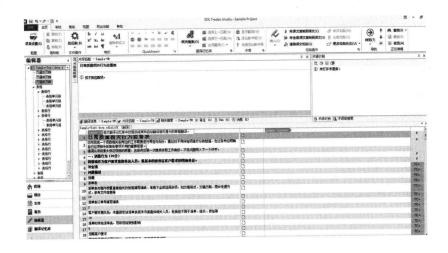

4.7 Trados 2017 的翻译界面

Trados 的翻译界面可以分为6个区，分别是导航栏、设置选项、翻译记忆库显示区、术语库显示区、编辑区和状态栏。其具体功能如下：

（1）导航栏

用于不同文件的窗口切换。Trados 2017可在同一个窗口一次性打开多份文件进行编辑，也可以分别打开多份文件，切换至不同窗口进行编辑。

（2）设置选项

用于进行翻译过程中所需的一系列操作，如译文加粗、斜体、标色、复制、粘贴等。

（3）翻译记忆库显示区

显示项目所用翻译记忆库的内容，相关人员可在此区域对记忆库内容进行搜索、编辑。同时，文件翻译过程中，录入TM的译文也会在该区域显示。译员翻译时，可通过查看该区域是否有翻译后的译文来确认译文是否有及时保存至记忆库。

（4）术语库显示区

显示项目所添加术语库的内容，译员在翻译过程中可在此区域对术语进行查看、识别、添加与修改。

（5）编辑区

编辑区从左至右由行数、原文句段、句段状态、译文句段、文件结构五部分构成。译员或者审校人员在译文句段进行翻译、校对等编辑操作，每完成一次编辑，需按住"Ctrl+Enter"键，以确保所编辑内容更新至相应TM中。一般CAT使用新手很容易遗漏该步骤，导致内容未及时入库。句段状态随着不同的操作进行变化，未进行任何操作时，句段状态栏显示"空白页"；译文未完成编辑或处于编辑状态下时，显示"铅笔"形状；完成翻译并输入TM等编辑操作后，显示铅笔打勾形状。

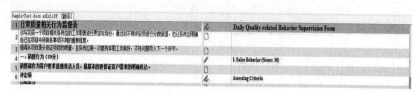

Trados 2017 翻译界面的编辑区

（6）状态栏

该栏显示文件的具体完成情况。实际翻译项目中，需保证已翻译的句段为100%，才能保证文件所有句段均已完成翻译。

4.8 Trados常见问题及对策

Trados在使用过程中会因为文件本身格式、Trados自身原因、电脑配置等多方面原因，使得文件无法导入、导出。以下列举了实际工作中遇到的一些常见问题以及相应的解决方法，供读者了解。

（1）问题一：文件无法导入，出现"此文件包含用于标记双语文档的'tw4winMark'样式"。

解决方法：该错误主要是因为文件经由Trados 2007或以前版本处理过，包含其特有双语样式。在Word中通过"更改样式"删除相关样式即可。如下图所示：

第四章 翻译项目管理

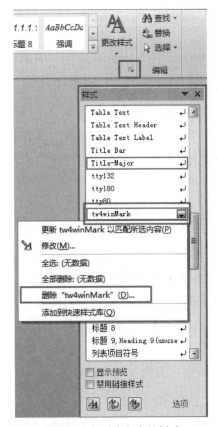

在 Word 中删除文本的样式

（2）问题二：导入错误，提示内容为："This Microsoft Word document cannot be opened because it has tracking changes turned on."

解决方法：文件中包含审校格式，返回原文，接受文件中的所有修订格式，并取消修订标记即可。

（3）问题三：文件导出后生成目标翻译时出现从某一句段开始，只有原文没有译文。

解决办法：主要是由于Trados标记没有严格按照原文的顺序放置造成的，只需找到问题句段，重新按原文顺序插入标记即可解决该问题。

（4）问题四：文件处理过程中出现"cannot find central directory"的错误提示。

解决方法：一般是由于文件名过长或者文件有加密造成，只要针对性地修改文件名或者解除文件密码即可解决该问题。

（5）问题五：翻译过程中，按下Ctrl+Enter时，提示"Internal error when cleaning tags"。

解决方法：该错误主要是因为记忆库中原有单元带有标记，而要写入的译文行不带标记，造成清除标记时错误。删除记忆库中单元，清除译文，将原文内容复制到译文栏，进行重新编辑即可解决该问题。

上述仅列出了在实际Trados使用过程中出现的部分典型问题，目前网上也有很多针对Trados问题的解决方案，因此在使用过程中，出现问题时，应积极寻求网络知识的帮助，解决问题。

5. 计算机辅助翻译的其他相关软件

在本地化翻译中，CAT软件并不是译员唯一需要用到的软件。译员往往在使用CAT软件进行翻译的过程中，需要借助不同的软件进行一些必要的处理。

使用计算机辅助翻译软件，需要有一定的前期准备工作。译员在翻译工作正式开展前，往往需要先处理客户提供的文件材料，比如，将PDF文件、图片材料等转换成Word文档。就算客户提供的是Word文档，译员也需要对其进行一些必要的格式上或排版上的调整，因为有时候这些Word文档也是客户运用软件进行格式转换之后得到的初步转换稿。转换稿往往会导致文件翻译好后无法导出目标文件，或者生成的文件版式混乱等一系列无法预知的问题。在用CAT软件完成内容翻译之后，译者也需要将翻译稿从CAT软件中导出，然后根据客户的要求，进行排版。有的客户还会要求最终提交原文译文段段对照，或译文原文段段对照的最终版本。本小节主要介绍计算机辅助翻译过程中可能会用到的一些软件。

5.1 PDF文件的转换

在本地化翻译中，如果顾客提供的翻译原稿材料是PDF文件，译员需要先将PDF文件转换为Word文件，这样才能方便下一步用CAT软件开始翻译工作。通常PDF文件可以分成"可复制"和"不可复制"两种类型。可复制的PDF文件处理起来较为简单，处理的原理主要是文件格式的转换；而不可复制的PDF文件，则需要运用具有"OCR（Optical Character Recognition 光学字符识别）"文本识别功能的软件来进行处理。

Adobe Acrobat Pro

如果是可复制的PDF文件，通过Adobe Acrobat Pro，译员可以直接将打开的PDF文件通过"另存为"的功能，转换成Word文件。当然，Adobe Acrobat Pro也具有OCR的功能，但是只能识别原本就比较清晰的PDF文件。原来成像模糊的PDF文件，识别效果不佳。

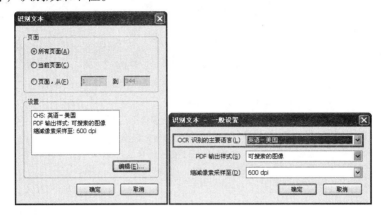

5.2 ABBYY FineReader

ABBYY FineReader是一款识别功能较为强大的OCR软件。在翻译过程中，客户提供的PDF有时比较模糊，不是特别清晰，这时使用ABBYY FineReader来识别文本，转换效果会比较好一些。下面，以ABBYY FineReader 12为例，来了解OCR软件的使用及注意事项：

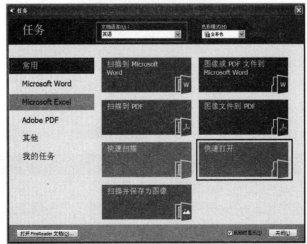

ABBYY 的任务对话框界面

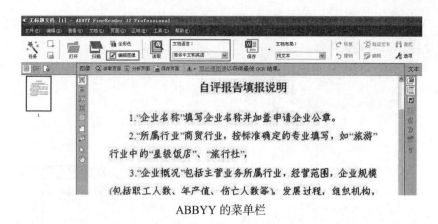

ABBYY 的菜单栏

在ABBYY软件界面点击"快速打开",来打开我们要OCR的文件,再点击"编辑图像"菜单对图片进行处理,里面有很多的选项,通过下图中的两个步骤,即可使图像达到最优化,以达到最好的转换效果。

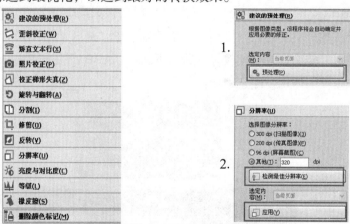

退出"图像编辑器",选择正确的识别语言,点击"读取"来进行OCR识别。注意,不管是使用哪一种软件,OCR的识别语言选择都至关重要,如果选择错了,转换后将会乱码。

之后我们通过"验证文本"来更改识别错误或者是怀疑为识别错误的文字。

最后保存成Word文件,需要注意的是,文档布局我们应该选择"纯文本",这样保存的Word文件,导入Trados之后,不会产生大量的tag标记。统一

字体，字符间距设置（Ctrl+D）的缩放设置为100%，间距和位置皆设置为标准，便可以大量减少标记（见下图）。

下图是"带格式文本"保存后的Word文件，导入到Trados之后的效果，影响译员的工作效率。

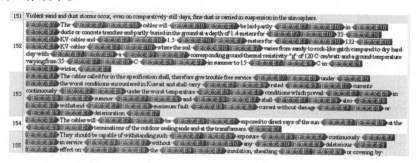

5.3 图片处理软件

客户提供的原文难免会遇到图片，这时在译前处理就要先把图片文字录入出来，做成两列对照的表格格式（其中左边那列隐藏），再进行CAT处理，这样翻译好之后，就是原文译文的对照格式，只要把隐藏的文字取消隐藏即可，最后再利用PS和AI等制图软件进行制图，制图完成后导出较高像素的图片复制粘贴到Word文档中。

例如下图：

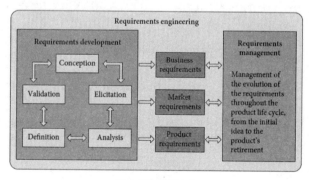

客户的原稿图片

翻译前把图片文字录入出来，导入CAT软件之前：

Requirements engineering	Requirements engineering
Requirements development	Requirements development
Conception	Conception
Validation	Validation
Elicitation	Elicitation
Definition	Definition
Analysis	Analysis
Business requirements	Business requirements
Market requirements	Market requirements
Product requirements	Product requirements
Requirements management	Requirements management
Management of the evolution of the requirements throughout the product life cycle, from the initial idea to the product's retirement	Management of the evolution of the requirements throughout the product life cycle, from the initial idea to the product's retirement

（表格左列文字隐藏，待翻译完成导出后，最后再取消隐藏。虚线为隐藏标记）

翻译完成导出后，Word取消隐藏之后：

Requirements engineering	需求工程
Requirements development	需求开发
Conception	构思
Validation	验证
Elicitation	启发
Definition	定义
Analysis	分析
Business requirements	商业需求
Market requirements	市场需求
Product requirements	产品需求
Requirements management	需求管理
Management of the evolution of the requirements throughout the product life cycle, from the initial idea to the product's retirement	产品生命周期期间需求的变化管理，涵盖产品最初构思至退出的整个过程。

最后使用PS和AI等作图软件进行制图：

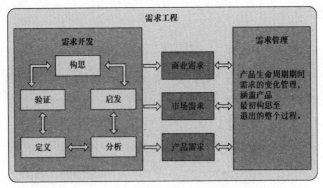

5.4 排版软件

CAT软件，通常有其所支持的导入文件类型，如Word、PPT、Excel、Html等。

翻译工作中较常见的是Microsoft Office系列，即：Word、Excel、PPT。在本

地化排版中较常见的软件有：FrameMaker、PageMaker、InDesign、Illustrator、PhotoShop、QuarkXpress、CorelDraw等，其中FrameMaker、InDesign、QuarkXpress可以另存为Trados支持的格式（例如FrameMaker为mif后缀名的文件，InDesign为inx和idml后缀名的文件），直接导入到Trados进行翻译，翻译完成后生成目标翻译，只要进行最后的终稿调整即可。

视频：0411 CAT基础知识

0412 Trados入门使用

0413 翻译记忆库制作和使用

0414 术语库制作和使用

第二节　翻译流程[①]

在当今翻译行业中，不少从业者认为，质量保证是独立于翻译的一道流程，而且往往是最后一道流程。质量保证固然是翻译流程中的一个组成部分，但质量保证实际上贯穿整个翻译流程。翻译流程中的每一道工序，都是质量保证的一个环节。如果翻译的前期、中期都不注重质量保证，而把质量保证的重心放在最后，指望最后一道工序可以完全解决前期积累的所有问题，并输出质量完美的翻译，这显然是不可能的。从这个意义上说，整个翻译的流程其实就是翻译质量保证的流程。

不过，这里所说的翻译流程和所谓的传统翻译过程并不完全一致。在全面解析翻译流程之前，我们应对这两个概念做相应的区分。

1. 翻译过程

根据《中国译学大辞典》，翻译过程指翻译活动所经过的程序，一般认为包括三个阶段：理解原文、用目的语表达、检验修改译文（方梦之，2011：11）。

---

① 黄杨勋，载岳峰主编《翻译项目管理：实操、案例与研究》，北京大学出版社，2019年，第94-101页。

桂乾元在《翻译学导论》中特别讨论了翻译过程，并认为翻译过程"不仅仅是译者具体进行翻译工作的步骤，而且也是翻译目的之具体体现、译者工作态度的反映、决定翻译方法及技巧的因素"（桂乾元，2004：50，52）。

由上可知，翻译过程的重心在于"译者具体进行翻译工作的步骤"，无论是理解还是表达，还是检验修改，都只涉及译者自身将源语言转换为目的语的过程中思维、信息重组等活动。换句话说，翻译过程只和译者有关；而翻译流程则不仅仅涉及译者，更涉及诸多的第三方，甚至第四方、第五方。

2. 翻译流程

根据《现代汉语词典》（第3版），所谓流程，指的是"工业品生产中，从原料到制成品的各项工序安排的程序"。《ISO 9000:2005 质量管理体系——基础和术语》中给出的定义是："流程是一组将输入转化为输出的相互关联或相互作用的活动。"而互动百科中则说得更为详细："流程就是一系列活动的组合，这一组合接受各种投入要素，包括信息、资金、人员、技术等，最后通过流程产生客户所期望的结果，包括产品、服务或某种决策结果。"①

鉴于我们讨论的翻译是一种商业化行为，具备工业化生产的要素，工业生产中的流程这一概念也同样适用于翻译产业。吕和发、任林静指出，"翻译流程就是将翻译的全过程依照发生的先后顺序做合理的安排和布置，要保证每一环节都能准确、高效地完成，按计划交付客户"（吕和发、任林静，2011：225-226）。

基于以上对流程的理解，我们尝试对翻译流程做出以下定义：

在翻译产业中，翻译流程就是一系列将源语符号输入转化为译语符号输出的相互关联或作用的活动组合，涉及人员、资金、设备、技术等投入和前期、中期、后期等各项工序的安排，以接受客户订单或要求为流程开始，以产生符合客户预期的结果，包括产品、服务或决策等，并实现客户预期或更高的价值为流程结束。

由以上定义可知，翻译流程首先是一组符号转换的活动，因为翻译本身就是以符号转换为手段，以意义再生为任务。与单纯的翻译过程不同，产业背景下的翻译流程更多涉及翻译之外的要素，包括资金、设备、技术等，而涉及的人员更是庞杂，除了译者自身，客户、项目团队（包括项目经理、项目处理人员）、审校人员、排版人员等都可能对最终的翻译质量造成影响。一套完整的翻译流程包括了前期、中期和后期的各个环节，而译者的翻译过程只占了中期的一个部分。此外，翻译流程的目

---

① 互动百科[EB/OL]. [2013-05-06]. http://baike.soso.com/v125994.htm

的在于产出结果以满足客户要求,或为客户带来价值,而翻译过程更多在于实现译者或译文自身的价值。从这一点来说,翻译流程是否结束或完成,并不在于译者或译文自身是否实现了其价值,而在于客户是否认可翻译流程的结果;如果该结果被否定,或只得到部分认可,那么整个或部分翻译流程就需要重新再循环运转起来。

3. 行业翻译流程现状

2022年4月1日,中国翻译协会第八次会员代表大会在北京举行。会上,正式发布了《2022中国翻译及语言服务行业发展报告》(以下简称《报告》)。《报告》显示,我国翻译及语言服务产业规模持续扩大,人工智能技术应用更加广泛,翻译教育迅猛发展,行业标准化建设稳步推进。

《报告》发现,2021年,全球以语言服务为主营业务的企业总产值预计首次突破500亿美元。中国含有语言服务业务的企业423547家,以语言服务为主营业务的企业达9656家,企业全年总产值为554.48亿元,相较2019年年均增长11.1%。北京是语言服务企业数量最多的地区。

《报告》指出,由于人工智能技术的不断发展,机器翻译在行业的应用越来越广泛,具有机器翻译与人工智能业务的企业达252家。"机器翻译+译后编辑"的服务模式得到市场普遍认同,通过调研,超九成企业表示,采用该模式能提高翻译效率、改善翻译质量和降低翻译成本。

尤其是在2023年前后,以百度、谷歌、有道、DeepL等为代表的机器翻译平台的翻译质量比起几年前大为提高。同时,以ChapGpt为代表的生成式人工智能也迅速崛起,引发全球技术人员、媒体工作者、法律工作者、教师、设计师等脑力劳动工作者的担忧。这些变化使得有经验的译员翻译速度和质量大为提升,但同时也让外行人认为,翻译已经走向末路。

汇泉翻译服务有限公司翻译操作流程图[①]

但是,翻译行业真正的内行人,包括很多公司主管以及老译员在内,却从新技术当中看到了自己的机会。他们认为,机译平台和生成式人工智能归根结底还

---

① 汇泉翻译服务有限公司网站[EB/OL]. [2013-05-06]. http://www.huiquan.com/why_gongqi.htm

是要以真人的翻译记忆为基础，它们只能取代一些专业性不强的、中低难度的翻译需求，真正专业性较强的、难度稍大的内容，还是必须人工翻译的。所以，真正愿意投身于翻译事业的译员，反而可以从机器翻译和生成式人工智能中学习，让自己的翻译能力提升得更快。

所以，现在的翻译流程，实际上还是跟以前一样，基本上还是按照翻译、修改、审校、质检的步骤进行。只是有很多内容的初译都变成了机译。

正规的翻译公司一般都会配置基本的翻译流程以保证交付的译文质量。基本的翻译流程如汇泉翻译服务有限公司的"一译、二改、三校、四审"四步流程，即译者翻译和修改，译审A校对再加译审B审校。

不少翻译公司和本地化公司往往采用TEP流程，即翻译(T)、编辑(E)和校对(P)的流程：

● 翻译(Translation)，即译者运用目的语言，准确转换源语言符号和文字的含义。

● 编辑(Editing)，即由另一名译者或译审，根据客户的要求和需要，分析并检查语境、语言结构、语法、语气及其他语言要素，确保译文书写专业，符合普通、正式或对话等语言风格。

● 校对(Proofreading)，即由质量检查人员检查拼写、标点符号及空格等低级错误，保证译文最终的准确率。

该流程与上述四步流程相比，并无本质区别，但TEP流程对规范更为重视，特别是对本地化规范的遵守更为系统和严谨。译国译民翻译服务有限公司则更为详细地列出了使用CAT处理翻译项目的整个翻译流程，参见下图。

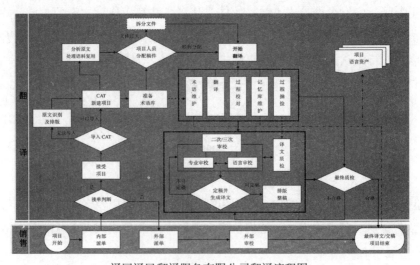

译国译民翻译服务有限公司翻译流程图

值得一提的是，译国译民的翻译流程中，翻译和术语维护、过程校对、记忆库维护、过程抽检是同时进行的，不仅能够保证翻译记忆和术语的准确，同时大量的中途质量控制也保证了问题及早被发现和解决。除了三次审校流程，还有三道质检流程，即过程抽检、译文质检和最终质检，最大程度上保证了译文产品的合格品质。此外，项目中积累的术语和记忆库资源也最后汇总为项目的语言资产，以备后续重复利用。

不过，翻译流程其实也并不仅仅局限于和"翻译"有关的环节，而是超出"翻译"之外。例如，创凌科技翻译公司就将客户纳入了翻译流程之中，将了解客户需求列入前端，将客户提供修改意见和客户验收列入后端。泛译信国际翻译有限公司则更是列出了28道工序，将客户、翻译管理人员（如翻译部门经理和项目经理等）、译者、质量保证人员等各个因素考虑在内，充分保障每个环节不出差错，从而使译文避免低级错疏，达到更高的质量。这28道工序分别为：

（1）业务经理详细了解客户需求，统一相关词汇库及特定要求；
（2）业务经理签定项目合同，再次书面明确及统一具体需求；
（3）翻译部门经理分析资料内容，确定资料类别，确定项目经理；
（4）翻译部门经理与项目经理确定工作要求、标准；
（5）确定统一词汇表；
（6）确定项目参与人员名单（译员、审译、校对、排版）；
（7）制订计划进度控制一览表；
（8）确定参译人员培训内容，进行培训；
（9）分配翻译工作；
（10）每日翻译进展跟踪，情况综合及难点讨论；
（11）调整译员力量，调整部分译员工作量；
（12）质量抽查；
（13）工作阶段衔接、调整与准备；
（14）协调工作进度，确保按计划完成日工作量；
（15）及时与客户沟通，明确客户最新要求；
（16）译员修改译稿；
（17）专业审稿，确保专业内容准确无误；
（18）语言审稿，确保译文语言流畅、优美；
（19）排版制作；

（20）翻译部门经理、质量控制经理、项目经理联合审定；
（21）业务经理根据客户需求审查；
（22）向客户交出一译稿；
（23）收集客户反馈意见；
（24）修改一译稿；
（25）二次排版制作；
（26）向客户提交终稿；
（27）质量跟踪；
（28）数据统计，原稿处理及项目总结。[①]

4. 理想的翻译流程

分析以上诸多翻译流程，不难发现，虽然其各有优点，但也有共同的缺点，即：涉及面不够广，难以保证翻译各个环节被有效覆盖；各环节虽紧密联系，但缺乏积极互动；没有任何事故或紧急事件的处理预案。

更严重的是，很多翻译公司甚至连基本的翻译流程都不齐备。岳峰、黄杨勋收集并汇总了160多家翻译公司的翻译流程框架及具体环节后发现，建立起较为复杂翻译流程的翻译公司仅占全部的11.8%，拥有基本翻译流程的翻译公司占比为55.9%，而完全未建立翻译流程，或者连基本翻译流程都不健全的翻译公司占比为32.3%。近三分之一翻译公司未设立翻译流程，这个比例相当惊人（岳峰、黄杨勋，2016：64-71）。

在这些翻译流程中，有18道环节最为常见，涵盖译前（包括译者甄选、文本分类与评估、项目计划、项目准备分析、术语准备、项目团队环节）、译中（包括翻译、中途质控、审校、专业审校、语言审校、校对环节）、译后（包括质检、质量评估或报告、质量跟踪反馈、排版、项目总结、语言或知识整理环节）等三个阶段。

在我们看来，一个理想的翻译流程应能涵盖译前、译中、译后三个阶段，包括前期在译者、稿件、项目上的各项准备和处理，并充分同客户进行沟通，了解客户的要求和需要；翻译的过程中译者的配备、进度控制以及技术支持等；审校

---

① 泛译信国际翻译有限公司网[EB/OL]. [2016-03-18]. http://www.pan-e.com/leibei_biyi_guicheng.html

环节的细分，以及最后译文完成后的各项验收与反馈和归档等工作。理想的翻译流程不仅能够有效贯彻特定的翻译规范，还能够充分体现质量保证管理工具和电子工具的应用与作用；此外，理想的翻译流程还需要有应急方案，以备翻译事故和应急事件所需。

基于以上考虑，要真正保证翻译项目的质量，需要一个完整的保证体系，而这个保证体系的基础则是建立在一套完整PTRA翻译流程之上。

视频：0421 认识翻译项目管理
0422 项目启动和计划阶段
0423 项目执行和实施阶段
0424 定义项目范围
0425 规划及分解项目
0426 翻译项目质量管控（上）
0427 翻译项目质量管控（下）

第五章 语料库技术在翻译及翻译研究中的应用

第一节 语料库的定义及类别

1. 语料库的定义

语料库是指按照一定的语言学原则，运用随机抽样方法，收集自然出现的连续的语言文本或话语片段而建成的具有一定容量的大型电子文库（杨惠中，2002:33）。在语料库基础上，以语言学、文学、文化和翻译理论为指导，运用概率论和数理统计的方法，对翻译本质、翻译过程和翻译现象等进行系统分析，成为语料库翻译学的经典研究范式。1993年，Mona Baker教授最早将语料库应用于翻译研究，其经典文章《语料库语言学与翻译研究：启示与应用》（*Corpus linguistics and translation studies: Implications and applications*）成为语料库翻译学的奠基之作。

2. 语料库的类别

一般而言，运用于翻译研究领域的语料库主要有单语语料库、双语平行语料库、类比语料库、翻译语料库、口译语料库和多模态语料库等六种类别，以下进行简要介绍：

单语语料库

单语语料库可分通用语料库和专门语料库，通用语料库是指收录不同主题或文本类型的目的语原创文本的语料库；专门语料库是指收录某一特定主题或文本类型的目的语原创文本的语料库。单语语料库可以提供关于具体词汇或短语结构在目的语或目的语特定语境中的使用情况（胡开宝，2011:163）。

双语平行语料库

双语平行语料库是指收录某一A语言源语文本及其对应的B语言目的语文本的语料库，两种语言文本之间存在不同层次的平行对应关系。按照语料平行对应的方向，双语平行语料库分为单向平行和双向平行。单向平行语料库是指所收录语料均为一种语言的源语文本及其译成另一种语言的目的语文本。双向平行语料库所收录的语料由A语言文本及其B语言译本，以及B语言及其A语言译本组成（胡开宝，2011:34）。

类比语料库

类比语料库是指由某一语言的原创文本和翻译文本组成的语料库，其中翻译文本译自不同语言。原创文本和翻译文本在语料库大小、领域、语言变体和时间上应该具有相似性，但不具有翻译关系。需要指出的是，可比性是类比语料库的突出特征，关系到类比语料库建设的成败，类比语料库主要用于语言对比研究。

翻译语料库

翻译语料库是指收录译自一种或多种语言的翻译文本的语料库，其目的在于研究翻译的语言特征、翻译规范和翻译风格（胡开宝，2011:39）。翻译语料库可为考察翻译文本的性质、译者的个人风格、源语对目的语句型的影响、源语对文本类型的影响等提供广泛的研究空间。

口译语料库

口译语料库是指收录根据口译视频或音频材料转写而成的文字材料的语料库，其建库目的在于研究口译策略、口译语言特征、口译规范和口译过程（胡开宝，2011:40）。口译语料库不但为口译研究提供更客观而真实的研究素材，克服以往研究对象与实际口译情景脱节的弊端，而且对拓展口译研究范围、深化研究层次有重大意义（张威，2009:54）。

多模态语料库

多模态语料库是指包含经过转写、处理与标注的语言文本及与文本紧密关联的音视频数据库，目的在于采用实证的方法系统地研究语言符号与非语言符号之间的相互作用（刘剑、胡开宝，2015:77）。多模态语料库主要用于口译研究、口译教学实践和机器口译系统训练，使口译更准确，质量更高。

第二节　语料库软件的基本操作

常见的语料库软件分为语料库创建软件和语料库检索软件两类，其中创建软件包含EmEditor、ParaConc和ICTCLAS，检索软件包含AntConc和ParaConc。

1. 语料库创建软件的基本操作

1.1 文本清洁软件EmEditor

EmEditor是由日本江村软件公司(Emurasoft)开发的一款在Windows平台上运行的文字编辑软件。该软件以运作轻巧、敏捷而又功能强大、丰富著称，得到许多用户的好评。打开EmEditor软件，界面如下：

图1　EmEditor打开主界面

如上图所示，EmEditor包含"文件""编辑""搜索""查看""比较""宏""工具""窗口"和"帮助"等菜单。该软件主要功能是清洁文本，如去除多余的空行、空格、中英文标点的替换、句子的切分等，其中最常使用的是"搜索"菜单里的"查找"和"替换"功能，以下举例进行说明。

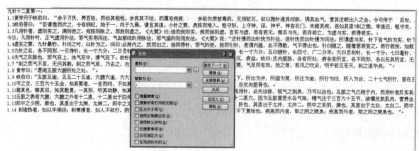

图2　EmEditor替换功能界面

如果中文文本里含有英文标点，可在"查找"对话框里输入要查找的英文标点，在"替换为"对话框输入要替换的中文标点，点击"全部替换"即可完成替换。

为了实现某些复杂的编辑功能，如一次去除多余的空行、空格及句子切分等，则要使用正则表达式来完成（正则表达式是记录文本规则的代码，由普通文

第五章 语料库技术在翻译及翻译研究中的应用

本字符和特殊符号组成的字符串）。如"\n\r"（\n匹配一个新行，\r匹配一个回车）为去空行的正则表达式；"\s*"为中文文本去空格的正则表达式，"\s\s+"为英文文本去空格的正则表达式；".</seg>\n<seg>"为英文文本句子切分的正则表达式，一般以句号、问号、感叹号作为句子切分的标志。以下以《黄帝内经·灵枢》第一章的英文译本为例进行句子切分，打开EmEditor，导入文本，在"搜索"菜单里点击"替换"选项，勾选"使用正则表达式"，如下图所示：

图 3　句子切分正则表达式使用界面

如上图所示，在"查找"文本框里输入"\."（表示查找英文句号），在"替换为"文本框里输入".</seg>\n<seg>"（表示以英文句号作为切分的标志），点击"全部替换"，则会出现如下界面：

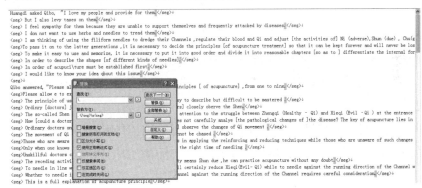

图 4　以英文句号切分句子界面

中文文本的句子同样可以问号、感叹号、分号作为句子切分标志，完成句子切分。

1.2 中文分词软件ICTCLAS

ICTCLAS是由中国科学院计算技术研究所研制的汉语词法分析系统 (Institute

of Computing Technology, Chinese Lexical Analysis System)的简称。该软件主要包括中文分词和词性标注等功能。目前已经升级到了ICTCLAS3.0。ICTCLAS3.0分词速度单机996KB/s，分词精度98.45%，是当前世界上最好的汉语词法分析器。

在语料库建设中，该软件主要是对中文语料进行词语切分、或同时进行切分和词性标注。基本操作步骤如下：

1）点击ICTCLAS软件，呈现界面如下

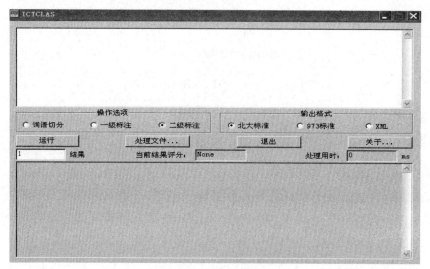

图 5　ICTCLAS 软件操作界面

如图5 所示，该软件分为操作选项和输出格式两个部分，操作选项包含词语切分、一级标注、二级标注三个选项，输出格式包含北大标准、973标准和XML三种格式。

2）点击"处理文件"，选择所要处理的txt文档，然后点击"运行"，即可完成对文档的分词或标注，结果会自动保存至源语文档，被处理的文档后标有"–cla"作为标志。

以《黄帝内经·灵枢》第一章《九针十二原第一》为例，对其进行"二级标注"，输出格式为"北大标准"，如图6所示：

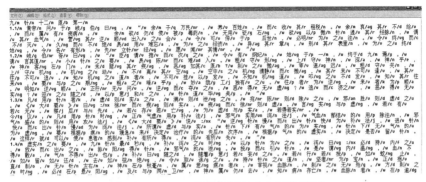

图 6 ICTCLAS 软件词语切分和标注界面

如图6所示，该软件对中文文档进行词语切分时，在词语之间都有空格，且每个词语后都有"/"加字母形式的标注，如/m表示数词、/n表示名词、/v表示动词、/p表示介词等。

1.3 双语平行软件ParaConc

ParaConc是一款由国际著名语料库语言学教授Michael Barlow开发，专门为语言学家和翻译工作者开发的双语或多语文本处理软件，该软件可显示四种不同的语言的对齐。

打开ParaConc软件，在File下拉菜单中选择Load Corpus Files，会出现一个对话框，如图7：

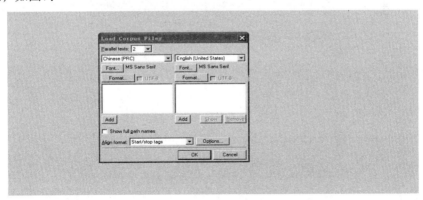

图 7 Load Corpus Files 对话框

如图7所示，点击"Parallel texts"下拉菜单，可以选择对齐文本的数量，该软件最少对齐2个文本，最多4个文本。我们选择《诗经》原文和理雅各1871年译本作为对齐材料，点击Add分别导入中英文本（注意格式必须为ASNI纯文本文

件,否则会出现乱码),如下图:

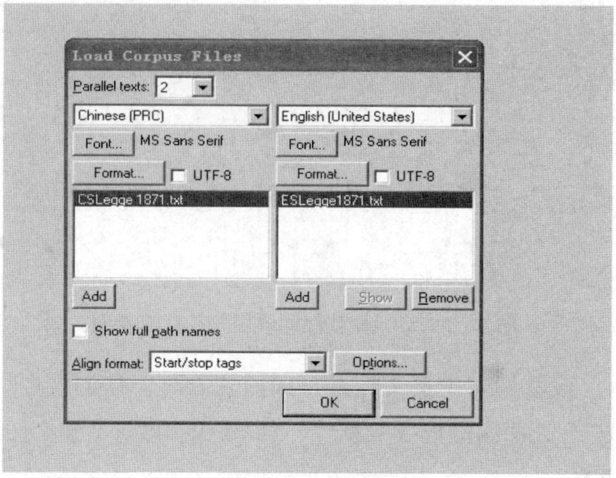

图8 设置并加载语料

如图8所示,我们加载了《诗经》汉英文本,在"Align format"下拉菜单选择"Start/stop tags"(始末标记),因为一般情况下,有分隔符的文本中含有<seg>和</seg>,ParaConc软件默认起始标记符也为<seg>,结束标记符为</seg>;接着点击"OK",完成语料加载工作;然后,在File菜单里选择View Corpus Alignment,出现Select Files to View对话框,如图9:

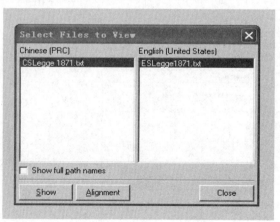

图9 平行文本预览对话框

如图9所示,对话框里出现了《诗经》汉英两个文本,选中需要平行的文本,点击Alignment,则进入平行文本界面,如图10:

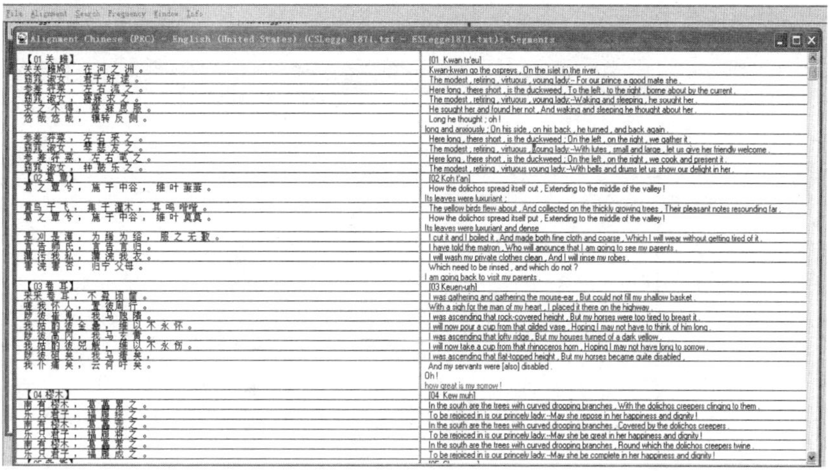

图 10　ParaConc 平行文本界面

如图 10 所示，ParaConc 内置的对齐工具对汉英文本进行了自动对齐，如果语料未实现完全对齐，或对齐有误，则需要借助 ParaConc 软件进行人工修改。右键单击需要修改之处，会出现"Split Sentence"　"Merge with Next Sentence"　"Merge with Previous Sentence"　"Split Segment"　"Merge with Next Segment"　"Merge with Previous Segment"　"Insert Empty Segment" 和 "Undo" 等选项，单击所需操作即可修改，撤销之前操作，点击"Undo"选项。完成对齐工作后，将对齐文本进行保存，在"File"菜单里选择"Export Corpus Files"，软件默认保存为两个新文件，并在源文件名前加了"A-"，"A-"符号说明为对齐文档。

2. 语料库检索软件的基本操作

2.1 单语检索软件 AntConc

AntConc 是由日本早稻田大学（Waseda University）教授 Laurence Anthony 开发的一款免费的语料库检索工具，主要用于语料库语言学、翻译学、外语教学等领域。AntConc 的一个非常重要的功能是计算相对于参照语料库（reference corpus）的观察语料库（observed corpus）中的主题词（key word）的主题性（keyness）。打开 AntConc 软件，界面如下：

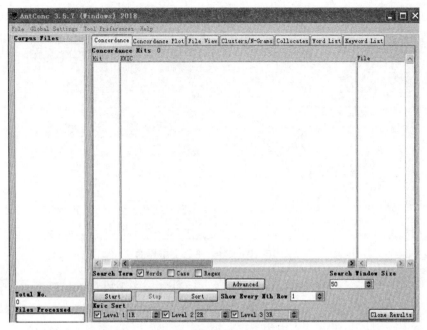

图 11　AntConc 主界面

如图11所示，AntConc包含Concordance（索引工具）、Concordance Plot（索引定位）、File View（文件查看）、Clusters/ N-Gram（词丛/N元模式）、Collocates（搭配）、Word List（词表）、Keyword List（关键词表）等菜单。

该软件具有提取语境共现、提取搭配词表、提取词频表等功能，以下进行逐一介绍：

提取语境共现

运用Concordance工具进行提取语境共现，首先，单击File菜单，选择Open Files，选择要打开的语料（如果想打开整个文件夹，可以选择open directory），然后，在下方Search Term下的输入框里输入"Huangdi"，单击"start"，检索结果呈现在KWIC里显示，如下图所示：

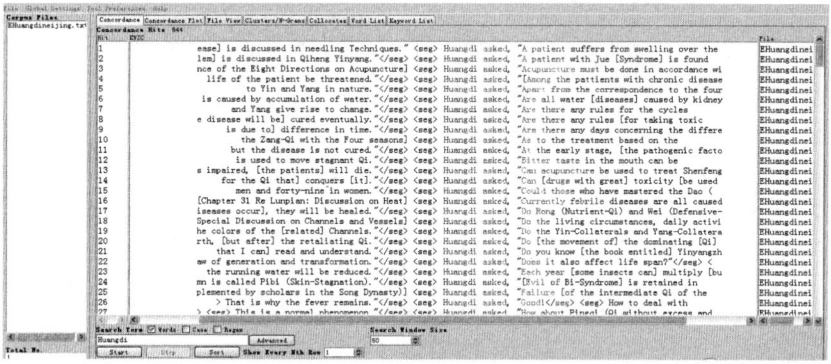

第五章　语料库技术在翻译及翻译研究中的应用　219

图 12　"Huangdi"语境共现界面

如图12所示，"Huangdi"一词被用蓝色进行了凸显，《黄帝内经·素问》英译本里共出现"Huangdi" 644次。此外，AntConc还具有检索多个词项的功能，检索方法为在检索项间键入"|"符号，如在"Search Term"里输入"do|does|did|doing|done"，还可以单击"Advanced"，勾选"Use search term(s) from list below"。在检索下面框手动输入（也可以直接加载一个txt词表用来检索），注意每个单词独立成行，设置完成后单击"Apply"，然后回到语境共现界面，点击"start"（结果如图13、图14）。

图 13　多词检索设置界面

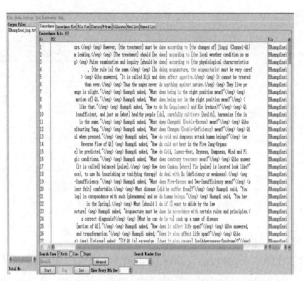

图14 多词检索语境共现界面

如图14所示,"do"及其各种变体形式共出现417次,通过其语境共现,可以直观地了解"do"及其变体的使用情况。同时还可以进行通配符检索,部分通配符符合及意义如下:

表1 常用通配符检索及其含义

序号	符号	含义	检索项示例	检索结果
1	*	零个或多个字符	ask*	提取所有以ask开头的词,包括ask, asked, asksd等
2	+	零个或一个字符	patient+	提取所有以patient开头的词,但之后有零个或一个字母,如patient, patients
3	?	任意一个字符	?all	提取所有以字母组合all结尾的,但之前有一个字母的词,如fall, call, ball等
4	@	零个或一个词	@about	提取所有含有about的词或词组,如about, what about, how about, bring about等
5	#	任意一个词	Huangdi#	提取所有与Huangdi的搭配,如Huangdi asked, Huangdi said, Huangdi sat, Huangdi stood, Huangdi stored等

提取搭配词表

通过点击主界面中的"Collocates",可获得检索项的搭配词表,同时可以设置搭配词的位置、出现的最少次数与词表的排列方式。例如,提取find右一的搭配情况,将《黄帝内经·素问》英译本导入AntConc,点击"Collocates",在"Search Term"文本框里输入"find",在"Window Span"文本框里设置from,0 to 2L(包含find本身2个词),然后点击"start",选择"Sort by Freq"(按频数排列),设置"Min Collocate Frequency"为1(最少出现频率为1),结果如图15:

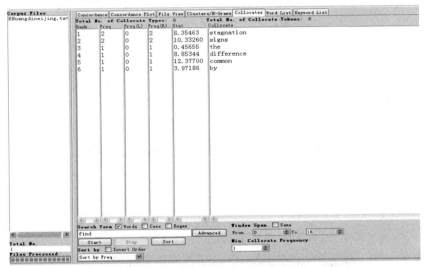

图15 提取find搭配词表检索结果

如图15所示,在《黄帝内经·素问》英译本中与find搭配词共有6个,出现最多的为stagnation和signs,都是2次,其余为1次。

提取词频表

单字词频表是指目标语料库的单词表,而且词频表的检索结果是以每个词的形式及其频数排列(当然也可以根据需求设置为按词头的或者词尾的拼写字母顺序排列)。导入所需语料库,进入"Word List"界面,选择"Sort by Freq",然后点击"Start",结果如下图:

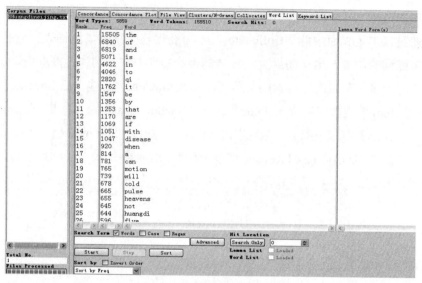

图 16 单字词频表检索结果

如图16所示,《黄帝内经·素问》英译本语料库共有形符155510个、类符5859个,其中排列前五的是"the""of""and""is"和"in","the"的出现频率达15505次。

2.2 双语检索软件ParaConc

在上一节,我们介绍了利用ParaConc进行双语平行对齐的基本操作。下面主要讲解如何利用该软件进行双语检索。一般而言,ParaConc可以实现单词检索、平行检索、热词搜索、词频统计等功能。

单词检索

将对齐文本导入ParaConc,点击"Search"菜单,在下拉菜单中选择"Text Search",或利用快捷键Ctrl+S,即会出现检索框,如图17:

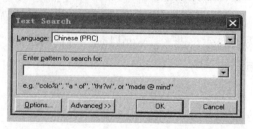

图 17 ParaConc 平行文本检索界面

如图17所示,检索界面第一栏为"Language"选项的下拉菜单,可以选择汉语或英语进行检索，然后在"Enter pattern to search for"文本框输入检索项。在检索项下方有一些通配符提示，可以根据需要选择，检索某一特定形式的字符串。例如检索m?n，检索结果包含man和men，"?"表示任意一个字母；检索book%，检索结果会出现book和books，"%"表示零个或一个字母。此处，我们选择汉语，输入词语"君子"，单击"OK"，软件会自动检索，结果如图18：

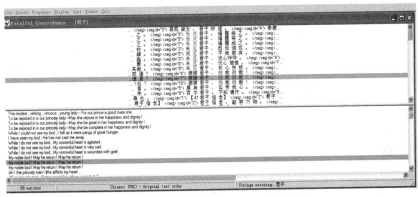

图18 中文检索项为"君子"检索结果

如图18所示，"君子"被自动标亮，其前后的词语也被标亮，显示可能的搭配。界面上半栏为《诗经》中带有"君子"的所有结果，共89项，下半栏为对应的英语译文。

平行检索

ParaConc还提供双语匹配检索，例如考察"君子"一词有多少被译为"Lord"。点击"Search"选项，选择"Parallel Search"，跳出对话框如图19：

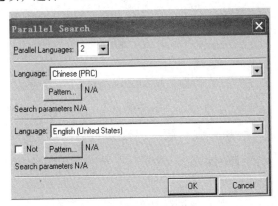

图19 平行检索界面

如图19所示，在对话框里出现英汉两种语言设置框，点击"Pattern"，分别

输入"君子"和"lord",点击"OK",检索结果如图20:

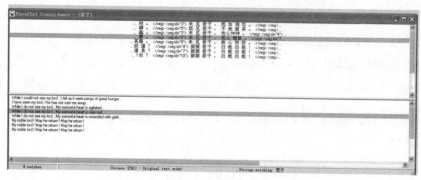

图20 平行检索结果

如图20所示,"君子"一词在原文有89次,却只有8次被译为"lord"。

热词搜索

ParaConc软件内置了热词搜索功能。热词是在查到某个目标词的所有例子之后,软件对翻译文本中对应译词进行自动识别并提供按频率排列的最常用译词列表(胡开宝,2011:61)。在"Enter pattern to search for"文本框输入检索项"我",点击"OK",出现"我"及英译结果,在下半栏中右键单击,选择hot words,结果如图21:

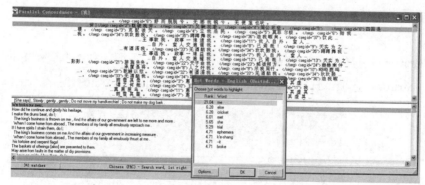

图21 热点词汇

如图21所示,《诗经》中"我"出现341次,点击热词里的"me",则"me"在译文中被突出显示。

词频统计

ParaConc软件内嵌了强大的词频统计功能。打开ParaConc软件,点击"Frequency",选择Frequency Order,即可生成语料库的词频列表,如图22所示。

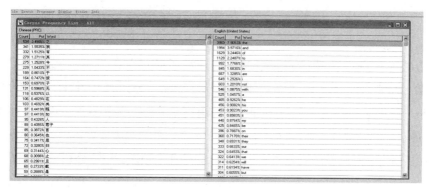

图 22 《诗经》平行语料库汉英词频表（按词频顺序统计）

除了按频率排列，还可以按字母顺序排列，在"Frequency"下拉菜单选择 Alphabetical Order，结果如图23：

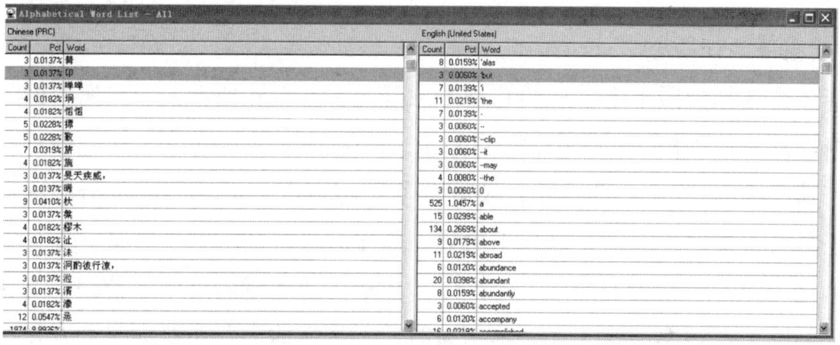

图 23 《诗经》平行语料库汉英词频表（按字母顺序统计）

研究者还可以根据需要，在Frequency Option 中对各项参数进行设定，如可以对最低词频进行限定、忽略字母大小写、跳过标注、stop list options进行编辑，以满足研究需求。统计结果可以在Frequency下拉菜单的"Save as File"中进行保存。

视频：0521 AntConc软件基本操作

0522 EmEditor和ICTCLAS基本操作

0523 ParaConc 软件操作

第三节　语料库技术在翻译及翻译研究中的应用

语料库在翻译及翻译研究中的应用推动了翻译学的发展，形成了语料库翻译学。从本质上说，语料库翻译学是描述翻译学与语料库语言学相结合的产物，是一种跨学科研究，代表了翻译学与语言学的一个最新发展方向（张继光，2016:34）。语料库技术在翻译及翻译研究中的应用主要包含翻译语言特征研究、译者风格研究、翻译教学研究和机器翻译研究等几个领域，以下分别予以阐释：

1. 翻译语言特征研究

翻译语言是一种客观存在的语言变体，基于语料库的翻译语言特征可分为翻译共性研究和具体语言对翻译语言特征研究两种类别（胡开宝，2011:79）。

1.1 翻译共性研究

翻译共性是指译本中呈现的有别于源语文本的一些典型的、跨语言的、有一定普遍性的特征（柯飞，2005:303-307）。Mona Baker（2000）在翻译语料库基础上，从类符/形符比、平均句长及词项使用特点等方面对翻译英语的语言特征进行了考察，指出翻译语言呈现出简化、显化和规范化等共性特征。简化又包括词汇简化（即使用较少的词来进行翻译，尽量少用生僻的字眼，使用释义方式应对文化差异）、句法简化（复杂结构被简化）和文体简化（倾向于断开长句，减少或省略重复的冗余信息，减少词汇重复）三种类型。显化是指将原文隐含的内容在译文中明示出来，衔接手段明晰化。规范化是指译文尽量向目的语的某些典型样态靠拢，缺少目的语使用的多样性。王克非、胡显耀（2008）在平行语料库基础上，对翻译汉语的特征进行了研究，指出与原创汉语相比，翻译汉语具有词语变化度偏低、词汇密度偏低、虚词显化、指代方式显化、常用词频率增加等特征，证明了翻译共性的存在。但是需要指出的是，特定语言间的语言转换现象或翻译语言的局部特征，不一定是所有翻译语言共有的属性，翻译共性的探讨还有待深入（王克非、秦洪武，2009:105）。

1.2 具体语言对翻译语言特征研究

具体语言对翻译语言特征研究主要包含翻译语言词汇特征、句法特征、搭配特征和语义韵等四个方面。具体语言对翻译语言词汇特征包括翻译语言词汇应用的总体特征和具体词汇的或短语结构的应用特征。词汇应用的总体特征可以通过类符/形符比、词汇密度和高频词的相关数据来分析（胡开宝，2011:97）。句法特征可从句法总体特征和典型语句的结构的应用特征两个层面进行分析。句法总体特征包含翻译文本的平均句长、平均句段长、结构容量、简单句和复合句的使用频率等；典型语句结构是指目的语语言特有的语句结构或受源语语言影响而频繁应用的目的语语句结构，主要涉及这些结构的使用频率、分别规律、语义特征、语用功能等。翻译语言的搭配研究可从节点词和搭配词的确定、跨距长度的选择、搭配词的提取和搭配显著性的统计等方面展开（胡开宝，2011:103）。语义韵是指某一词汇由于一些特点相同或相似的搭配词频繁共现而具有这些搭配词的语义特征。翻译语言的语义韵研究可以揭示具体翻译文本中目的语词汇的语义韵及其前后搭配在翻译活动的影响下所发生的变异，有利于加深对翻译的理解，指导翻译实践。

翻译语言特征研究一般遵循提出假设、设定研究目标、验证假设、分析数据、理论阐释、得出结论或提出新的假设等几个步骤。目前翻译语言特征研究集中在翻译共性研究方面，对显化现象的研究尤为突出（刘国兵、常芳玲，2018:117），而对具体语言对翻译语言特征的研究关注不够，尤其对翻译语言的搭配研究和语义韵研究匮乏。

2. 译者风格研究

译者风格，又称译者文体，有广义和狭义之分。广义上，译者风格是指译者在语言应用方面所表现出来的个性特征以及包括译本选择、翻译策略应用、序跋和译注等在内的非语言特征。狭义上，译者风格指译者语言应用或语言表达的偏好，或在译本中反复出现的语言表达方式（胡开宝，2011:109）。Mona Baker 教授（2000）将译者风格定义为"译者在翻译过程中留下的'指纹'是其在译文中所表现出的一些规律性语言模式，是译者所偏爱的、反复出现、习惯性的语言行为模式，是一种下意识的语言选择行为"。对译者风格的研究不仅能加深对原文的理解，而且通过对两个或两个以上译者的译文进行对比分析，对某译者常用的翻译策略及动因探究也大有裨益（刘国兵、常芳玲，2018:117）。基于语料库的译者风格研究可以有效避免译者风格研究的主观性和随意性，是未来研究的一个趋势（黄立波，2014:53）。

在国外，Hermans（1996:27）首次提出了译者声音的概念，他认为译者的声音出现在译文的字里行间，无处不在。译作绝非是对原作的透明再现，而是具有多重、分散、混杂和复调性质的双重文本，旁注、脚注、括号说明及序言等准文本形式无不表明两种不协调的声音同时存在于译作中（王克非、黄立波，2008:11）。Mona Baker（2000）以翻译英语语料库（TEC）为研究平台，从类符/形符比、平均句长和叙述结构三方面分析了英国翻译家Peter Bush 和Peter Clark 的翻译风格，开创了用语料库方法来考察译者风格研究的先河。继Baker之后，基于语料库的译者风格研究无论研究模式还是研究视角均有所拓展，朝着系统化的方向发展。从研究模式上看，不仅有基于单语类比语料库的研究，也有基于双语平行语料库的研究；从研究视角上看，研究切入点日趋多样化。如Olohan（2003）同样以TEC为研究平台，从助动词和系动词缩略形式和完整式使用的视角，考察了英国翻译家Peter Bush和Dorothy S. Blair的风格差异。Bosseaux（2001，2004，2007）利用平行语料库，先后从翻译转换、间接引语、指示语、情态和及物性的视角，考察了弗吉尼亚·伍尔夫小说《海浪》和《到灯塔去》法文译本的翻译风格。Saldanha（2011）提出了兼顾原文和译文的译者风格研究体系，强调了译者风格研究的两个维度，即将语料库翻译学视阈下T型译者风格和传统译者风格所关注的S型译者风格相融合，迈出了译者风格研究理论模式朝系统化方向发展的第一步（卢静，2014:21）。

在国内，译者风格研究往往是对某篇经典文学作品的几篇译文进行分析、比较，以此揭示不同译者的翻译风格（刘国兵、常芳玲，2018:118），如冯庆华（2008）利用语料库，从辞格翻译、文化词翻译、习语翻译和词频分析等角度，对《红楼梦》霍克斯与闵福德译本中的译者风格进行了研究。刘泽权、闫继苗（2010）以报道动词的翻译方法为切入点，考察了《红楼梦》三个译者的翻译风格和策略。胡开宝（2011）以《莎士比亚》汉译本为语料，探讨了"被"字句与译者风格之间的关系。黄立波（2014）借助双语平行语料库，考察了《骆驼祥子》三个英译本中叙述话语的处理模式。

一般而言，基于语料库的译者风格研究涵盖语料库建设、翻译现象描写和翻译现象解释三大阶段（胡开宝，2017:17）。在语料库建设阶段，首先应当收录同一译者的不同翻译作品，或同一作品的不同译本及与译作有类比关系的原创作品；其次利用相关软件对语料进行技术处理，包括清洁文本、分词、标注等工作；最后利用ParaConc软件或Tmxmall在线工具实现句级对齐，为译者风格研究提供物质基础。在翻译现象描写阶段，利用语料库检索软件统计不同翻译作品的类符/形符比、平均句长，高频词、文化特有词项、译者偏好词、语句结构等方面的使用频率和分布特征，重点分析译文中出现的对源语文本进行增加、删减和结构调整等现象，对不同译者的风格进行描写（胡开宝，2011:115），得出译者风格的总体特征。在翻译现象解释阶段，在语言学、文学、文化和翻译理论指导下，结合相关数据，从译者自身因素（包括翻译目的、译者个性、对源语文本的态度等）、目的语文化因素（包括具体历史时期的社会意识形态、审美观、翻译规范等）和源语和目的语文化之间的差异等三个方面对译者风格的成因进行解释。

近二十年来，基于语料库的译者风格研究虽然取得了丰硕的成果，但主要集中在文学文本的研究，包括小说文本、戏剧文本、散文文本、典籍文本等，而且研究考察参数多局限于某个局部参数，综合类参数内容比较缺乏（黄立波，2018：80），研究深度和广度有待进一步提升。

3. 翻译教学研究

翻译教学承担着提高学生外语技能、培养合格翻译人才的历史使命。在国内，传统翻译教学多遵循教师的经验式、感悟式和师徒式的教学方法，在翻译教材、课堂教学和学生自主学习等方面都存在诸多不足（刘康龙、刘剑雯，2018:102），而语料库与翻译教学的结合是翻译教学领域的一次革新。在理念上，借助真实的翻译产品帮助学生建立关于翻译的意识，培养学生发现式学习和自主学习能力。在性质上，改变传统翻译教学中的规定性方法，将描写性因素融入翻译教学实践，通过观摩、对比、分析、借鉴的方式发挥学生的主动性，加深学生对翻译活动的认识（王克非，2012:142），提高学生翻译能力，其教学形式具有文本电子化、学习直观化、分析多元化、结论科学化、成果有机化等五大方面的特点和优势（黎土旺，2007:48）。

基于语料库的翻译教学一般遵循以下三个步骤：（1）呈现语料，教师利用语料库检索软件共现动态语境，将学生的注意力集中于关键词或结构的翻译对应项，让学生在具体语境中观察某个词或结构的搭配行为，了解其在不同语境中的语义特点。（2）培养发现式学习能力，让学生比较源语文本和目的语文本，分析两种语言词语或结构的异同，进行发现式学习，让他们第一时间领会到同一词汇、同一句型结构和同一语篇模式的不同的翻译技巧，总结和发现翻译规律，领会翻译理论和技巧，领悟翻译的真谛。（3）形成翻译观，学生一方面通过评估语料、提取术语、建立双语文本跨语言的对等关系，及时评估或反思自己的翻译行为；另一方面通过学生之间和师生之间的互动性讨论，最大限度的挖掘学生的潜能，让学生在前人基础上进行创新，形成自己的翻译观，进而提高翻译技能。

平行语料库的语料内容广、语料新、语境丰富，而且检索功能强大，能对双语对译、双语搭配等进行全面调查，有助于揭示双语转换复杂而丰富的对应关系，为学生选择译语表达手段提供量化等级概念（肖维青，2007:27）。更为重要的是，平行语料库便于查找特定表达方式的译法，使术语和短语的翻译更加准确、地道，而且常常可以提供多个翻译选择或翻译参考，比双语词典的例证更为丰富，更为真实，其作用是其他教科书和工具书所不能替代的，它在翻译教学中有广阔的使用前景和潜在开发价值（王克非，2004:27）。

然而，目前基于语料库的翻译教学研究还存在着诸多问题，如常见的平行语料库多为词性标注，无法同时提供翻译所需的语义—句法信息；真正专门针对教学的语料库缺乏，教师很难一次检索到适合课堂使用的语言材料，而且平行语料库与微观翻译教学环节缺少有效衔接，实证研究不足。

4. 机器翻译研究

机器翻译（Machine Translation，MT），又称自动翻译，是指利用计算机将一种自然语言（源语）转换为另一种自然语言（译语）的过程。机器翻译试图用计算机来模拟人的翻译能力，成了人工智能的一个重要分支（冯志伟，2017:19），其在提高翻译效率、改变翻译作业方式、促进翻译多元发展中起着至关重要的作用（侯强、侯瑞丽，2019:1）。语料库运用于机器翻译是一种由标注语料，特别是双语或多语平行语料，构成知识源的数据驱动型机器翻译系统构建方式，可为构建面向机器翻译的双语语块库提供基础理论和数据支撑，为提升机器翻译系统的准确率提供了有力保障（胡福茂、张克亮，2018:83）。

在国外，美国卡内基梅隆大学的PANGLOSS机器翻译系统以280多万对双语语块为依托，较好地实现了英法真实文本的互译（冯志伟，2011），使机器翻译研究出现了高潮。国内的机器翻译主要体现在翻译软件的研发领域，主要经历了简单的英汉单词互译期、不完善的机器翻译期和翻译记忆软件研发期等三个主要阶段。目前，越来越多的翻译机构和译员认识到翻译记忆软件代表了翻译业界最先进的技术。翻译记忆软件的核心技术就是平行语料库，在翻译新文本时，机器会自动调用存储在记忆库里的相关平行文本片段，这使得翻译"省时、省力，还能保持翻译的高度一致性"（李英军，2014:25）。随着翻译平行语料库的不断扩大，机器翻译的效率、准确率将不断提高。

然而，目前对于如何利用现有双语语料库分析英汉双语语块对应规律、研制面向机器翻译的双语语块库尚未引起足够的重视。总体而言，目前机器翻译还不够成熟，仍处于初级发展阶段（冯志伟，2018:35）。随着人工智能的发展，尤其ChatGpt的出现如何完善现有机器翻译模型、构建译文更为精准的新模型，使机器翻译整体翻译质量具有质的飞跃是我们现阶段面临的迫切任务。

5. 前景展望

随着语料库技术的不断发展，语料在翻译及翻译研究中的应用将呈现出以下几个趋势：

5.1 跨学科研究将不断深化

语料库技术在翻译及翻译研究中的应用旨在对大量客观存在的翻译语料进行描写与分析，探索翻译语言规律及翻译文本特征的各种因素。由于翻译现象纷繁复杂，研究者需要在语料库分析基础上，从社会、历史、文化、认知等多元视角对翻译进行综合分析，推动翻译的跨学科研究不断深入。

5.2 翻译过程研究将不断深入

随着语料库翻译学研究的不断发展，语料库在翻译研究中的应用将与自然科学的实验方法，如眼动仪、脑成像、人工智能等紧密结合，揭示翻译的认知过程，推动翻译学不断向前发展。

5.3 多语语料库创建将不断增多

随着国际语料库翻译学的发展，研究者将逐渐转向多语语料库的创建与研究，语料库规模将不断扩大。语料库翻译学的领军人物Mona Baker教授的研究团队正在创建一个希腊语、拉丁语、阿拉伯语和英语的庞大多语语料库（冉诗洋，2019:61）。

5.4 口译智能化将不断普及

口译智能化将成为未来机器翻译发展的一个重要方面，它融合了语音识别、自动翻译、情感识别、语音合成等多项技术，随着人工智能的发展及多模态口译语料库的创建与应用，智能口译的应用领域将不断扩大。

思考题

（1）语料库技术在翻译及翻译研究中的应用优势和不足有哪些？

（2）语料库技术如何与人工智能紧密融合，推动翻译学科的不断发展？

参考文献

中文著作

鲍刚. 口译理论概述 [M]. 北京：旅游教育出版社，1998.

车文博. 心理学原理 [M]. 哈尔滨：黑龙江人民出版社，1986.

陈刚. 旅游翻译与涉外导游 [M]. 北京：中国对外翻译出版公司，2004.

陈刚. 旅游英汉互译教程 [M]. 上海：上海外语教育出版社，2009.

陈小慰. 语言·功能·翻译 [M]. 福州：福建教育出版社，1998.

陈小慰. 新编实用翻译教程（增订版）[M]. 北京：经济科学出版社，2011.

杜志峰，李瑶，陈刚. 基础影视翻译与研究[M]. 杭州：浙江大学出版社，2013.

方凡泉. 好易学英汉口译 [M]. 广州：世界图书出版公司，2000.

冯庆华. 母语文化下的译者风格 [M]. 上海：上海外语教育出版社，2008.

冯树鉴. 实用英汉翻译技巧 [M]. 上海：同济大学出版社 1995.

冯志伟. 现代术语学引论（增订本）[M]. 北京：商务印书馆，2011.

冯志伟. 自然语言计算机形式分析的理论与方法[M]. 合肥：中国科学技术大学出版社，2017.

高亮，林郁如. 英汉汉英口译教程 [M]. 福州：福建人民出版社，1996.

龚荒. 商务谈判与推销技巧 [M]. 北京：清华大学出版社，2005.

桂诗春. 心理语言学 [M]. 上海：上海外语教育出版社，1985.

郭晓燕. 商务英语翻译 [M]. 北京：对外经济贸易大学出版社，2017.

韩其顺. 理解与表达——大学英语翻译重点难点分析 [M]. 上海：上海外语教育出版社，1998.

胡开宝. 语料库翻译学概论 [M]. 上海交通大学出版社，2011.

贾文波. 汉英时文翻译——政治经济汉译英300句析[M]. 北京：中国对外翻译出版公司，2000.

焦会元. 古法新解会元针灸学 [M]. 北平：泰山堂书庄，1937.

康志洪. 科技翻译[M]. 北京：外语教学与研究出版社，2012.

克劳士比. 质量免费 [M]. 杨钢，林海，译. 太原：山西教育出版社，2011.

勒代雷. 同声传译 [M]．巴黎：Lettres Modernes Minard，1981：191.

李德新. 实用中医基础学 [M]．沈阳：辽宁科学技术出版社，1985.

李清华. 医学英语实用翻译教程[M]. 上海：世界图书出版公司，2012.

李照国. 中医基本名词术语英译国际标准化研究——理论研究、实践总结、方法探索 [M]. 上海：上海科学技术出版社，2008.

李振吉. 中医基本名词术语中英对照国际标准 [M]．北京：人民卫生出版社，2007.

李治莹. 97福建游 [Z]. 福州：福建省旅游局，1997.

梁志刚，宫英瑞. 实用商务英语翻译 [M]. 北京：中国人民大学出版社，2013.

廖荣霞. 医学英语基础教程[M]. 北京：科学出版社，2013.

廖荣霞. 医学英语基础教程教学参考[M]. 北京：科学出版社，2014.

林本椿. 汉译英素材（未出版，书中译例多摘自汉学家译本，数量较多）

林超伦. 实战口译(学习用书) [M]. 北京：外语教学与研究出版社，2004.

刘和平. 口译技巧——思维科学与口译推理教学法 [M]．北京：中国对外翻译出版公司，2001.

刘和平. 口译理论与教学 [M]. 北京：中国对外翻译出版公司，2005.

陆谷孙. 英汉大词典 [M]. 上海：上海译文出版社，1993.

陆谷孙. 英汉大词典 [M]. 上海：上海译文出版社，2003.

吕和发，任林静. 全球化商务翻译 [M]. 北京：外文出版社，2011.

吕乐，闫栗丽. 翻译项目管理 [M]. 北京：国防工业出版社，2014.

麻争旗. 英语影视剧汉译教程[M]. 北京：中国传媒大学出版社，2013.

梅德明. 英语高级口译资格证书考试口译教程 [M].上海：上海外语教育出版社，1996.

梅德明. 英语中级口译资格证书考试口译教程 [M].上海：上海外语教育出版社，1998.

潘红. 商务英语英汉翻译教程 [M]. 北京：中国商务出版社，2004.

彭萍. 实用旅游英语翻译 [M]. 北京：对外经济贸易大学出版社，2010.

皮连生. 学与教的心理学（修订版）[M]. 上海：华东师范大学出版社，1997.

戚安邦. 项目管理学 [M]. 北京：科学出版社，2007.

钱多秀. 计算机辅助翻译 [M]. 外语教学与研究出版社，2011.

山东中医学院 河北医学院.黄帝内经素问校释（第2版）[M].北京：人民卫生出版社，2009.

孙广仁. 中医基础理论（新世纪第二版）[M]. 北京：中国中医药出版社, 2007.
谭学纯, 唐跃, 朱玲. 接受修辞学 [M]. 合肥：安徽大学出版社. 2000.
王华树. 计算机辅助翻译实践 [M]. 北京：国防工业出版社, 2015.
王克非. 语料库翻译学探索 [M]. 上海：上海交通大学出版社, 2012.
王力. 中国语言学史 [M]. 太原：山西人民出版社, 1981.
王立非. 计算机辅助第二语言研究方法与应用 [M]. 外语教学与研究出版社, 2007.
王燕. 英语口译实务(二级) [M]. 北京：外文出版社, 2005.
王燕. 医学英语翻译与写作教程[M]. 重庆：重庆大学出版社, 2008.
王佐良. 翻译：思考与试笔 [M]. 北京：外语教学与研究出版社, 1989.
文秋芳. 英语语言学导论[M]. 南京：江苏教育出版社, 1995.
吴冰. 汉译英口译教程 [M]. 北京：外语教学与研究出版社. 1995.
项目管理协会. 项目管理知识体系指南 [M]. 北京：电子工业出版社, 2005.
肖维青. 英汉影视翻译实用教程[M]. 上海：华东理工大学出版社, 2017.
谢竹藩. 中医药常用名词术语英译 [M]. 北京：中国中医药出版社, 2004.
杨惠中. 语料库语言学导论 [M]. 上海：上海外语教育出版社, 2002.
杨俊峰. 口译与听力 [M]. 沈阳：辽宁大学出版社, 2001.
杨自俭, 刘学云. 翻译新论（1983—1992）[M]. 武汉：湖北教育出版社, 1994.
毅冰. 外贸高手客户成交技巧 [M]. 北京：中国海关出版社, 2011.
宇辰. 颐和园 [M]. 北京：朝华出版社, 2001.
袁洪, 王济华. 商务翻译实务（第二版）[M]. 北京：对外经济贸易大学出版社, 2018.
岳峰, 黄飞. 职场笔译进阶 [M]. 福州：福建科学技术出版社, 2012.
岳峰, 刘茵. 商务英语笔译 [M]. 厦门：厦门大学出版社, 2014.
岳峰, 王绍祥. 商务英语口译 [M]. 厦门：厦门大学出版社, 2015.
岳峰, 曾水波. 科技翻译教程[M], 北京：北京大学出版社, 2022.
岳峰. 职场笔译：理论与实践 [M]. 厦门：厦门大学出版社, 2015.
岳峰. 职业翻译岗前培训教程 [M]. 厦门：厦门大学出版社, 2017.
岳峰. 行业笔译案例库：精选与解析 [M]. 福州：福建人民出版社, 2018
岳峰. 翻译项目管理：实操、案例与研究 [M]. 北京：北京大学出版社, 2019.
张芳杰. 牛津现代高级英汉双解词典 [Z]. 北京：商务印书馆, 1988.
张清平. 英语口译基本技能 [M]. 北京：对外经济贸易大学出版社, 1999.
张晟星, 戚淦. 经穴释义汇解 [M]. 上海：上海翻译出版公司, 1984.

张维为. 英汉同声传译 [M]. 北京：中国对外翻译出版公司，1999.

张炜. 外贸英语的语言特点与翻译 [M]. 上海：上海交通大学出版社，2008.

章逢润，耿俊英. 中国灸疗学 [M]. 北京：人民卫生出版社，1989.

中文期刊

鲍晓英. 帮助学生实现口译"信"的标准——记忆心理学在口译教学中的应用 [J]. 外语界，2005(3)：37-42.

曹春春. 礼貌准则与语用失误——英汉语用失误现象比较研究 [J]. 外语学刊，1998(2)：69-73.

柴梅萍. 配音与字幕声画同步翻译的策略[J]，山东外语教学，2003(5)：92-94.

陈家基. 中式菜肴英译方法初探 [J]. 中国翻译，1993(1)：34-36.

崔启亮. 企业语言资产内容研究与平台建设 [J]. 中国翻译，2012(6)：64-67.

丁振祺. 企业名称的翻译问题 [J]. 中国翻译，1989(1)：35-38.

董海雅. 西方语境下的影视翻译研究概览[J]，上海翻译，2007(1)：12-17.

杜盼盼. 商务英语口译中的语用失误探究 [J]. 河南财政税务高等专科学校学报，2017(5)：90-92.

范彦博. 谈谈我国出口商品商标的英译 [J]. 中国翻译. 1987(1)：32-34.

冯志伟. 计算语言学的历史回顾与现状分析[J]. 外国语，2011(1)：9-17.

冯志伟. 机器翻译与人工智能的平行发展[J]. 外国语，2018(6)：35-48.

高志凯. 给小平同志做翻译 [J]. 人事天地，2007(11)：8-9.

侯强，侯瑞丽. 机器翻译方法研究与发展综述 [J]. 计算机工程与应用，2019(10)：30-35+66.

胡福茂，张克亮. 面向机器翻译的双语语块对应研究 [J]. 外语电化教学，2018(3)：83-87.

胡开宝，谢丽欣. 基于语料库的译者风格研究：内涵与路径 [J]. 中国翻译，2017(2)：12-18.

胡修浩，陈蒙. 简论口译及相关技巧 [J]. 国外外语教学，2003(1)：62-66.

黄次栋. 语用学与语用错误 [J]. 外国语，1984(1)：13-18.

黄光惠，岳峰. 中医术语"经络"的英译辨析 [J]. 中国科技术语，2012(4)：22-25.

黄光惠，岳峰，余传星. 中医阴阳学说术语的英译研究 [J]. 中国科技翻译，2019(1)：1-4.

黄光惠. 《实用英文中医辞典》针灸经穴英译评析 [J]，中国中医药信息杂志 2015(9)：4-7.

黄海翔. 中餐菜单英译浅谈 [J]. 中国科技翻译，1999(1)：18-21.

黄怀飞. 汉语四字格英语口译的策略 [J]. 廊坊师范学院学报，2003(3)：102-104.

黄建凤. 从英国的口译硕士课程看高级口译培训 [J]. 外语界，2005(3)：43-48.

黄立波.《骆驼祥子》三个英译本中叙述话语的翻译——译者风格的语料库考察 [J]. 解放军外国语学院学报，2014(1)：72-80+99.

黄立波. 语料库译者风格研究反思 [J]. 外语教学，2018(1)：77-81.

黄潇. 为国家领导人作翻译，逼你进步——外交部英文高翻戴庆利在暑期翻译训练营的演讲 [J]. 科技文萃，2005(11)：113-114.

康宁，尉莹，曲乐. 计算机辅助翻译环境下术语库创建、应用与术语管理 [J]. 青岛科技大学学报(社会科学版)，2015(3)：107-110.

柯飞. 翻译中的隐和显 [J]. 外语教学与研究，2005(4)：303-307.

兰凤利. 中医古典文献中"阴阳"的源流与翻译 [J]. 中国翻译，2007(4)：69-72.

黎土旺. 语料库与翻译教学 [J]. 中国科技翻译，2007(3)：46-49.

李德辉，张桂娟，刘玉斌等.《伤寒论》中"阴"、"阳"含义探讨 [J]. 中国中医基础医学杂志，2012(1)：10-11+68.

李婉婉. 商务英语语用失误的界定及分类研究 [J]. 沈阳农业大学学报(社会科学版)，2017(5)：600-604.

李文丹. 汉语四字结构的运用及其他 [J]. 中国翻译，1984(4)：20-23.

李延波，房红芳. 中国语用失误研究三十年综述 [J]. 文教资料，2013(34)：25-28.

李英军. 机器翻译与翻译技术研究的现状与展望——伯纳德·马克·沙特尔沃思访谈录 [J]. 中国科技翻译，2014(1)：24-27.

李越然. 充分发挥口译的社会功能 [J]. 中国翻译，1987(2)：6-10.

李运兴. 字幕翻译的策略 [J]. 中国翻译，2001(4).

李照国，刘希和. 论中医翻译的原则 [J]. 中国翻译，1991(3)：41-45.

李照国. 中医翻译标准化的概念、原则与方法 [J]. 科技翻译. 1992(4)：25-29.

李照国. 中医名词术语的结构及英译 [J]. 中国翻译，1993(6)：28-30.

刘国兵，常芳玲. 基于CiteSpace的国内语料库翻译学研究知识图谱分析 [J]. 河南师范大学学报（自然科学版），2018(6)：111-120.

刘和平. 翻译的动态研究与口译训练 [J]. 中国翻译，1999(4)：28-32.

刘剑，胡开宝. 多模态口译语料库的建设与应用研究 [J]. 中国外语，2015(5)：77-85.

刘康龙，刘剑雯. 语料库在翻译教学中的"洪荒之力"：以COCA和古代汉语语料库为例

[J]. 南华大学学报（社会科学版），2018(6)：102-110.

刘秋红. 社会符号学视角下汉语四字格的英译 [J]. 长江大学学报（社会科学版），2008(5)：108-110.

刘泽权，闫继苗. 基于语料库的译者风格与翻译策略研究——以《红楼梦》中报道动词及英译为例 [J]. 解放军外国语学院学报，2010（4）：87-92.

卢静. 历时视阈下的译者风格研究——语料库辅助下的《聊斋志异》英译本调查 [J]. 外国语，2014(4)：20-31.

麻争旗. 影视对白中"节奏单位"的翻译探究[J]，中国翻译，2011(6)：55-59.

马国凡. 四字格论 [J]. 内蒙古师大学报（哲学社会科学版）(S2)，1987：51-58.

钱绍昌. 影视翻译——翻译园地中愈来愈重要的领域[J]，中国翻译，2000(1)：61-65.

邱懋如. 不作"比"字译的than [J]. 中国翻译，1985(9)：28-33.

冉诗洋. 国际语料库翻译学研究新趋势——《语料库翻译学新趋向》评析[J]. 中国科技翻译，2019(1)：59-61+39.

任杰. 商务英语翻译中的跨文化语用失误剖析及应对策略 [J]. 考试与评价（大学英语教研版），2018(2)：68-70.

邵毅. 潮起潮落潮不息：上海电影翻译发展研究[J]，上海翻译，2011(1)：75-80.

孙修福. 关于历史机构译名约定俗成问题 [J]. 中国翻译. 1989(3)：9-11.

王传英，闫栗丽，张颖丽. 翻译项目管理与职业译员训练 [J].中国翻译，2011(1)：55-59.

王江渭. 广告翻译中的语用失误现象探析 [J]. 安徽电子信息职业技术学院学报，2017(6)：52-54.

王克非. 双语平行语料库在翻译教学上的用途[J]. 外语电化教学，2004(6)：27-32.

王克非，胡显耀. 基于语料库的翻译汉语词汇特征研究[J]. 中国翻译，2008(6)：16-21+92.

王克非，黄立波. 语料库翻译学十五年[J]. 中国外语，2008(6)：9-14.

王克非，秦洪武. 英译汉语言特征探讨——基于对应语料库的宏观分析[J]. 外语学刊，2009(1)：102-105.

王绍祥. 口译应变策略 [J]. 中国科技翻译，2004(1)：19-22.

王绍祥. 同声传译补偿机制管窥 [J]. 南华大学学报（社会科学版），2007(5)：94-97+111.

王绍祥. 会议口译译前准备工作略论 [J]. 河北北方学院学报（社会科学版）. 2009(3)：15-17.

王燕. 医学英语词汇的特点及翻译[J]. 医学教育探索，2006(4)：318-319+325.

王永泰. 旅游广告语及俗语外译的艺术美——从"桂林山水甲天下"英译文谈起 [J]. 上海

翻译，2007(1)：35-37.

魏迺杰.中医西传与翻译问题 [J]. 医学与哲学，2001(7)：51-54.

魏迺杰，许权维. 中医名词英译：应用系统化原则的翻译模式 [J]. 科技术语研究，2004(4)：30-34.

魏迺杰. 就谢教授及其同僚运用西医术语表达中医概念的回复 [J]. 中国中西医结合杂志，2006(8)：746-748.

吴伟雄. 翻译是创造，是技术也是艺术——从"桂林山水甲天下"英译获奖谈起 [J]. 中国科技翻译，2007(1)：1-3+58.

肖维青. 平行语料库与应用翻译研究[J]. 中国科技翻译，2007(3)：25-28.

徐莉娜. 跨文化交际中的委婉语解读策略 [J]. 外语与外语教学，2002(9)：6-9.

许孟雄. 探讨英语特殊肯定句与否定句的汉译 [J]. 中国翻译，1984(4)：12-15.

袁榕. 谈翻译中汉语成语的运用 [J].中国翻译，1997(4)：18-21.

岳峰，陈榕烽. 从译审到翻译：MTI传媒翻译逆序教学法探索[J].中国翻译.2014(5)：45-48.

岳峰. 浅谈新闻的编辑翻译 [J].福建外语，1994(Z2)：104-107.

岳峰. 略论同化翻译 [J]. 集美大学学报（哲学社会科学版），2000(3)：100-106.

岳峰. 公共场所部分英语用语辨析 [J]. 科技术语研究，2001(3)：40-42.

张春柏. 影视翻译初探[J]，中国翻译，1998(2)：50-53.

张吉良. 论译员的口译准备工作 [J]. 中国科技翻译，2003(3)：13-17.

张继光. 国内语料库翻译学研究状况的科学知识图谱分析（1993—2014）[J].上海翻译，2016(3)：34-40+61+93.

张威. 口译语料库的开发与建设：理论与实践的若干问题[J]. 中国翻译，2009(3)：54-59+96.

赵春梅. 论译制片翻译中的四对主要矛盾[J]，中国翻译，2002(4)：49-51.

赵晶. 模因的变异与影视翻译的生态平衡[J]，山东外语教学，2012(1)：97-101.

赵琦. 论商务英语信函翻译的标准—语用学的视角 [J]. 广西师范大学学报 (哲学社会科学版)，2011(4)：45-49.

仲伟合. 英汉同声传译技巧与训练 [J].中国翻译，2001(5)：39-43.

朱金平. 英汉委婉语的比较与翻译[J]. 西南民族大学学报（人文社科版），2007(S1)：67-69.

朱启斌. 中英文化差异之委婉语翻译研究 [J]. 新西部，2017(27)：99-100.

朱益平，马彩梅. 跨文化视角下的民俗宗教文化旅游资料英译 [J]. 西北大学学报(哲学社会科学版)，2007(6)：128-132.

中文学位论文

陈俏俏. 医学英语的文体特征和翻译策略——基于一篇医学论文的英译汉的案例分析 [D], 上海：上海外国语大学，2012.

金雅玲. 我国大型体育赛事口译项目过程管理研究 [D]. 咸阳：西北农林科技大学，2013.

刘秀辉. 从顺应论的视角分析商务英语信函中的语用失误 [D].石家庄：河北大学，2010.

卫虹伶. 外贸口译实践及分析 [D]. 北京：对外经济贸易大学，2012.

曾水波. 英国公司简章翻译与分析——以英属维尔京群岛公司简章为例 [D]. 福州：福建师范大学，2016.

中文会议录

崔启亮，罗慧芳. 翻译项目管理 [C]. 北京：外文出版社，2016.

吕乐，闫栗丽. 翻译项目管理 [C]. 北京：国防工业出版社，2014.

王华伟，王华树. 翻译项目管理实务 [C].北京：中国对外翻译出版有限公司，2013.

杨自俭，刘学云. 翻译新论（1983—1992）[C]. 武汉：湖北教育出版社，1994.

英文著作

BOSSEAU C. *How Does it Feel? Point of View of in Translation: The Case of Virgina Woolf into French* [M]. Amsterdam, Rodopi, 2007.

GILE D. *Basic Theoretical Components in Interpreter and Translator Training* [M]. in Dollerup, C. and Loddegaard, A. (eds.) Teaching Translation and Interpreting, 1992.

GILE D. *Basic Concepts and Models in Interpreter and Translator Training* [M]. Amsterdam and Philadelphia: John Benjamins Publishing Company, 1995.

JONES R. *Conference Interpreting Explained* (2nd edition) [M]. Manchester: St. Jerome Publishing, 2002: 81, 91.

JORGE D. C. & ALINE R. *Subtitling, Concept and Practice* [M]. Abingdon: Taylor & Francis Books Ltd., 2021.

KAPTCHUK T. J. *The Web That Has No Weaver: Understanding Chinese Medicine* [M]. Chicago: McGraw-Hill, 1983: 7.

LAKOFG, JOHNSON M. *Metaphors We Live By* [M]. Chicago: The University of Chicago Press, 1980: 5.

LI Zhaoguo. *Yellow Emperors' Canon of Medicine · Plain Conversation* [M]. Shanghai: World Publishing Corporation, 2005: 675, 677, 6, 431.

LIU Zhanwen. *Essentials of Chinese Medicine Volume 1* [M]. London : Springer-Verlag, 2009: 13-16.

Longman. *Longman Dictionary of Contemporary English* [M]. Beijing: World Publishing Corporation, 1987: 908, 225, 1128.

MACIOCI A. *The Foundations of Chinese Medicine* [M]. Amsterdam: Elsevier Science Health Science div, 2005: 7-9.

MARK S. & MORIA C. *Dictionary of Translation Studies* [M]. Shanghai: Shanghai Foreign Language Education Press, 2004.

MONA B. & GABRICLA S. *Routledge Encyclopedia of Translation Studies* [M]. Abingdon: Taylor & Francis Books Ltd., 2010.

NEWMARK P. *A Textbook of Translation* [M]. UK: Prentice Hall International (UK)Ltd. , 1988.

NEWMARK P. *A Textbook of Translation* [M]. Shanghai: Shanghai Foreign Language Education Press, 2001a.

NEWMARK P. *Approaches to Translation* [M]. Shanghai: Shanghai Foreign Language Education Press, 2001b.

PEARSALL J. *The New Oxford English-Chinese Dictionary* [M]. Shanghai: Shanghai Foreign Language Education Press, 2007: 2450, 2445.

POCHHACKER F. *Introducing Interpreting Studies* [M]. London/New York: Routledge, 2004: 132-133.

SETTON R. *Simultaneous Interpretation: A Cognitive-pragmatic Analysis* [M]. Amsterdam/Philadelphia: John Benjamins Publishing Co. , 1999: 52.

VEITH I. HUANG TI NEI C, HING SU WEN. *The Yellow Emperor's Classic of Internal Medicine* [M]. New ed. Berkeley, Los Angeles and London : University of California Press, 2002: 14-16, 115, 99.

World Health Organization Western Pacific Region. *WHO International Standard Terminologies on Traditional Medicine in the Western Pacific Region* [M]. Beijing: Peking University Medical Press, 2009: 13, 14.

World Health Organization Western Pacific Region. *WHO Standard Acupuncture Point Locations in the Western Pacific Region* [M]. Beijing: People's Medical Publishing House, 2010: 26.

WU Nelson Liansheng, WU Andrew Qi. *Yellow Emperor's Canon Internal Medicine* [M]. Beijing: China Science &Technology Press, 1997: 289, 9, 636.

英文期刊

Al-KHANJI R., EL-SHIYAB S., HUSSEIN R. On the Use of Compensatory Strategies in Simultaneous Interpretation [J]. *Meta*, 2000(3): 548-557.

BAKER M. Towards A Methodology for Investigating the Style of A Literary Transtor [J]. *Target*, 2000: 12 (2): 241-266. B.

BOSSEAU C. Point of View of in Translation: A Corpus-based Study of French Translations of Virgina Woolf's To The Lighthouse [J]. *Across Languages and Cultures*, 2004: 5(1): 107-122.

HERMANS T. The Translator's Voice in Translated Narrative [J]. *Target*, 1996: 8 (1): 23-48.

KOHN K. & KALINA S. The Strategic Dimensions of Interpreting [J]. *Meta*, 1996, (1): 118-138.

OLOHAN M. How Frequent Are the Contractions? A Study of Contract Forms in the Translational English Corpus [J]. *Target*, 2003: 15(1): 59-89.

RICCARDI A. On the Evolution of Interpreting Strategies in Simultaneous Interpreting [J]. *Meta*, 2005(2): 753-767.

THOMAS J. Cross-cultural Pragmatic Failure [J]. *Applied Linguistics,* 1983, (4): 91-111.

英文会议录

BAKER M. *Corpus Linguistics and Translation Studies: Implications and Applications* [A]. In BAKER M., FRANCIS G. and TOGNINI - BONELLI E. (eds.), *Text and Technology: In Honor of John Sinclair* [C]. Amsterdam/Philadelphia: John Benjamins, 1993: 233-252.

BOSSEAU C. *A Study of the Translator's Voice and Style in the French Translations of Virginia Woolf's The Waves* [C]. // Meave Olohan. CTIS Occasional Papers 1. *Manchester: Center for Translation and Intercultural Studies*, UMIST, 2001: 55-75.

网络文献

AcupunctureMeridians [DB/OL].[2014-05-22].http://www. acupuncture. com. au/education/meridians/ meridians. html.

百度百科. 俄狄浦斯情结[EB/OL]. [2014-07-18]. http: //baike. baidu. com/view/85635. htm?fr=aladdin.

百度百科. 克劳士比管理哲学 [EB/OL]. [2017-11-17]https: //baike. baidu.com/item/%E5%85%8B%E5%8A%B3%E5%A3%AB%E6%AF%94%E7%AE%A1%E7%90%86%E5%93%B2%E5%AD%A6/774548?fr=aladdin.

百度百科. 计算机辅助翻译 [EB/OL]. [2017-11-07]. https: //baike. baidu.com/item/%E8%AE%A1%E7%AE%97%E6%9C%BA%E8%BE%85%E5%8A%A9%E7%BF%BB%E8%AF%9.

百度百科. 玫瑰疹 [EB/OL]. [2014-07-18]. http: //baike. baidu. com/view/1034498. htm#5.

百度文库. 商务英语电子邮件写作五原则[EB/OL]. [2010-12-23]. https://wenku. baidu.com/view/57b695f9941ea76e58fa0455.html?_wkts_=1694615259207&bdQuery.

百度文库. 医学英文缩略语 [EB/OL], [2014-07-18]. http://wenku.baidu.com/link?url=c_jjpYl8UtKof436Dx8qiZFo891nJVJJ7IzuCOU9x0cCL5J2Ua9ipeAFRzlwnf-gJ2iQqpwccfIZEhXWaVg6lCeGeAMmD1xXFLRn45rQn8W.

百度文库. 药品说明书和标签管理规定24号令 [EB/OL]. [2014-07-18].http://wenku.baidu.com/link?url=fWIuNUzUvM9DlcxHEmPAxRQlZ3pGDY9AH_xyhL6yKjMQ2PgKJ6oo3da3qHDP3MUHC52pk8h5t_WRkD-jntHbiw6cxrFgO0aq0gNvsib6wTS.

百度文库. 英文药品说明书的写法[EB/OL]. [2014-07-18]. http://wenku.baidu.com/link?url=WSeaL2Oz1UkLLfFi22OP8WXrR-JQQjlpX7cREX-BIUtxSLAKbl0IpcoYwPEnxY7nmwJX7RSBJpjwzNZKebZzSik_ZhPO70OB5H-0Mn4th-a.

百度知道. 什么动物可以给人传染疾病？啥疾病？[EB/OL]. [2014-07-18].http://zhidao.baidu.com/link?url=G9p4FqAt1Kk7-7D8P1X8TTk5rnjxQ8fq7XuPbB9Vmr9aJEtx6dYCoj9XqksKCsOrAEtjIyG0_OQsz63O0g9G4a.

参创凌科技翻译公司网站 [EB/OL]. [2016-04-12]. http: //www. linguitronics. com/cn/03capability/01capability. html.

重庆医科大学期刊社. 医学术语和名称英文缩略语[EB/OL]. [2014-07-18].http://qks.cqmu.edu.cn/picture/article/40/ad/c1/03fc2df14d01a63a6787ec19e702/9deb898b-4cf0-4179-adb8-ea598cdc652d.doc.

丁香园外语沙龙. 表示色彩的英语词汇在医学名词术语中的应用 [EB/OL]. [2014-07-18]. http: //www. dxy. cn/bbs/topic/14852931.

泛译信国际翻译有限公司网 [EB/OL]. [2016-03-18]. http: //www. pan-e. com/leibei_biyi_guicheng. html.

故宫博物院网站 [EB/OL]. [2011-06-28]. http: //www. dpm. org. cn/upload/pdf/.

汇泉翻译服务有限公司网站 [EB/OL]. [2013-05-06]. http: //www. huiquan.com/why_gongqi. html.

杭州西湖风景名胜区管理委员会网站 [EB/OL]. [2011-06-28]. http: //www. hzwestlake. gov. cn/English/introduce/introduce. htm.

互动百科. 翻译记忆库 [EB/OL]. [2017-11-12]. https: //www. baike. com/wiki/%E7%BF%BB%E8%AF%91%E8%AE%B0%E5%BF%86%E5%BA%93.

互动百科 [EB/OL]. [2013-05-06]. http: //baike. soso. com/v125994. html.

互动百科. 全面质量管理 [EB/OL]. [2017-11-17]. https: //www. baike. com/wiki/%E5%85%A8%E9%9D%A2%E8%B4%A8%E9%87%8F%E7%AE%A1%E7%90%86

江苏中医药信息网 [EB/OL]. [2017-11-17]. http: //www. jstcm. com/article_info. asp?id=464.

口译项目管理档案示例 [EB/OL]. [2016-07-01]. http: //blog. gauchatranslations.com/wp-content/uploads/2015/10/Helen-GT-Interpreting-specs-rv-oct-2015.

马璇. 计算机辅助翻译(CAT)专业你不知道的十件事 [EB/OL]. [2017-11-07]. https: //blog. sina. com. cn/s/blog_4cbc5ea40102ed3i. html.

MBA智库百科. 项目管理 [EB/OL]. [2017-11-12]. https: //wiki. mbalib.com/wiki/%E9%A1%B9%E7%9B%AE%E7%AE%A1%E7%90%86

MBA智库百科: 项目时间管理访问 [EB/OL]. [2017-11-12]. https: //wiki.mbalib.com/wiki/%E9%A1%B9%E7%9B%AE%E6%97%B6%E9%97%B4%E7%AE%A1%E7%90%86.

Official Journal of the Eurpoean Union [EB/OL]. [2012-08-12]. http: //eur-lex. europa. eu/LexUriServ/LexUriServ. do?uri=OJ: L: 2009: 152: 0011: 0022: en: PDF.

SDLTrados. 什么是翻译记忆库 [EB/OL]. [2017-11-12]. https: //www. sdltrados. cn/cn/solutions/translation-memory/.

SDLPLCSDLTradosStudio2014项目管理快速入门指南2013 [EB/OL]. [2017-11-07]. http: //www. doc88. com/p-9943625001248. html.

SDLPLCSDLTradosStudio2014翻译和检查文档快速入门指南 [EB/OL]. [2017-11-07]. https: //www. docin. com/p-985324349. html.

SDLPLCSDLTradosStudio2014翻译记忆库管理快速入门指南2013. [EB/OL]. [2017-11-07].

http://www.doc88.com/p-7037791930952.html.

上海市质量技术监督局. 公共场所英文译写规范 [EB/OL]. [2013-02-03]. http://www.shyywz.com/jsp/index/show.jsp?id=5580&newsType=128.

世贸人才网. 药品名称中英文对照 [EB/OL]. [2014-07-18]. http://www.wtojob.com/wtojob_8751.shtml.

2017年翻译资格考试报名人数继续大幅增长中国网 [EB/OL]. [2017-11-12]. https://news.china.com.cn/txt/2017-05/22/content_40864835.htm.

The Scenery of Guilin is Unparalleled in the World [EB/OL]. [2017-11-07]. http://bbs.chinadaily.com.cn/thread-513383-1-1.html.

韦氏大学词典 [EB/OL]. [2017-11-12]. https://www.merriam-webster.com.http://en.wikipedia.org/wiki/Acupuncture(DB/OL)

Wikipedia, thefreeencyclopedia [EB/OL]. [2017-11-13]. https://en.wikipedia.org/wiki/Translation.

医学教育网. 颊癌的表现与治疗 [EB/OL]. [2014-07-18]. http://www.med66.com/new/52a239aa2010/20101230liyawe95130.shtml.

译马网官网 [EB/OL]. [2017-12-03]. http://www.jeemaa.com. SDL Multiterm.

译文 [EB/OL]. [2011-06-28].http://whc.unesco.org/en/list/812.

译文 [EB/OL]. [2011-06-28]. http://www.shaolin.org.cn/templates/EN_SL_Search/index.aspx?nodeid=335

其他文献

闫栗丽. 项目管理基本概念 [Z]. PPT.

闫栗丽. 翻译项目管理 [Z]. PPT

WISEMAN N. *A Practical Dictionary of Chinese Medicine* [Z]. Beijing: People's Medical Publishing House, 2002: 3, 746-749.

注：部分译例摘录于《中国翻译》20世纪80年代及更早的文章，无法一一注明，特此声明，敬请谅解，在此致谢。

本书分工

本书内容与形式均比较特殊，内容涉及新技术，形式以视频为主，因而所涉及的作者较多，具体分工如下。

本书主编岳峰教授为福建省哲学与社会科学领军人才，福建师范大学博导、博士后导师，林世宋为译国译民翻译服务有限公司董事长。岳峰撰写第一章第一、二、三节，拍摄视频0111外宣翻译中的变通（一）、0112外宣翻译中的变通（二）、0113外宣翻译中的变通（三）、0121特殊句型的翻译、0122翻译的逻辑性与句法的特殊性、0123标点、0131文化典故、0132隐喻、0133委婉语翻译、0141名词翻译细节、0142汉英叹词的比较与翻译、0143拟声词的翻译、0144方位词的翻译、0233头衔的翻译、0311菜肴的翻译、0321公示语的翻译、0361法律的翻译（法律合同）、0380商标的翻译。林世宋负责安排企业方的参与事宜与全书的编排。

福建师范大学副教授王绍祥博士撰写第二章第一、三节与链接"口译项目管理"，拍摄视频0211公共演讲与口译（一）、0212公共演讲与口译（二）、0213公共演讲与口译（三）、0221口译的记忆（一）、0222口译的记忆（二）、0223口译的记忆（三）。

南华大学语言文学学院副院长、教授、博士李广伟撰写第五章，拍摄视频0521AntConc软件基本操作、0522 EmEditor和ICTCLAS基本操作与0523ParaConc软件操作。

福建师范大学副教授刘茵拍摄视频0386国际贸易谈判翻译（上）、0387国际贸易谈判翻译（下）。

福建师范大学副教授林丽玲拍摄视频0381产品说明书的翻译（上）、0382产品说明书的翻译（下）、0385信用证的词汇特点及其翻译。

福建师范大学外国语学院副教授张筠艇撰写第二章第二节、链接"笔记技能在口译中的作用与训练要点",拍摄视频0341影视片名翻译(上)、0342影视片名翻译(中)、0343影视片名翻译(下)。

福建师范大学外国语学院教授林佩璇博士撰写链接"跨文化意识与口译的得体性",拍摄视频0133委婉语翻译、0231四字格的翻译(上)、0232四字格的翻译(下)。

福建师范大学外国语学院副教授李秋梅拍摄视频0388商务翻译中的语用失误(上)与0389商务翻译中的语用失误(下)。

福建师范大学外国语学院副教授陈爱钗博士拍摄视频0331跨文化意识与旅游口笔译实践、0332岩茶文化的了解与翻译。

译国译民翻译服务有限公司曾宪海与雷良琼合作第四章第一节,雷良琼拍摄视频0426翻译项目质量管控(上)与0427翻译项目质量管控(下)。

福建师范大学外国语学院副教授陈榕烽拍摄视频0351科技翻译的词汇特征(一)与0352科技翻译的词汇特征(二)。

译国译民翻译服务有限公司译审曾水波撰写第三章第五节、第六节及链接。

澳大利亚新南威尔士州多元文化事务署资深中文译员、澳大利亚狮盾传媒集团翻译总监黄杨勋撰写第四章第二节。

福州理工学院英语教研室教师王丽斌参与资料收集与文字整理。

福建师范大学外国语学院讲师梁丽娥撰写链接"欧盟译员培养模式探索"、拍摄视频0234宴席陪同口译场合中的跨文化意识。

福建师范大学外国语学院讲师吴华荔拍摄视频0383商务信函翻译(一)与0384商务信函翻译(二),编写第三章第八章。

福建师范大学协和学院讲师周秦超撰写第三章第三节

福建商学院海外教育学院讲师周文蕴撰写第三章第七节第二、三部分

译国译民翻译服务有限公司课程咨询部主任谢亮亮拍摄视频0421认识翻译项目管理、0422项目启动和计划阶段与0423项目执行和实施阶段。

福建工程学院讲师王晨阳撰写第三章第四节。

福州理工学院讲师黄杰辉撰写第三章第一节。

福建卫生职业技术学院黄光惠教授编写第三章第七节中医部分。

福州外语外贸学院副教授林风博士撰写部分视频内容。

福建华南女子职业学院副教授黄飞撰写链接"修辞格翻译中的变通"。

福建华南女子职业学院副教授董秀萍飞撰写第三章第二节。

谨向原译国译民翻译服务有限公司参与者致谢：林燕萍拍摄视频0411CAT基础知识与0412Trados入门使用。吕联创拍摄视频0413翻译记忆库制作和使用与0414术语库制作和使用。蔡璐锴拍摄视频0424定义项目范围与0425规划及分解项目。